做社区工作的

##

"法律明白人"

社区工作者的法治素养基础

宋纪连　李昌庚◎著

上海人民出版社

序

    在当今时代,基层社会治理的重要性日益凸显,社区作为社会的基本单元,是连接政府与居民的重要桥梁和纽带。社区工作者作为基层社会治理的骨干力量,肩负着服务居民、维护社区稳定、推动社区发展、促进社会和谐的重要使命。而在这一过程中,社区工作者的法治素养起着至关重要的作用。

    坚持以习近平新时代中国特色社会主义思想为指导,全面贯彻落实党的二十大、二十届一中、二中、三中全会精神,《关于加强社区工作者队伍建设的意见》《关于加快推进社会工作高质量发展的意见》《江苏省"十四五"社会工作专业人才发展规划》《社区社会工作服务指南》等一系列重要文件为我们指明了方向、明确了目标,也为本书的撰写提供了重要的政策依据和指导。

    随着时代发展和社会进步,人民对美好生活的向往更加强烈,对民主、法治、公平、正义、安全等方面的要求日益增长,对国家在正义维护、权利救济、安全保障、服务供给等方面的能力和水平提出了新的期盼。本书以推动社会工作专业人才积极参与创新基层社会治理为目标,为社会工作专业人才的法治素养提升提供智力支撑。社区工作者队伍建设直接关系到社区治理效能和居民生活质量的提升,加上社区服务需求的多样化和复杂化,社区工作者仅仅具备良好的服务意识和热情已经远远不够,他们需要具备相应的专业知识和技能,以更专业的方式提供服务。

    社区工作者继续教育内容必须紧密适应其岗位需要,以提高社区工作者的理论水平和分析、解决实际问题的能力为主,注重针对性、实用性和科学性。法治是社会治理的最有效方式,是社会治理现代化的重要标志。而社区工作者的法治素养,正是其履行职责、服务居民的重要保障。只有不断提高自身的法治素养,社区工作者才能更好地适应新时代社区工作的要求,在面对日益复杂的社区事务和各种矛盾纠纷时,能够以法治意识和法治方式妥善解决问题,维护社区的和谐稳定。

社区工作者法治素养提升阶梯立足于不断推进社区工作者队伍专业化发展的宗旨,致力于开发社区治理和服务相关的法治课程,通过突出实战实训的真实需求,灵活运用案例项目教学等方法,切实增强社区工作者解决实际问题的能力。这不仅有助于提高社区工作者的工作效率和质量,更能提升他们在居民心中的信任度和权威性。

社区工作者法治素养的主要内容涵盖多个方面。首先,学习并践行习近平法治思想是核心所在。法治价值观是社区工作者法治素养的灵魂,它要求社区工作者笃信法律的权威性、公正性和普遍性,自觉遵守法律,维护法律的尊严。只有在内心深处树立起对法治的信仰,社区工作者才能在工作中始终以法律为准绳,做到循法办事。同时,社区工作者还应将法治价值观融入日常工作的方方面面,积极传播法治理念,通过组织法治宣传活动、开展法律讲座等方式,引导居民树立正确的法治观念,让居民了解法律、尊重法律,营造良好的法治社区氛围。

其次,熟悉并掌握社区工作相关的法律、法规、规章及政策,是社区工作者开展工作的基础。社区工作涉及民政、劳动保障、环境保护、养老服务、社会治安等众多领域,每个领域都有相应的法律法规和政策规定。社区工作者必须对这些法律法规和政策了如指掌,并且及时关注形势和方针的变化,确保自己能够与时俱进。只有这样,才能在工作中准确地运用法律法规和政策,为居民提供有效的帮助和指导。

再次,培养运用法律解决实际问题的能力,是社区工作者法治素养的重要体现。这需要强化社区工作者的履职能力培训,加强群众工作、组织动员、循法办事、矛盾调解、应急处突等方面的能力训练,提高社区工作者在工作实务中以法解决具体问题的能力。要坚持和发展新时代"枫桥经验",立足预防、立足调解、立足法治、立足基层,做到预防在前、调解优先、遵循法治要求、就地解决纠纷,确保"小事不出村、大事不出镇、矛盾不上交"。在面对社区中的各种矛盾和纠纷时,社区工作者要能够迅速判断问题的性质和法律适用,运用法治方式妥善解决。例如,在处理物业管理纠纷时,依据《物业管理条例》等相关法律法规,明确各方的权利和义务,协调解决业主与物业公司之间的矛盾;在处理邻里纠纷时,运用《民法典》中有关相邻关系等的规定,促使双方达成和解。同时,社区工作者还应注重工作方法和技巧,在解决问题的过程中,充分考虑当事人的感受和实际情况,做到既公正合法又合情合理。

最后,扎实的法律理论知识能够为社区工作者提供理论支持和指导。了解法律的基本原则、法律体系的构成、法律的制定和实施等方面的知识,有助于社区工作者更深入地理解法律的内涵和精神。例如,了解宪法的基本原则和规定,能够增强社区工作者对公民权利和义务的认识,更好地维护居民的合法权益。

本书是为社区工作者提供法治教育主题培训的一本专著,以满足不同层次社区工作者的学习需求。南京晓庄学院的宋纪连、李昌庚两位作者深入调研社区工作的实际情况,结合最新的法律法规和政策要求,精心撰写了这本内容丰富、实用性强的著作,我欣然为之作序。相信通过本书的学习,社区工作者能够不断提升自己的法治素养,成为真正的"法律明白人",为建设法治社区、构建和谐社会、建设高水平"平安中国"作出更大的贡献。

我期待广大社区工作者能喜爱这本书,将所学知识运用到实际工作中,以更加专业、高效、法治的方式服务居民,共同推动社区治理水平的不断提升,为社区工作的专业化、规范化发展提供有力支持,为实现国家的长治久安和人民的幸福安康贡献自己的力量。

中国人民大学法学院教授

2024 年 12 月 5 日

目　录

第一专题 "中国之治"的制度基础·依宪执政

主题1 宪法教育——坚持依宪治国、依宪执政

一、依法治国、依法执政与依宪治国的关系

【案例】党的十八届四中全会明确提出,坚持依法治国首先要坚持依宪治国,坚持依法执政首先要坚持依宪执政。我们讲依宪治国、依宪执政,同西方所谓"宪政"有着本质区别,不能把两者混为一谈。坚持依宪治国、依宪执政,就包括坚持宪法确定的中国共产党领导地位不动摇,坚持宪法确定的人民民主专政的国体和人民代表大会制度的政体不动摇。①

【问题】西方所谓的"宪政",对中国法治道路的危害是什么?

坚持依法治国首先要坚持依宪治国,坚持依法执政首先要坚持依宪执政。在法治阳光下,一切国家机关和武装力量、各政党和各社会团体、各企业事业组织、全国各族人民都必须以宪法为根本准则,并且负有维护宪法尊严、保证宪法实施的职责,任何组织或个人都不得有超越宪法和法律的特权,一切违反宪法和法律的行为,都必须予以追究。

维护宪法尊严和权威,是维护国家法制统一、尊严、权威的前提,也是维护最广大人民根本利益、确保国家长治久安的重要保障。2021年12月6日,习近平总书记在中共中央政治局第三十五次集体学习时再次强调:"维护国家法制统一、尊严、权威,一切违反宪法法律的行为都必须予以追究。"②坚持依宪治国、依

---

① 《习近平谈治国理政》(第四卷),外文出版社2022年版,第291页。
② 习近平:《坚持走中国特色社会主义法治道路,更好推进中国特色社会主义法治体系建设》,载《求是》2022年第4期。

宪执政,体现了党的领导、人民当家作主、依法治国有机统一,体现了全面推进依法治国的时代要求,对于推进国家治理体系和治理能力现代化、保证党和国家长治久安具有重大意义。

宪法是静态的法治文本;依宪治国是动态宪法的实践过程。宪法与依宪治国的关系表现为:(1)宪法与依宪治国互为基础和前提,是形式与内容的关系,两者是辩证统一的。宪法是具有最高效力的根本法,其生命在于实施,宪法的权威也在于实施。(2)唯有依宪治国,方能使宪法真正成为现实力量,保证任何组织和个人都不得有超越宪法和法律的特权,一切违反宪法的行为都必须予以追究。只有坚持依宪执政,使执政党在宪法和法律范围内活动,真正做到党领导立法、保证执法、带头守法,才能使宪法成为所有国家机关及其工作人员的最高行为准则。

习近平指出:"我们就是在不折不扣贯彻着以宪法为核心的依宪治国、依宪执政,我们依据的是中华人民共和国宪法。"[1]我国宪法确认了中国共产党的执政地位,确认了党在国家政权结构中总揽全局、协调各方的领导核心地位。

现在一些人拿西方"宪政"的标准来框住我们,用所谓"宪政"架空中国共产党领导、攻击我们不是"宪政国家""法治国家"。以任何借口否定中国共产党领导和社会主义根本制度,都是错误的、有害的,都是绝对不能接受的,也是从根本上违反宪法的。一定要认清,我们坚持的依宪治国、依宪执政依据的是中华人民共和国宪法,而不是其他国家的宪法。盲目地跟着西方所谓"宪政"跑,无异于削足适履,自毁长城。[2]

二、宪法是治国理政的总章程

【案例】2018 年 1 月 18 日至 19 日,中国共产党第十九届中央委员会第二次全体会议审议并通过了《中共中央关于修改宪法部分内容的建议》。1 月 26 日,中共中央向全国人大常委会提出《中国共产党中央委员会关于修改宪法部分内容的建议》。1 月 29 日至 30 日,十二届全国人大常委会召开第三十二次会议,中共中央政治局常委、宪法修改小组副组长栗战书同志受中共中央委托,就中央

---

① 习近平:《论坚持全面依法治国》,中央文献出版社 2020 年版,第 11 页。
② 中共中央宣传部编:《习近平新时代中国特色社会主义思想学习问答》,学习出版社、人民出版社 2021 年版,第 180 页。

修宪建议向常委会作了说明。会议讨论了中央修宪建议,一致表示坚决拥护党中央关于宪法修改工作的决策部署,一致赞同党中央确定的这次宪法修改的总体要求和原则,一致认为中央修宪建议是成熟的。受委员长会议委托,全国人大常委会法制工作委员会以中央修宪建议为基础,拟订了《中华人民共和国宪法修正案(草案)》和《全国人民代表大会常务委员会关于提请审议〈中华人民共和国宪法修正案(草案)〉的议案》;经会议审议和表决,决定将宪法修正案(草案)提请十三届全国人大一次会议审议。3月11日,十三届全国人大一次会议在人民大会堂举行第三次全体会议,经投票表决,最终通过《中华人民共和国宪法修正案》。①

【问题】2018年《中华人民共和国宪法修正案》的通过过程,说明了宪法的什么地位?

2018年修宪过程充分说明宪法是国家的根本大法,是治国理政的总章程,是党和人民意志的集中体现,具有最高的法律地位、法律权威、法律效力。

习近平指出:"我国宪法以国家根本法的形式,确认了中国共产党领导人民进行革命、建设、改革的伟大斗争和根本成就,确立了人民民主专政的国体和人民代表大会制度的政体,确立了国家的根本任务、指导思想、领导核心、发展道路、奋斗目标,规定了一系列基本政治制度和重要原则,规定了国家一系列大政方针,体现出鲜明的社会主义性质。"②我国宪法确立了中国特色社会主义道路、中国特色社会主义理论体系、中国特色社会主义制度的发展成果,反映了我国各族人民的共同意志和根本利益。我国宪法是符合国情、符合实际、符合时代发展要求的好宪法,是我们国家和人民经受住各种困难和风险考验、始终沿着中国特色社会主义道路前进的根本法保障。

党的十八大以来,以习近平同志为核心的党中央高度重视宪法在国家政治生活和治国理政中的重要作用,强调依宪治国、依宪执政是建设社会主义法治国家的首要任务,全面系统地提出了依宪治国、依宪执政的重要举措,作出了全面实施宪法与维护宪法权威的一系列重大战略部署,有力地推进了宪法实施和监督工作。

---

① 王晨作关于《中华人民共和国宪法修正案(草案)》的说明(摘要),载"新华社"微信公众号,2018年3月6日发布。

② 习近平:《论坚持全面依法治国》,中央文献出版社2020年版,第214页。

三、全面贯彻实施宪法

【案例】《全国人民代表大会常务委员会关于实行宪法宣誓制度的决定》规定:各级人民代表大会及县级以上各级人民代表大会常务委员会选举或者决定任命的国家工作人员,以及各级人民政府、监察委员会、人民法院、人民检察院任命的国家工作人员,在就职时应当公开进行宪法宣誓。宣誓誓词如下:"我宣誓:忠于中华人民共和国宪法,维护宪法权威,履行法定职责,忠于祖国、忠于人民,恪尽职守、廉洁奉公,接受人民监督,为建设富强民主文明和谐美丽的社会主义现代化强国努力奋斗!"①

【问题】国家公职人员为何在就职时应当进行宪法宣誓?

全面贯彻实施宪法,是建设社会主义法治国家的首要任务和基础性工作。习近平指出:"宪法的生命在于实施,宪法的权威也在于实施。"②全面贯彻实施宪法,切实维护宪法尊严和权威,是维护国家法制统一、尊严、权威的前提,也是维护最广大人民根本利益、确保国家长治久安的重要保障。新时代推进全面依法治国,必须更加坚定维护宪法尊严和权威,加强宪法实施和监督。"把国家各项事业和各项工作全面纳入依法治国、依宪治国的轨道,把实施宪法提高到新的水平。"③2014年,全国人大常委会通过立法把每年12月4日设立为国家宪法日;2015年全国人大常委会作出《关于实行宪法宣誓制度的决定》,并于2018年进行了修订。国家工作人员通过宪法宣誓的形式,进一步树立宪法意识,恪守宪法原则,弘扬宪法精神,履行宪法使命。通过宣誓彰显宪法权威,激励和教育国家工作人员忠于宪法、遵守宪法、维护宪法,加强宪法实施。

"法治权威能不能树立起来,首先要看宪法有没有权威。"④而要真正树立宪法权威,就必须切实在宪法实施和监督上下功夫。2018年,全国人大法律委员会更名为全国人大宪法和法律委员会,增加推动宪法实施、开展宪法解释、推进合宪性审查、加强宪法监督、配合宪法宣传等工作职责。把全面贯彻实施宪法作为首要任务,健全保证宪法全面实施的体制机制,将宪法实施和监督提高到新水平。习近平指出:"宪法的根基在于人民发自内心的拥护,宪法的伟力在于人民

---

① 《定了!进行宪法宣誓,以后必须这样做》,载"新华网"微信公众号,2018年2月25日发布。
② 习近平:《论坚持全面依法治国》,中央文献出版社2020年版,第72页。
③ 习近平:《论坚持全面依法治国》,中央文献出版社2020年版,第217页。
④ 习近平:《论坚持全面依法治国》,中央文献出版社2020年版,第94页。

出自真诚的信仰。只有保证公民在法律面前一律平等,尊重和保障人权,保证人民依法享有广泛的权利和自由,宪法才能深入人心,走入人民群众,宪法实施才能真正成为全体人民的自觉行动。"①

四、深入开展宪法宣传教育

【案例】2023 年 12 月 4 日是第十个国家宪法日,迎来第六个"宪法宣传周"。2018 年"宪法宣传周"的活动主题是"尊崇宪法、学习宪法、遵守宪法、维护宪法、运用宪法",2019 年是"弘扬宪法精神,推进国家治理体系和治理能力现代化",2020 年是"深入学习宣传习近平法治思想 大力弘扬宪法精神",2021 年是"以习近平法治思想为指引,坚定不移走中国特色社会主义法治道路",2022 年是"学习宣传贯彻党的二十大精神,推动全面贯彻实施宪法",2023 年是"大力弘扬宪法精神,建设社会主义法治文化"。

【问题】设立国家宪法日的意义是什么?

习近平强调,"宪法法律的权威源自人民的内心拥护和真诚信仰,加强宪法学习宣传教育是实施宪法的重要基础。要在全社会广泛开展尊崇宪法、学习宪法、遵守宪法、维护宪法、运用宪法的宣传教育,弘扬宪法精神,弘扬社会主义法治意识,增强广大干部群众的宪法意识,使全体人民成为宪法的忠实崇尚者、自觉遵守者、坚定捍卫者"。②

宪法的根基在于人民发自内心的拥护,宪法的伟力在于人民出自真诚的信仰。要紧密结合党的理论和路线方针政策的宣传教育,解读好宪法的精神、原则、要义,解读好宪法所规定的重大制度和重大事项,深刻认识当代中国宪法制度是我们党领导人民长期奋斗历史逻辑、理论逻辑、实践逻辑的必然结果,深刻认识到我国宪法充分体现了人民共同意志、充分保障了人民民主权利、充分维护了人民根本利益,从而更加坚定宪法自信、增强宪法自觉。

要使宪法真正走入人民群众的日常生活,就需要通过鲜活生动的语言和事例、喜闻乐见的形式和手段,使广大人民群众真正认识到宪法就是保障公民权利的法律武器。依托国家宪法日活动、宪法宣誓、青少年"学宪法讲宪法"等活动,

---

① 习近平:《论坚持全面依法治国》,中央文献出版社 2020 年版,第 13—14 页。
② 习近平:《论坚持全面依法治国》,中央文献出版社 2020 年版,第 218 页。

使宪法深入人心、家喻户晓,根植宪法信仰,外化于行。特别重视对青少年的宪法教育,把宪法法律教育纳入国民教育体系,培养青少年宪法法律知识,从而坚定树立宪法法律意识。同时要抓住领导干部这个"关键少数"。《法治社会建设实施纲要(2020—2025年)》指出,切实加强对国家工作人员特别是各级领导干部的宪法教育,组织推动国家工作人员原原本本学习宪法文本。①完善国家工作人员学习宪法法律的制度,推动领导干部加强宪法学习,增强宪法意识,带头尊崇宪法、学习宪法、遵守宪法、维护宪法、运用宪法,做尊法学法守法用法的模范。②

设立国家宪法日,仪式背后传递的是依宪治国、依宪执政的理念,使这一天成为全民的宪法"教育日、普及日、深化日",形成举国上下尊重宪法、宪法至上、用宪法维护人民权益的社会氛围。

五、促进宪法深入社区的策略

【案例】南京宪法公园位于南京市建邺区扬子江大道248号,滨江而立,与江苏大剧院、南京奥体中心直线贯通。该座新的法治文化地标,是全国首个宪法主题公园。南京宪法公园设有旗阵广场、宣誓广场、宪法宣传教育展、主题雕塑、共享绿谷等,公园全景式展示中国共产党带领人民寻宪、制宪、修宪、奉宪的历史进程。作为多功能宪法主题公园,它集习近平法治思想宣传阵地、弘扬宪法精神载体、市民礼敬宪法场所、法治文化地标等功能于一体,全方位宣传中国共产党百年宪法发展史,以群众喜闻乐见的形式让法治文化深入人心。③

【问题】宪法进社区有何重要意义?社区工作者如何进行宪法宣传教育?

社区工作者作为基层治理重要力量,深入理解和践行宪法对推动法治社会建设意义重大。社区工作者自身应加强宪法学习,提高自身宪法意识和法治素养;宣传宪法精神,向居民传播宪法知识;维护宪法权威,处理社区事务坚持宪法至上;运用宪法解决问题,以宪法原则和法律手段处理矛盾。

促进宪法深入社区可采取以下策略:(1)增强宪法教育,组织宪法知识讲座、

---

① 《法治社会建设实施纲要(2020—2025年)》,人民出版社2020年版,第4页。
② 中共中央宣传部、中央全面依法治国委员会办公室编:《习近平法治思想学习纲要》,人民出版社、学习出版社2021年版,第59页。
③ 《城市公共文化客厅——南京宪法公园及绿博园城市客厅配套设施》,载"长江都市"微信公众号,2024年7月2日发布。

研讨会和竞赛,提高居民对宪法的认识和理解。(2)利用多媒体平台,通过社交媒体、社区公告板、宣传册等多种媒介,运用微电影、漫画、公益广告等群众喜闻乐见的形式,广泛传播宪法知识。(3)开展互动活动,举办宪法主题的互动活动,如宪法主题的书画展、演讲比赛、模拟法庭、法治情景剧等,使居民在参与中学习和体验宪法精神。(4)强化社区领导力,培养社区工作者和领导者的宪法意识和领导能力,使其成为宪法教育的推动者和示范者。(5)构建宪法教育的长效机制,如设立宪法宣传周、宪法知识角等,使宪法教育常态化、制度化。(6)跨部门合作,与教育、司法、文化等部门合作,整合资源,形成推动宪法深入社区的合力。通过法治文化墙、宪法主题公园等形式,营造尊法学法守法用法的良好社区氛围。(7)关注特殊群体,确保青少年、老年人和外来务工人员等特殊群体接受宪法教育,实现宪法教育的普及性和平等性。(8)反馈与评估,定期收集居民对宪法教育的反馈,评估教育效果,及时调整和优化教育策略。

为深入贯彻党的二十大精神,推动全国广大社区居民和社区组织深入学习宪法,民政部、司法部共同制定2022年全国"宪法进社区"主题宣传活动工作方案。结合"宪法进万家"活动,深入基层社区、家庭开展普法宣传。突出学习宣传党的二十大精神,突出学习宣传习近平法治思想,学习宣传宪法,学习宣传现行宪法公布实施四十年的深远历史意义。依托市民讲堂等阵地,安排社区法律顾问开展宪法宣传。在社区公共场所摆放宪法文本和资料,设置宣传栏、张贴海报,融入法治元素。发挥示范村(社区)作用,充分运用"报、网、端、微、屏"等媒体平台让百姓对宪法法律听得懂、看得见、记得住、能认同遵守。

案例中宪法进社区有重要的意义。宪法在社区治理中不仅是法律基础,也是提升居民法律意识、保障居民权利的重要保障。社区工作者在这一过程中扮演着至关重要的角色,他们不仅是宪法精神的传播者,也是推动社区依法治理、维护居民权益的实践者。通过各种形式的宪法宣传活动和教育培训,社区工作者能够有效地帮助居民理解和运用宪法,共同营造和谐、法治的社区环境。

主题2 宪法地位——宪法的概念与地位

一、宪法的概念和特征

【案例】2003年6月30日,安徽芜湖市人事局在芜湖境内组织实施了公务员招录考试,安徽大学生张先著报考了芜湖县委办公室经济管理职位。他笔试和面试成绩均排在第一位,但在其后的体检中张先著被检查出感染了乙肝病毒。9月25日,芜湖市人事局依据《安徽省国家公务员体检标准》正式宣布张先著因体检不合格不予录用。11月10日,张先著以芜湖市人事局"歧视乙肝病毒携带者"为由向芜湖市新芜区人民法院提起行政诉讼。2004年4月2日,法院作出一审判决,确认被告芜湖市人事局以体检不合格的理由取消原告张先著录取资格的决定,主要证据不足,决定应予撤销。4月19日,芜湖市人事局不服一审判决,向芜湖市中级人民法院提起上诉。经过审理,芜湖中院二审作出裁定:驳回上诉,维持原判。①

【问题】芜湖市人事局依据《安徽省国家公务员体检标准》正式宣布张先著因体检不合格不予录用,侵犯了他宪法上的何种权利?

宪法指规定民主制国家的根本制度和根本任务、集中表现各种政治力量对比关系、保障公民基本权利和自由的国家根本法。宪法是集中表现统治阶级建立民主制国家的意志和利益的国家根本法。②在我国,"宪法集中体现了党和人民的统一意志和共同愿望,是国家意志的最高表现形式"。③从党的主张、人民意志、国家意志三个维度来认识和界定宪法的性质,大大拓展了传统宪法理论仅仅把宪法看作是国家根本法的局限。宪法不仅是传统意义上的"治国安邦的总章程",同时还是治国理政的总章程。④

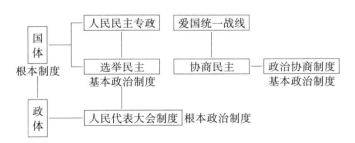

图 1-1 宪法规定了国家的根本政治制度

习近平强调,宪法具有最高的法律地位、法律权威、法律效力。我们党首先

① 参见周瑞平:《"乙肝歧视案"有了"说法"》,载《时代潮》2004年第8期。
② 周叶中主编:《宪法》,高等教育出版社2020年版,第36页。
③ 习近平:《论坚持全面依法治国》,中央文献出版社2020年版,第198页。
④ 习近平:《论坚持全面依法治国》,中央文献出版社2020年版,第213页。

要带头尊崇和执行宪法,把领导人民制定和实施宪法法律同党坚持在宪法法律范围内活动统一起来。①我国宪法具有以下特征:

第一,我国宪法是我国的根本法,具体表现在三个方面:一是在内容上,我国宪法规定国家最根本、最重要的问题,诸如国体、政体(如图1-1)、国家的基本制度、公民的基本权利和义务、国家机构的组织及其职权等最重要的问题。二是在法律效力上,宪法的法律效力高于其他法律的法律效力,在我国法律体系中宪法处于最高的法律地位,是其他一般法律制定的依据和基础。三是宪法在制定和修改的程序上,要求更加严格。我国宪法的修改要由全国人民代表大会常务委员会或者全国人民代表大会五分之一以上代表提议,并由全体代表的三分之二以上通过,一般法律和其他议案由全国人民代表大会以全体代表的过半数通过。

第二,宪法的本质特征是各种政治力量对比关系的集中表现。我国宪法是工人阶级领导的广大人民群众的共同意志和利益的集中体现。

第三,我国宪法是公民基本权利和自由的保障书。列宁曾经指出,宪法就是一张写着人民权利的纸。②在我国法律体系中,宪法不仅是系统、全面规定公民基本权利和自由的法律部门,而且其基本出发点就在于确认民主制度和民主原则、保障公民的基本权利和自由、尊重和保障人权。

案例中,芜湖市人事局因为原告张先著是乙肝病毒携带者,以体检不合格的理由作出取消他录取资格的决定。这一行为本身从表面上看,不仅涉及原告所享有的宪法上规定的平等权,也关联到原告的劳动权。后来,国家有关部门规定在公民入学、就业体检中不得要求进行乙肝项目检测,充分保护了公民的平等权、受教育权和劳动权。

二、宪法的产生及发展

【案例】2021年12月21日,第十三届全国人民代表大会常务委员会第三十二次会议审议的《全国人民代表大会常务委员会法制工作委员会关于2021年备案审查工作情况的报告》提出:"有的地方性法规规定,有关行政部门为调查计划生育违法事实,可以要求当事人进行亲子鉴定;对拒不配合的,处以一万元以上

---

① 习近平:《习近平在中共中央政治局第四次集体学习时,强调更加注重发挥宪法作用,把宪法提到新的水平》,载《人民日报》2018年2月26日第1版。

② 《列宁全集》(第12卷),人民出版社1987年版,第50页。

五万元以下罚款。有公民对上述规定提出审查建议。我们审查认为,亲子关系涉及公民人格尊严、身份、隐私和家庭关系和谐稳定,属于公民基本权益,受宪法法律保护,地方性法规不宜规定强制性亲子鉴定的内容,也不应对此设定相应的行政处罚、处分、处理措施。经沟通,制定机关已对相关规定作出修改。"①

【问题】计生法规中的强制性亲子鉴定规定为什么要被废止?

毛泽东同志曾经说过,讲到宪法,资产阶级是先行的。英国也好,法国也好,美国也好,资产阶级都有过革命时期,宪法就是他们在那个时候开始搞起的。②谈到宪法的历史,近代意义的宪法是资产阶级革命的产物。17、18世纪,英、美、法等国相继发生了资产阶级革命,随着革命胜利,这些国家都先后制定了宪法。如英国1628年的《权利请愿书》、1679年的《人身保护法》、1689年的《权利法案》、1949年的《议会法》等。美国1787年在费城召开制宪会议,制定了宪法。法国于1789年8月,国民议会通过法国第一个宪法性文件,即《人权和公民权宣言》。继英、美、法之后,其他西方国家都普遍制定了宪法,用以规定国家制度和社会制度。当今世界各国实行宪法是普遍趋势。

1840年鸦片战争后,中国逐步沦为半殖民地半封建社会。在长达百年的封建主义和官僚资产阶级的统治中,无论是清王朝、北洋军阀,还是国民党政府,都曾制定宪法。清政府于1908年9月颁布《钦定宪法大纲》,1911年11月又颁布《重大信条十九条》,但均未真正施行。辛亥革命后,孙中山于1912年3月颁布《中华民国临时约法》,北洋军阀于1914年制定《中华民国约法》、1923年制定《中华民国宪法》、1925年制定《中华民国宪法草案》,但亦未能真正施行。国民党政府于1931年制定《中华民国训政时期约法》,1946年又制定《中华民国宪法》,借以维护其大官僚、大买办的统治。

中国共产党领导和创建的各个革命根据地都先后制定和颁布了宪法性文件。1931年11月,中央苏区颁布《中华苏维埃共和国宪法大纲》。抗战时期,1941年11月,陕甘宁边区制定《陕甘宁边区施政纲领》。解放战争时期,陕甘宁边区制定《陕甘宁边区宪法原则》。1949年9月新生的中华人民共和国成立前夕,我国召开了具有广泛代表性的中国人民政治协商会议,制定了起临时宪法作用的《中国人民政治协商会议共同纲领》。1954年,制定了我国第一部社会主义类型的宪法——1954年宪法。这部宪法对于巩固人民民主专政政权、促进社会

① 沈春耀:《法工委关于2021年备案审查工作情况的报告》,载"明德公法"微信公众号,2021年12月25日发布。
② 《毛泽东著作选读》(下册),人民出版社1986年版,第708页。

主义经济发展、团结全国各族人民进行社会主义革命和建设,都发挥了积极的推动和保障作用。1975 年 1 月 17 日,第四届全国人民代表大会第一次会议通过了 1975 年宪法。这部宪法是在"文化大革命"期间制定的,受到了极"左"路线的影响,因而存在严重的缺点和错误,在实际生活中并没有产生什么作用。1978 年 3 月 5 日,第五届全国人民代表大会第一次会议对 1975 年宪法进行了修改,通过了 1978 年宪法。但限于当时的历史条件,这部宪法也不完善。

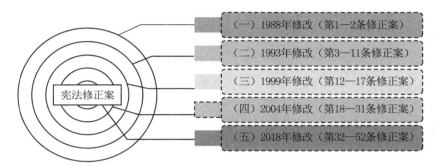

图 1-2 宪法修正案通过时间

1982 年宪法是我国现行宪法。它是对 1978 年宪法的全面修正,并于 1982 年 12 月 4 日第五届全国人民代表大会第五次会议上通过。现行宪法对国家根本制度、公民的基本权利和义务以及国家机构的设置和职权范围等一系列重大问题,也都作了极其明确的规定。随着改革开放的深入和社会主义现代化建设事业的发展,我国的政治、经济、文化领域不断发生变化。为了适应这一变化,1988 年以来,全国人民代表大会先后 5 次以修正案的方式,对 1982 年宪法进行了修改和补充。"我国现行宪法是在深刻总结我国社会主义革命、建设、改革的成功经验基础上制定和不断完善的,是我们党领导人民长期奋斗历史逻辑、理论逻辑、实践逻辑的必然结果。"[1]

修正案的具体内容包括:(1)指导思想和宪法原则的修正:1999 年加入"邓小平理论""实行依法治国,建设社会主义法治国家"。2004 年加入"'三个代表'重要思想""国家尊重和保障人权""国家建立健全同经济发展水平相适应的社会保障制度"。2018 年加入"科学发展观、习近平新时代中国特色社会主义思想"。(2)国家发展道路的修正:1993 年加入"正处于社会主义初级阶段""建设有中国

---

[1] 习近平:《论坚持全面依法治国》,中央文献出版社 2020 年版,第 213 页。

特色社会主义""坚持改革开放"。1999年加入"长期处于社会主义初级阶段""沿着建设有中国特色社会主义的道路"。2004年加入"沿着中国特色社会主义道路""推动物质文明、政治文明和精神文明协调发展"。2018年加入"贯彻新发展理念",精神文明后增加"社会文明、生态文明""把我国建设成为富强民主文明和谐美丽的社会主义现代化强国,实现中华民族伟大复兴"。(3)基本经济制度的修正:1993年加入"国家实行社会主义市场经济""加强经济立法,完善宏观调控",将"国营经济""国营企业"改为"国有经济""国有企业"。1999年加入"发展社会主义市场经济""坚持公有制为主体、多种所有制经济共同发展的基本经济制度。坚持按劳分配为主体、多种分配方式并存的分配制度"。2004年加入"公民的合法的私有财产不受侵犯""保护公民的私有财产权和继承权""国家为了公共利益的需要,可以依照法律规定对公民的私有财产实行征收或者征用并给予补偿"。(4)农村集体经济、土地制度和非公有制经济方面的修正:1988年加入"土地的使用权可以依照法律的规定转让""国家允许私营经济在法律,规定的范围内存在和发展"。1993年加入了确立农村家庭联产承包为主的责任制,1999年加入了规定"农村集体经济组织实行家庭承包经营为基础、统分结合的双层经营体制""非公有制经济,是社会主义市场经济的重要组成部分""国家保护个体经济、私营经济的合法的权利和利益。国家对个体经济、私营经济实行引导、监督和管理"。2014年加入"土地征收、征用要给予补偿"。(5)国家机关和统一战线的修正:1993年"将县级人民代表大会的任期由3年改为5年",增加"中国共产党领导的多党合作和政治协商制度将长期存在和发展"的规定。2004年增加特别行政区的代表、乡镇人大任期也改为5年,统一战线增加"社会主义事业的建设者"。2018年增设"监察机关"一节,相应地调整人大、人大常委会、国务院的职权,修改国家主席任职方面的有关规定;增加"致力于中华民族伟大复兴的爱国者",政党制度上增加"中国共产党领导是中国特色社会主义最本质的特征"。(6)其他方面的修正:1999年将"反革命的活动"修改为"危害国家安全的犯罪活动"。2004年将"戒严"改为"紧急状态",国家主席职权增加"进行国事活动",规定"国歌"。2018年民族关系在"平等、团结、互助"后增加在"和谐",对外关系在和平共处五项原则后增加"坚持和平发展道路,坚持互利共赢开放战略""推动构建人类命运共同体",道德建设上增加"国家倡导社会主义核心价值观""国家工作人员就职时应当依照法律规定公开进行宪法宣誓"等。

案例中的强制性亲子鉴定规定,从形式审查来看,不管是规定本身还是为违反规定而设置的行政处罚都是没有法律根据的;从实质审查来看,强制亲子鉴定侵犯人格尊严和人身自由等基本权利以及对婚姻、家庭、母亲和儿童的保护。

三、宪法的作用

【案例】2021年以来,工信部持续推进App侵害用户权益专项整治行动,加大常态化检查力度,先后三次组织对用户反映强烈的重点问题开展"回头看"。依据《个人信息保护法》《网络安全法》等相关法律要求,工信部组织对共计106款未按要求完成整改的App进行下架,相关应用商店应在本通报发布后,立即组织对名单中的应用软件进行下架处理。针对部分违规情节严重、拒不整改的App,属地通信管理局应对App运营主体依法予以行政处罚。①

【问题】国家或政府对个人信息的保护如何体现宪法对公民基本权利的保护?

宪法的作用,是指宪法规范通过调整宪法关系主体的行为最终对社会关系产生的影响。②宪法的作用是宪法调整国家的政治、经济、文化和社会各个领域所产生的具体影响。作为国家的根本法,宪法对我国政治和社会生活发挥着规范、引领、推动、保障的作用。③

1. 宪法确认和规范国家权力

确认国家权力是指宪法通过规定社会各阶级在国家中的地位,明确国家权力的归属,集中体现为宪法对国家性质的宣告。我国《宪法》第1条第1款明确规定:"中华人民共和国是工人阶级领导的、以工农联盟为基础的人民民主专政的社会主义国家。"规范国家权力是指宪法规定国家权力的分工、行使的方式和程序,使国家权力的运行受到严格的监督和约束。在我国,国家权力分为立法权、行政权、监察权、审判权、检察权和武装力量领导权等,权力通过民主集中制的人民代表大会制度来行使,宪法规定各种国家权力的组织机构、行使权力的具体方式与程序、对国家权力的监督方式以及纠正国家机关违法行为的程序和途径。

---

① 《关于下架侵害用户权益APP名单的通报》,载"工信微报"微信公众号,2021年12月9日发布。
② 周叶中主编:《宪法》,高等教育出版社2020年版,第146页。
③ 《宪法学》编写组:《宪法学》,高等教育出版社2020年版,第48—52页。

2. 宪法保障公民基本权利

公民的基本权利和义务是宪法的核心内容,宪法是每个公民享有权利、履行义务的根本保证。宪法以专章规定公民的基本权利,确认公民在政治、经济、文化、社会生活的各个领域的自由和利益。同时,宪法还规定限制基本权利的条件和方式,避免公民基本权利被随意地剥夺。我国宪法确立了"国家尊重和保障人权"的原则,并据此制定了一系列保护公民基本权利的法律,通过人权实践全面推进我国人权事业的发展。

3. 宪法维护国家法制的统一

一个国家的法律制度,必须是一个完整统一的整体。宪法是最高法,也是根本法,为一切法律的制定提供立法依据。各部门法的制定须以宪法为依据,所有的法律都不得与宪法相抵触,与宪法相抵触的法律是无效的。此外,对普通法律的解释也应当贯彻宪法的精神,以保证法律体系在宪法统领下的一致性。

4. 宪法确认经济制度、促进经济发展

宪法作为上层建筑,对于经济基础具有能动的反作用。这种反作用具体表现在以下方面:首先,宪法确认和维护经济制度既包括坚持公有制为主体、多种所有制经济共同发展,坚持按劳分配为主体、多种分配方式并存的分配制度,也包括社会主义市场经济体制等基本经济制度,并规定了社会主义公有财产神圣不可侵犯。其次,宪法通过经济基本制度规范经济生活,保证经济有序运行。宪法保障了我国的改革开放和社会主义现代化建设,为深化改革、扩大开放、促进发展提供了坚实的法律保障。

5. 宪法维护国家统一和世界和平

我国创造性地将"一国两制"的伟大构想予以法律化,确立特别行政区制度,有力地维护了国家统一。我国宪法规定了国家独立自主的外交政策,坚持互相尊重领土和主权完整、互不侵犯、互不干涉内政、平等互利、和平共处的五项原则,高举和平、发展、合作、共赢旗帜,坚定不移维护国家主权、安全、发展利益,坚定不移维护世界和平、促进共同发展。将"推动构建人类命运共同体"写入序言,反映出中国是世界和平的积极推动者,是国际社会新秩序的积极倡导者。

案例涉及国家或者政府对个人信息保护义务的履行。个人信息的保护与宪法中公民的人格尊严紧密相关,也涉及宪法当中的通信自由和通信秘密条款,有关的个人生物信息在使用过程中还可能引发平等权的问题,同时还可能涉及公民的财产权问题。个人信息需要保护,国家应该承担保护的义务。

四、我国宪法的基本原则

【案例】2021 年 12 月 21 日,第十三届全国人民代表大会常务委员会第三十二次会议审议的《全国人民代表大会常务委员会法制工作委员会关于 2021 年备案审查工作情况的报告》提出:"国务院有关主管部门对有的民族自治地方民族教育条例等法规提出合宪性审查建议,认为条例中的有关规定存在合宪性问题,不利于促进民族交往交流交融。我们审查认为,宪法和有关法律已对推广普及国家通用语言文字作出明确规定,包括民族地区在内的全国各地区应当全面推行国家通用语言文字教育教学,有关法规中的相关内容应予纠正。经沟通,制定机关已废止有关法规。"①

【问题】在保障公民基本权利层面,废止地方性法规中未全面推广通用语言文字的有关规定,体现了宪法的什么基本原则?

宪法的基本原则,是指人们在制定和实施宪法过程中必须遵循的最基本的准则,是贯穿立宪和行宪的基本精神。②我国现行宪法的基本原则主要有以下几项:

1. 党的领导原则

中国共产党是中国特色社会主义事业的领导核心。中国共产党领导是中国特色社会主义最本质的特征。我国宪法对中国共产党领导地位和执政地位的规定,既是对中国共产党领导人民在革命、建设、改革各个历史时期奋斗成果的确认,也是对国家性质和根本制度的确认,集中体现了党的主张和人民意志的高度统一。③

2. 人民主权原则

体现在国体和政体的规定上,《宪法》第 1 条第 1 款规定:"中华人民共和国是工人阶级领导的、以工农联盟为基础的人民民主专政的社会主义国家。"《宪法》第 2 条确认了人民主权原则并规定了人民行使主权的形式:中华人民共和国的一切权力属于人民。人民行使国家权力的机关是全国人民代表大会和地方各级人民代表大会。我国是人民当家作主的社会主义国家,广大人民可以依据有

---

① 沈春耀:《法工委关于 2021 年备案审查工作情况的报告》,载"明德公法"微信公众号,2021 年 12 月 25 日发布。
② 周叶中主编:《宪法》,高等教育出版社 2020 年版,第 85 页。
③ 《思想道德与法治》编写组:《思想道德与法治》,高等教育出版社 2021 年版,第 213 页。

关法律的规定,通过各种途径和方式管理国家事务和其他社会事务。

3. 国家尊重和保障人权的原则

宪法将"公民的基本权利和义务"置于"国家机构"之前,明确规定了公民在政治、经济、文化和社会生活等方面享有的权利和自由,规定了对妇女、儿童、老人、残疾人和华侨等具有特定身份人员的权益的保护。宪法还规定国家要为公民提供物质上和法律上的保障,从而使公民行使权利和自由有了可靠保障。《宪法》修正案第 33 条增加第一款,作为第 3 款:"国家尊重和保障人权。"人权入宪是自然权利通过宪法实证化,为保护宪法未列举的基本权利提供了规范基础。

4. 法治原则

全国人大及其常委会制定的法律,必须受到宪法的约束,而不能与宪法相抵触,否则无效,在行政和立法机关之间的关系上要遵循法律优位原则,也就是行政机关的一切行政行为或其他活动都不得与法律相抵触。《宪法》序言:"本宪法以法律的形式确立了中国各族人民奋斗的成果,规定了国家的根本制度和根本任务,是国家的根本法,具有最高的法律效力。"《宪法》第 5 条:"中华人民共和国实行依法治国,建设社会主义法治国家。国家维护社会主义法制的统一和尊严。一切法律、行政法规和地方性法规都不得同宪法相抵触。一切国家机关和武装力量、各政党和各社会团体、各企业事业组织都必须遵守宪法和法律。一切违反宪法和法律的行为,必须予以追究。任何组织或者个人都不得有超越宪法和法律的特权。"《宪法》第 131 条:"人民法院依照法律规定独立行使审判权,不受行政机关、社会团体和个人的干涉。"

5. 民主集中制原则

我国宪法没有采取分权原则,而是通过民主集中制将国家权力统一由各级人民代表大会行使。人民代表大会由人民直接或间接选出的代表组成,对人民负责,受人民监督;国家行政机关、监察机关、审判机关和检察机关,由人民代表大会选举产生,对它负责,受它监督;中央和地方国家机构职权的划分及活动,遵循在中央统一领导下,充分发挥地方的主动性、积极性的原则,认真贯彻民主集中制原则。但是,民主集中制原则并不排斥行使国家权力的各部门之间的分工,也不排斥监督和制约。

案例体现了宪法的法治原则。《宪法》第 19 条第 5 款规定的"推广普及国家通用普通话规范",为公民行使基本权利提供了坚实的文化基础,虽然位于宪法的总纲部分,但这一条款是公民行使和发展基本权利的文化基础。我国宪法序言确认了我国是全国各族人民共同缔造的统一的多民族国家,国家推广全国通用的语言文字是一个国家、一个民族加强团结走向强盛的重要基础和强大动力。

五、宪法在社区治理中的作用

【案例】近年来,无锡梁溪区北大街街道南尖社区采用"党建引领＋法治护航"模式推进"法治小区"建设。以党建引领法治建设,借助区域党建联盟资源开展联学联建及法治宣传教育活动,定期举办普法微课堂,为不同群体普法释法,成为群众身边的法律服务"贴心人"。按照"联系群众,紧贴实际"思路,打造特色法治楼道、小广场和长廊等活动场地,设置 34 个法治宣传牌和知识问答展板等设施。南尖社区动员外卖快递小哥化身"志愿新星"参与普法宣传,守护社区平安。引入"三官一律"进网格,设立法律服务点及"周四行动日"机制。网格员化身"问题收集师",驻站法官提供法律培训,培育"法律明白人",推进"一站式"矛盾纠纷预防化解。①

【问题】南尖社区法治宣传以及将问题解决在基层有什么意义?

社区治理法治化是实现社区和谐稳定的重要保障。宪法作为国家的根本大法,为社区治理提供了法律基础和指导原则。(1)宪法地位的体现:宪法确立了国家的基本制度和公民的基本权利与义务,是社区治理必须遵循的最高法律准则。(2)法治观念的培养:通过宪法教育和普法活动,提高社区居民的法治意识,使居民明白法律的权威,学会运用法律手段解决社区问题。(3)法律服务的提供:社区工作者可以依托宪法精神,为居民提供法律咨询、纠纷调解等服务,维护居民合法权益。

社区自治与宪法原则的结合。社区自治是宪法赋予公民的一项基本权利,是实现居民自我管理、自我服务、自我教育、自我监督的重要形式。(1)宪法原则的贯彻:把党的领导原则贯彻到社会治理全过程,提高党的政治领导力、思想引领力、群众组织力、社会号召力,真正把党的理论优势、政治优势、组织优势、制度优势、密切联系群众优势转化为社会治理的强大效能。社区自治应遵循宪法规定的平等、公正、法治等基本原则,保障居民的参与权和表达权。(2)居民参与机制的建立:依据宪法精神,建立居民参与社区事务的机制,如居民大会、议事会

---

① 《北大街街道南尖社区:凝聚法治力量,擦亮基层治理"新底色"》,载"法润梁溪"微信公众号,2024 年 5 月 22 日发布。

等,使居民能够直接参与到社区治理中。

社区工作者作为宪法精神的传播者和实践者,有责任在社区内普及宪法知识,引导居民尊崇和遵守宪法,维护宪法的尊严和权威。(1)社区工作者作为宪法实施的推动者。社区工作者通过组织宪法宣传活动、提供法律咨询服务等方式,推动宪法在社区层面的实施。(2)社区工作者在分配社区资源、处理社区矛盾时,应以宪法为依据,坚持公平正义,确保解决方案的合法和公正,避免歧视和不公。(3)尊重和保障人权,社区工作者应尊重每一位居民的合法权益,保障居民的基本权利不受侵犯。(4)促进社区民主,社区工作者要牢固树立以人民为中心的发展思想,把人民群众利益放在工作首位,推动听民声察民情常态化,着力解决人民群众最关心、最直接、最现实的利益问题,鼓励居民参与社区事务的决策和管理。

案例中南尖社区的法治宣传,将法律条文化为文化熏陶,让居民在休闲中学习法律知识,强化法治观念,营造浓厚法治氛围,以法治力量赋能基层治理。在治理法治化中将问题解决在基层,实现基层自治、共治、法治建设同频共振,以法治力量赋能基层治理,共同守护社区和谐稳定。

主题3　公民权利——公民基本权利的保障和维护

一、基本权利和权利的行使

【案例】2018 年 11 月 6 日广西某高校印发文件,对全体教职员工、在校学生的手机、电脑、移动硬盘、U 盘等存储介质进行全面清查。该文件同时规定,各单位学院成立以处(部)长为组长的违禁音视频清查小组,清查小组要深入到办公室、实验室和学生宿舍等区域进行检查,对发现的问题要及时上报和处理。①

【问题】广西某高校发文清查师生电脑的行为合法吗?

公民是指具有一个国家的国籍,并根据该国宪法和法律的规定,享受权利和承担义务的自然人。凡具有中华人民共和国国籍的人都是中国公民。

公民的基本权利是指宪法规定的公民作为一个人所必须享有的权利和自

---

① 　光明网评论员:《学校清查师生电脑手机,涉嫌违法》,载"光明网"微信公众号,2018 年 11 月 14 日发布。

由,是公民实施某一行为的可能性。公民的基本义务是指由宪法规定的,为实现公共利益,公民必须为或不为某种行为的必要性。①在权利结构上,作为公法权利的基本权利主要是私主体针对公权力所享有的权利。例如,宪法上的财产权则是某一私主体针对公权力所享有的财产权利。②

法律权利与法律义务的关系就像一枚硬币的两面,彼此不可分割、相互依存。在社会生活中,每个人既是享受法律权利的主体,又是承担法律义务的主体。在法治国家,不存在只享受权利的主体,也不存在只承担义务的主体。法律权利的实现必须以相应法律义务的履行为条件;法律义务的设定和履行也必须以法律权利的行使为根据。离开了法律权利,法律义务就失去了履行的价值和动力;离开了法律义务,法律权利也形同虚设。有些法律权利和法律义务具有复合性的关系,即一个行为可以同时是权利行为和义务行为,如劳动的权利和义务、接受义务教育的权利和义务等。③

对于公民而言,法无禁止即自由,自由的边界在于法律的相关规定。公民行使权利时应严格依据法律的相关规定为界限,超出这个界限就可能侵犯到他人的权利或者损害到国家、社会的利益。权利行使不仅要在形式上符合相关法律的规定,也要符合立法意图和精神,不得违反宪法法律确定的基本原则,不得破坏公序良俗,保障权利行使的正当性。如赋予公民宗教信仰自由的目的在于保障精神自由,不能借此宣传邪教和迷信思想。

案例中该高校清查师生电脑的行为不合法。个人存储介质的内容和学生宿舍等区域属于个人隐私范畴,个人隐私是受宪法和法律保护的基本权利,只有在特殊情况下,涉及国家安全、公共利益、重大安全需要获取个人隐私的情形,经过法律特别授权,按照特定程序才可突破。

二、"国家尊重和保障人权"的意义

【案例】我国建立健全法律草案公开征求意见工作机制,截至2021年4月,国家立法机关有230件次法律草案向社会征求意见,如《民法典草案》公开征求意见期间共收到425 762人次提出的1 021 834条意见。大力推行政务公开,公

---

① 周叶中主编:《宪法》,高等教育出版社2020年版,第239页。
② 《宪法学》编写组:《宪法学》,高等教育出版社2020年版,第189页。
③ 《思想道德与法治》编写组:《思想道德与法治》,高等教育出版社2021年版,第225页。

布权力清单等。健全依法决策机制,重大行政决策中增强公众参与实效、提高专家论证质量,保障公民参与权。不断完善信访制度,及时处理信访问题维护群众权益,国家信访信息系统联通多地多部门。建立人民建议征集制度,畅通民意表达渠道。建立便捷高效网络表达平台,公民在网络上积极建言献策、表达诉求,有序参与社会管理,成为全过程民主重要渠道,这些举措为民主法治建设提供了有力支撑,推动国家不断发展进步。①

【问题】法律草案公开征求意见工作机制保障了公民的什么权利?

人权是人之为人所享有或应当享有的那些权利,具有自然法意义上对权利正当性的追求。人权一方面表达了所有的人在人格上的普遍平等观念,既没有任何人在人格上高人一等,也没有任何人在人格上低人一等;另一方面,人权也表达了所有的人在人格上享有绝对尊严的观念。②人权是权利束,包括生存权、发展权、公民权利和政治权利以及经济、社会、文化权利。人权是基本权利的来源,基本权利是人权宪法化的具体表现。

《宪法》在规定基本权利的同时,2004 年《宪法修正案》写入"国家尊重和保障人权"的规定,其意义在于:第一,"尊重和保障人权"作为宪法原则对立法起到重要的指导作用。第二,有利于国家机关及其工作人员树立保障人权的意识。第三,有利于推动人与社会的全面发展。第四,有利于推动人与环境和资源的协调发展,保护可持续发展的人权,为此需要推动生态文明与其他文明的协调发展。

从《宪法》的规定和实施来看,国家尊重和保障人权原则的特点主要表现在:(1)一方面,人权是历史的产物,不是天赋的、神赋的、国赋的,而是由经济、文化条件决定的,另一方面,人权普遍性的原则必须同各国国情相结合。我国宪法根据国情和社会发展状况具体列举了公民的基本权利和义务,使国家尊重和保障人权的宪法原则具有真实性。(2)人权是一个权利体系,是各类权利的有机统一。宪法规定了公民广泛的基本权利,不仅包括狭义的公民权利和政治权利,还包括公民的经济、社会和文化权利,不仅包括个人人权,还包括集体人权,充分体现了我国宪法规定的尊重和保障人权的广泛性。(3)生存权和发展权是首要的基本人权。从宪法规定的权利内容和保障措施看,尊重和保障人权的宪法原则突出了生存权和发展权的重要性。(4)人权是权利与义务的统一。马克思说过,

---

① 《中国共产党尊重和保障人权的伟大实践》,载人民网 http://politics.people.com.cn/n1/2021/0624/c1001-32139759.html。

② 《法理学》编写组:《法理学》,人民出版社、高等教育出版社 2020 年版,第 100 页。

没有无义务的权利,也没有无权利的义务。①没有义务的权利只能是特权,没有权利的义务只能是奴役。宪法不仅规定了公民的基本权利,而且规定了公民的基本义务。(5)坚持走中国特色人权发展道路,正确处理改革、发展、稳定与人权保障的关系。强调稳定是实现人权的前提,发展是实现人权的关键,法治是实现人权的保障。(6)人权与主权的关系。尊重和保障人权的宪法原则,必须强调人权是一个国家主权范围内的问题,反对借口人权干涉一个国家的内政,也反对把人权作为实现对别国的某种政治企图的工具,强调国家尊重和保障人权的义务和责任,体现了国家主权在实现和保护人权方面的重要作用。(7)对话与合作是促进和维护国际人权的正确途径,强调国际社会应在平等和相互尊重的基础上进行合作,共同推进世界人权事业。②

案例中,法律草案公开征求意见工作机制充分保障了我国公民知情权、参与权、表达权和监督权的实现。

三、我国公民的基本权利

(一)平等权

1982年《宪法》规定"中华人民共和国公民在法律面前一律平等"。所谓平等权,是指公民平等地享有权利,不受任何差别对待,要求国家给予同等保护的权利。

1. 禁止差别对待

公民在法律面前人人平等,年龄、性别、职业、出身等原因不应成为任何受到区别对待的理由。禁止一切不公平的歧视。例如,《宪法》第34条规定:"中华人民共和国年满18周岁的公民,不分民族、种族、性别、职业、家庭出身、宗教信仰、教育程度、财产状况、居住期限,都有选举权和被选举权;但是依照法律被剥夺政治权利的人除外。"

2. 允许合理差别

宪法并不禁止一切形式的差别,合理的差别是允许存在的,不能只着眼于形式上的绝对平等。例如,人大代表享有言论免责权。

---

① 《马克思恩格斯选集》(第2卷),人民出版社1995年版,第610页。
② 《宪法学》编写组:《宪法学》,高等教育出版社2020年版,第103页。

在现代宪法制度中,平等权主体中包括社会生活中的特定主体,如妇女、残障人士、儿童、难民等。如保障妇女的权利,《宪法》第48条第1款规定:"中华人民共和国妇女在政治的、经济的、文化的、社会的和家庭的生活等各方面享有同男子平等的权利。"

(二) 政治权利和自由

【案例】2013年,北京警方打掉一个在互联网蓄意制造、传播谣言,恶意侵害他人名誉,非法攫取经济利益的网络推手公司——北京尔玛互动营销策划有限公司,抓获秦志晖(网名"秦火火")、杨秀宇(网名"立二拆四")及公司其他4名成员。为提高网络知名度和影响力、非法牟取更多利益,秦、杨等人先后策划、制造了一系列网络热点事件,吸引粉丝,使自己迅速成为网络名人。如"7.23"动车事故发生后,故意编造、散布中国政府花2亿元天价赔偿外籍旅客的谣言,2个小时就被转发1.2万次,挑动民众对政府的不满情绪。2014年4月17日,北京市朝阳法院一审判决对其数罪并罚合并执行共3年刑期。其中,秦火火因诽谤罪获刑2年,因寻衅滋事罪获刑1年半,由于他归案后如实供述罪行,因此,对其从轻处罚,共判3年。①

【问题】秦火火的行为是在行使言论自由吗?

政治权利和自由是公民依法享有的参加国家政治生活的权利和自由,包括公民参与国家、社会组织与管理活动的选举权、被选举权,以及公民在国家政治生活中依法发表意见、表达意愿的言论、出版、集会、结社、游行和示威的自由。

1. 选举权和被选举权

选举权是指选举为代议机关代表的权利;被选举权则指选民依法被选举为代议机关代表的权利。《宪法》第34条规定:"中华人民共和国年满十八周岁的公民,不分民族、种族、性别、职业、家庭出身、宗教信仰、教育程度、财产状况、居住期限,都有选举权和被选举权;但是依照法律被剥夺政治权利的人除外。"

2. 政治自由

政治自由是指公民表达自己政治意愿的自由。《宪法》第35条规定,公民享有言论、出版、集会、结社、游行、示威的自由。公民的政治自由是近代民主政治的基础,是公民表达个人见解和意愿、参与社会活动和国家管理的一项基本权利。与选举权一样,政治自由也是公民作为国家政治主体而享有的参与国家政治生活的自由。公民在行使这些权利时,要遵循法律规定的条件,不得损害国家

---

① 《北京查处一家网络推手公司》,载《人民日报》2013年8月21日第4版。

的、社会的、集体的利益和其他公民的合法的自由和权利。

案例中,秦火火的行为并不是在行使言论自由。我国《宪法》第 51 条明确规定:"中华人民共和国公民在行使自由和权利的时候,不得损害国家的、社会的、集体的利益和其他公民的合法的自由和权利。"

(三)宗教信仰自由

【案例】娄某的父亲是一位资深宗教人士,为了让家族成员都信仰宗教,在娄某小的时候,父亲就经常强迫他抄写宗教经文,背诵宗教经文典故。

【问题】娄某父亲的做法是否合法?

《宪法》第 36 条第 1 款规定:"中华人民共和国公民有宗教信仰自由。"宗教信仰自由是指公民依据内心的信念,自愿地信仰宗教的自由。其含义包括:公民有信教或者不信教的自由,有信仰这种宗教或者那种宗教的自由,有信仰同宗教中的这个教派或那个教派的自由,有过去不信教而现在信教或者过去信教现在不信教的自由。

第 36 条第 2 款规定:"任何国家机关、社会团体和个人不得强制公民信仰宗教或者不信仰宗教,不得歧视信仰宗教的公民和不信仰宗教的公民。"宗教活动必须遵守国家法律,尊重他人的合法权益,服从社会整体利益的要求。第 36 条第 3 款规定:"国家保护正常的宗教活动。任何人不得利用宗教进行破坏社会秩序、损害公民身体健康、妨碍国家教育制度的活动。"宗教团体必须坚持自主、自办、自传的"三自"原则。第 36 条第 4 款还规定:"宗教团体和宗教事务不受外国势力支配。"

案例中娄某父亲的做法不合法。我国法律虽然规定了公民有信仰宗教的自由,但同时也规定了不得强迫他人信仰宗教。

(四)人身自由

人身自由包括狭义和广义两方面。狭义的人身自由主要指公民的身体不受非法侵犯,广义的人身自由则还包括与狭义人身自由相关联的生命权、人格尊严、住宅不受侵犯、通信自由和通信秘密等与公民个人生活有关的权利和自由。

1. 生命权

我国宪法虽然没有明确规定生命权条款,但尊重生命权作为所有基本权利的基础,受到国家的保障。

2. 人身自由

所谓人身自由,是指公民的身体不受非法侵犯,即不受非法限制、搜查、拘留

23

和逮捕。人身自由是公民所应享有的最起码的权利。《宪法》第37条第1款规定："中华人民共和国公民的人身自由不受侵犯。"人身自由与其他自由一样并不是绝对的。必要时,国家可以依法采取搜查、拘留、逮捕等措施,限制甚至剥夺特定公民的人身自由。第37条第2款规定："任何公民,非经人民检察院批准或者决定或者人民法院决定,并由公安机关执行,不受逮捕。"第37条第3款还规定:"禁止非法拘禁和以其他方法非法剥夺或者限制公民的人身自由,禁止非法搜查公民的身体。"

3. 人格尊严不受侵犯

人格尊严是指公民作为平等的人的资格和权利应该受到国家的承认和尊重。《宪法》第38条规定:"中华人民共和国公民的人格尊严不受侵犯。禁止用任何方法对公民进行侮辱、诽谤和诬告陷害。"我国法律还保护英雄烈士的姓名、肖像、名誉、荣誉。

4. 住宅不受侵犯

住宅是个人独自或多人共同合法地占有或使用、对外界封闭而形成的物理空间。《宪法》第39条规定:"中华人民共和国公民的住宅不受侵犯。禁止非法搜查或者非法侵入公民的住宅。"根据法律的有关规定,公安机关、检察机关、监察机关为了收集犯罪证据、查获犯罪嫌疑人或调查人,需要对有关人员的身体、物品、住宅及其他地方进行搜查时,必须严格依照法律规定的程序进行。

5. 通信自由和通信秘密受法律保护

通信自由是指公民与其他主体之间传递消息和信息不受国家非法限制的自由。通信秘密是指公民的通信,包括电报、电传、电话、邮件以及电子数据交换等信息传递形式,他人不得隐匿、毁弃、拆阅或者窃听。除因国家安全或者追查刑事犯罪的需要,由公安机关或者检察机关依照法律规定的程序对通信进行检查外,任何组织或者个人不得以任何理由侵犯公民的通信自由和通信秘密。

（五）社会经济权利

【案例】某外企是当地著名的企业,大学毕业生高某在该企业面试的过程中,本以为自己品学兼优,又有各种资格证书傍身,很容易就会通过该企业的招聘面试,进而被录取,可令高某没想到的是,公司以高某"身高未达到公司标准"为由拒绝录取他。

【问题】公司以身高未达标为由拒绝录用高某,是否合法?

社会经济权利是指公民根据宪法规定享有的具有物质经济利益的权利,是公民实现基本权利的物质保障。

1. 财产权

财产权是指公民对其合法财产享有的不受非法侵犯的所有权。《宪法》第13条第1、2款规定:"公民的合法的私有财产不受侵犯。国家依照法律规定保护公民的私有财产权和继承权。"继承权是财产权的延伸,是公民合法财产转移的合法形式。为了防止国家对公民私有财产权的侵害,第13条第3款规定:"国家为了公共利益的需要,可以依照法律规定对公民的私有财产权实行征收或者征用并给予补偿。"

2. 劳动权

《宪法》第42条第1款规定:"中华人民共和国公民有劳动的权利和义务。"公民的劳动权是指有劳动能力的公民有从事劳动并取得相应报酬的权利。为此第42条第2款规定:"国家通过各种途径,创造劳动就业条件,加强劳动保护,改善劳动条件,并在发展生产的基础上,提高劳动报酬和福利待遇。"第42条第4款规定:"国家对就业前的公民进行必要的劳动就业训练。"

3. 劳动者休息的权利

《宪法》第43条第1款规定:"中华人民共和国劳动者有休息的权利。"休息权是指劳动者在享受劳动权的过程中,为保护身体健康、提高劳动效率,根据国家法律和制度的有关规定而享有的休息和休养权利。为了使宪法所规定的休息权落到实处,《劳动法》第36条、第40条进行了具体规定。

4. 获得物质帮助的权利

《宪法》第45条第1款第1句规定:"中华人民共和国公民在年老、疾病或者丧失劳动能力的情况下,有从国家和社会获得物质帮助的权利。"

案例中公司以身高未达标为由拒绝录用高某不合法。我国公民有劳动的权利,亦有获得平等参加劳动的权利。

(六)文化教育权利

【案例】田某系北京科技大学学生。1996年2月29日田某参加电磁学课程补考。考试过程中其随身携带的写有电磁学公式的纸条掉出,被监考老师发现。监考老师虽未发现田某有偷看行为,但还是当即停止其考试并上报学校。北京科技大学依据校发(94)第068号"关于严格考试管理的紧急通知"(以下简称068号通知),于同年3月5日认定田某的行为属于作弊行为,作出按退学处理的决定,并于4月10日发出了学籍变动通知。北京科技大学没有直接向田某宣布处分决定和送达学籍变动通知,也未办理退学手续。田某继续在该校以该校学生身份进行正常学习,缴纳学费,享受学校各种教学设施,享受学校补助金,修满规定学分并通过毕业实习、毕业设计和毕业答辩。但学校以田某不具有学籍为由,拒绝为其颁发毕业证、学位证书及派遣证。①

【问题】学校根据068号文件处分是否合法?侵犯了田某的什么权利?

文化教育权利是公民根据宪法的规定,在教育和文化领域享有的权利和自由。

1. 受教育的权利

《宪法》第46条第1款规定:"中华人民共和国公民有受教育的权利和义务。"公民享有受教育的权利和义务,是指公民有在国家和社会提供的各类学校和机构中学习文化科学知识的权利,有在一定条件下依法接受各种形式的教育的义务。

2. 进行科学研究、文学艺术创作和其他文化活动的自由

《宪法》第47条规定,"中华人民共和国公民有进行科学研究、文学艺术创作和其他文化活动的自由"。科学研究自由是指我国公民在从事社会科学和自然科学研究时,有选择科学研究课题、研究和探索问题、交流学术思想、发表个人学术见解的自由。为了保障公民上述自由权利的实现,《宪法》第47条规定,"国家对于从事教育、科学、技术、文学、艺术和其他文化事业的公民的有益于人民的创造性工作,给予鼓励和帮助"。

案例中,学校受国家委托享有制定规章制度、学生纪律管理、学籍管理、学位授予等教育职能。高校行使各项权力时应当符合法律和行政法规的规定,并符合正当法律程序。该校068号文件规定"凡考试作弊者一律按退学处理",与《普通高等学校学生管理规定》不符,属无效内部规范性文件。高校退学权行使涉及剥夺受教育者基本权利,应符合最低限度正当程序要求及法律法规规定程序。北京科技大学对田某"退学处理"决定有严重程序瑕疵,不满足正当程序要求。法院判令学校履行发放毕业证、学位证及派遣证的法定职责。这一判决强调高校行使权力应合法合规且符合正当程序,保障学生受教育权等基本权利。

（七）监督权和获得赔偿权

【案例】2020年9月2日,赔偿请求人张玉环以其曾涉故意杀人案再审改判无罪为由,向赔偿义务机关江西省高级人民法院提出国家赔偿申请。根据有关法律规定,江西省高级人民法院充分听取了张玉环及其委托代理律师的意见,并与赔偿请求人张玉环及其委托代理律师进行了协商,于10月12日就

---

① 《最高人民法院指导性案例(2011年12月—2016年5月)》,人民法院出版社2016年版,第144页。

赔偿方式、赔偿项目和赔偿数额达成一致并签订协议:向张玉环支付国家赔偿金共计4 960 521.5元,包括无罪羁押9 778天人身自由赔偿金3 390 521.5元和精神损害抚慰金157万元。赔偿金包括侵犯人身自由赔偿金、精神损害抚慰金,其中精神损害抚慰金的商定,综合考虑了张玉环被限制人身自由及精神损害的具体情况、本地平均生活水平等因素。①

【问题】该赔偿体现出张玉环的什么权利得到了实现?

1. 监督权

所谓监督权,是指宪法赋予公民监督国家机关及其工作人员的活动的权利,其内容包括批评建议权、控告检举权和申诉权。《宪法》第41条第1款规定:"中华人民共和国公民对于任何国家机关和国家工作人员,有提出批评和建议的权利;对于任何国家机关和国家工作人员的违法失职行为,有向有关国家机关提出申诉、控告或者检举的权利,但是不得捏造或者歪曲事实进行诬告陷害。"公民行使监督权的界限是不得捏造或者歪曲事实进行诬告陷害,否则要承担相应的责任。

为了保障公民监督权的有效行使,《宪法》第41条第2款规定:"对于公民的申诉、控告或者检举,有关国家机关必须查清事实,负责处理。任何人不得压制和打击报复。"

2. 获得赔偿权

获得赔偿权是指公民的合法权益因国家机关或者国家机关工作人员违法行使职权而受到侵害的,公民有要求国家赔偿的权利。《宪法》第41条第3款规定:"由于国家机关和国家工作人员侵犯公民权利而受到损失的人,有依照法律规定取得赔偿的权利。"修改后的《国家赔偿法》在归责原则方面改变了之前采用的严格的违法原则,并首次明确,致人精神损害、造成严重后果的,赔偿义务机关应当支付"精神损害抚慰金"。在赔偿金标准上,该法第33条规定:"侵犯公民人身自由的,每日赔偿金按照国家上年度职工日平均工资计算。"

案例中张玉环获得国家赔偿金,是他获得赔偿权的实现。

四、我国公民的基本义务

【案例】2010年5月17日,央视《焦点访谈》节目报道,2010年4月,深圳市

① 《张玉环获国家赔偿496万元》,载"新华社"微信公众号,2020年10月30日发布。

规划土地监察支队发现一个名为"月光论坛"的网站,存在大量地理信息涉密的行为。网站把大量国家军事上的信息在地图上展示出来。"月光论坛"是一个军事爱好者经常光顾的网络社区,设置了中国核试验爆炸地点、中国军用机场、北京周边军事区域、中国军事设施收集等八个板块,汇聚了各地网友发布的信息并进行分类整理,并直接链接到国外一家地图网站的搜索引擎上。2010 年 5 月 6 日,深圳市规划土地监察局对"月光论坛"的负责人小龙作出罚款 5 000 元的行政处罚。①

【问题】"月光论坛"非法展示地图的泄密行为,违背了公民的什么义务?

根据宪法的规定,我国公民的基本义务包括:

(一) 维护国家统一和民族团结

《宪法》第 52 条规定:"中华人民共和国公民有维护国家统一和全国各民族团结的义务。"国家统一和民族团结是我国社会主义革命和建设取得胜利的根本保证,也是推进改革开放、建设中国特色社会主义的根本前提。因此,全体公民必须自觉维护国家的统一和各民族的团结,坚决反对任何分裂国家和破坏民族团结的行为。《国家安全法》规定,维护国家主权、统一和领土完整是包括港澳同胞和台湾同胞在内的全中国人民的共同义务。

(二) 遵守宪法和法律,保守国家秘密,爱护公共财产,遵守劳动纪律,遵守公共秩序,尊重社会公德

《宪法》第 53 条规定:"中华人民共和国公民必须遵守宪法和法律,保守国家秘密,爱护公共财产,遵守劳动纪律,遵守公共秩序,尊重社会公德。"我国宪法和法律是全国各族人民意志和利益的集中体现,维护宪法和法律的尊严是每个公民对国家和社会应尽的神圣职责。

国家秘密关系到国家的安全和利益,严守国家秘密是关系到国家安危的大事。国家秘密受法律保护。任何危害国家秘密安全的行为,都必须受到法律追究。

公共财产是巩固国家政权,使国家日益繁荣富强的物质基础,所有公民都必须爱惜和维护国家和集体的财产。公民遵守劳动纪律,对于保证社会化大生产的正常进行、提高劳动效率、保护劳动者的生产安全具有重要意义。公共秩序和社会公德也是保证人民正常生活和工作,遵守公共秩序和尊重社会公德是公民

① 《央视〈焦点访谈〉:警惕互联网地图泄密》,载中国法院网 https://www.chinacourt.org/article/detail/2010/05/id/409267.shtml。

的基本义务。

（三）维护祖国的安全、荣誉和利益

《宪法》第54条规定："中华人民共和国公民有维护祖国的安全、荣誉和利益的义务，不得有危害祖国的安全、荣誉和利益的行为。"国家安全是公民生产生活、安居乐业的必要条件；国家的荣誉也就是国家和民族的尊严；国家的利益则是相对于外国国家利益的国家整体利益。毫无疑问，如果国家安全得不到维护，公民的工作和生活也就无法正常进行；国家的荣誉和利益受到破坏也就是公民的荣誉和利益受到损害。

（四）保卫祖国、依法服兵役和参加民兵组织

《宪法》第55条规定："保卫祖国、抵抗侵略是中华人民共和国每一个公民的神圣职责。依照法律服兵役和参加民兵组织是中华人民共和国公民的光荣义务。"国家主权独立、领土完整是我国现代化建设和其他事业能够顺利进行的关键，它不仅关系到祖国的前途和命运，而且关系到人民生活的安定和幸福。因此，保卫祖国、依法服兵役和参加民兵组织是每一个公民的崇高职责。

根据《宪法》和《兵役法》《国防法》《国防动员法》的规定，依法服兵役义务的主体是中华人民共和国公民，外国人不能成为服兵役义务的主体。我国实行以志愿兵役为主体的志愿兵役与义务兵役相结合的兵役制度。

（五）依法纳税

《宪法》第56条规定了公民依照法律纳税的义务。征税是一种特殊形式的行政征收行为，税收收入是国家财政收入的主要来源，是国家进行宏观调控的重要经济杠杆。

纳税是一种法律行为，要体现税收法定原则。纳税义务具有双重性：一方面，纳税是国家财政的重要来源，具有形成国家财力的属性；另一方面，纳税义务具有防止国家权力侵犯个人财产权的属性。与纳税义务相对应的国家权力是课税权。由于纳税直接涉及公民个人财产权的保护问题，因此依法治税是保护公民财产权的重要保证。

（六）其他基本义务

除上述基本义务之外，我国宪法还规定了劳动的义务、受教育的义务、父母抚养教育未成年子女的义务、成年子女赡养扶助父母的义务等。这些义务既具有社会伦理与道德的性质，同时也具有一定的法律性质。

本案中"月光论坛"违反了《宪法》第53条规定的中华人民共和国公民必须保守国家秘密的义务和《保守国家秘密法》的相关规定，应该受到相应的制裁。

五、社区搭建平台促进公民参与

【案例】徐燕是西善桥街道西善花苑社区党支部书记兼人大代表。她深知人大代表不仅是荣誉更是责任,始终心系人民群众,深入走访、联系选民,反映群众心声、维护群众利益。她关注"一老一小"民生问题,就发展家门口15分钟养老圈提出建议,携手岱山社区卫生服务中心打造"红色医护"服务队,按"1234"工作法提供志愿服务,共建共享医疗资源,提升老年人生活环境和质量。在区第十九届人大第一次会议上,她提出"关于多措并举推进'礼让斑马线'的建议",获有关部门重视。她希望加强宣传教育,营造人人关注、支持、参与文明交通的良好氛围,以实际行动履行代表职责,为社区发展和民生改善贡献力量。①

【问题】社区工作者如何搭建平台促进公民参与?

要畅通人民群众参与社会治理的制度化渠道,创新组织群众、发动群众机制,依靠群众解决群众身边的矛盾问题,让人民群众成为社会治理的最广泛参与者。社区参与是实现社会和谐的重要途径,社区工作者在其中扮演着促进者和组织者的角色。(1)社区参与的意义:社区参与不仅能够提升居民的归属感和满意度,还能够促进社会资源的合理分配和利用,提高社会治理效率。(2)社会和谐的促进:社区工作者通过促进社区参与,帮助解决社区内部矛盾,增进邻里间的相互理解和支持,从而构建和谐社区,为社会稳定打下坚实基础。

搭建平台促进公民参与。社区工作者通过搭建各种平台,鼓励和促进公民积极参与社区事务,行使自己的权利,履行自己的义务。(1)建立社区议事机制:设立社区议事厅,定期召开居民大会,让居民有机会就社区内的公共事务发表意见,参与决策过程。(2)开展志愿服务活动:鼓励居民参与志愿服务,如环境保护、帮助弱势群体等,通过实际行动履行社会责任和义务。(3)创建社区互助网络:建立社区互助小组,促进居民之间的相互帮助和支持,增强社区凝聚力。(4)促进公民监督:鼓励公民对社区公共事务进行监督,提出建设性意见,确保社区事务的透明度和公正性。(5)利用科技手段提高参与度:开发社区App或网站,使居民能够更方便地获取信息、参与讨论和投票,提高公民参与的便捷性和广泛性。通过这些措施,社区工作者能够有效地促进公民权利的行使和义务的

---

① 贾宇欣:《徐燕代表:扎根基层担使命》,载"人民与权力杂志"微信公众号,2023年4月6日发布。

履行,为构建和谐社区、推动社会进步作出积极贡献。

主题4 国家机构——国家机构的职权

一、全国人民代表大会和全国人民代表大会常务委员会

【案例】2023 年 3 月 13 日中华人民共和国第十四届全国人民代表大会第一次会议,在圆满完成各项议程,产生新一届国家机构组成人员后,13 日上午在北京人民大会堂闭幕。会议经表决,通过了十四届全国人大一次会议关于政府工作报告的决议。会议经表决,通过了关于修改立法法的决定。会议表决通过了十四届全国人大一次会议关于 2022 年国民经济和社会发展计划执行情况与 2023 年国民经济和社会发展计划的决议,决定批准关于 2022 年国民经济和社会发展计划执行情况与 2023 年国民经济和社会发展计划草案的报告,批准 2023 年国民经济和社会发展计划;表决通过了十四届全国人大一次会议关于 2022 年中央和地方预算执行情况与 2023 年中央和地方预算的决议,决定批准关于 2022 年中央和地方预算执行情况与 2023 年中央和地方预算草案的报告,批准 2023 年中央预算。会议表决通过了关于全国人大常委会工作报告的决议、关于最高人民法院工作报告的决议、关于最高人民检察院工作报告的决议,决定批准这三个报告。①

【问题】案例中全国人民代表大会行使了哪些职权?

(一)全国人大的性质和地位

全国人大在我国国家机构体系中居于首要地位,其他任何国家机关都不能超越于全国人大之上,也不能和它相并列。《宪法》第 2 条第 1、2 款规定:"中华人民共和国的一切权力属于人民。人民行使国家权力的机关是全国人民代表大会和地方各级人民代表大会。"第 57 条规定:"中华人民共和国全国人民代表大会是最高国家权力机关。它的常设机关是全国人民代表大会常务委员会。"第 58 条规定:"全国人民代表大会和全国人民代表大会常务委员会行使国家立法权。"这些表明了全国人大是最高国家权力机关,同时也是最高国家立法机关。

---

① 《十四届全国人大一次会议在京闭幕,习近平发表重要讲话》,载"中央纪委国家监委网站"微信公众号,2023 年 3 月 13 日发布。

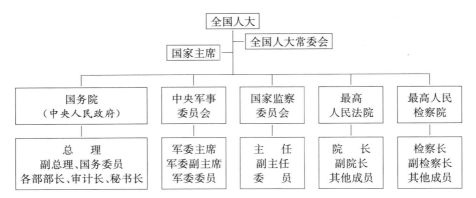

图 1-3　全国人大和其他国家机构的关系

全国人大代表人民统一行使国家最高权力,集中代表全国各族人民的意志和利益,行使国家的立法权,决定国家生活中的重大问题。

(二)全国人大的组成和任期

根据宪法和法律规定,全国人大由省、自治区、直辖市、特别行政区和军队选出的代表组成。全国人大代表的名额总数不超过 3 000 名,由全国人大常委会确定各选举单位代表名额比例的分配。港澳地区全国人大代表的名额和代表产生办法由全国人大另行规定。省、自治区、直辖市应选全国人大代表的名额,由全国人大常委会根据各省、自治区、直辖市的人口数,按照每一代表所代表的城乡人口数相同的原则,以及保证各地区、各民族、各方面都有适当数量代表的要求进行分配。各少数民族在全国人民代表大会中都应当有适当名额的代表,人口特少的其他聚居民族至少应有代表 1 人。

全国人大每届任期为 5 年。在任期届满前的 2 个月以前,全国人大常委会必须完成下届全国人大代表的选举工作。如果遇到不能进行选举的非常情况,由全国人大常委会以全体委员三分之二以上的多数通过,可以推迟选举,延长本届全国人大的任期;但在非常情况结束后 1 年以内,全国人大常委会必须完成下届全国人大代表的选举。

(三)全国大大的职权和会议制度

根据宪法的规定,全国人大行使下列职权:

1. 修改宪法、监督宪法实施

宪法是国家根本法,它的修改举足轻重,这个权力只能由全国人大行使。监督宪法实施是全国人大的重要职权。由作为最高权力机关的全国人大监督宪法实施,有利于保证宪法的贯彻执行,并对违反宪法的行为追究违宪责任。

2.制定和修改基本法律

基本法律是根据宪法由全国人大制定的法律,包括刑法、刑事诉讼法、民法、民事诉讼法、选举法、民族区域自治法、特别行政区基本法等。这些法律涉及国家生活的重要领域,关系到全国各族人民的根本利益,必须由全国人大来行使制定权和修改权。

3.选举、决定和罢免国家机关的重要组成人员

全国人大有权选举全国人大常委会委员长、副委员长、秘书长和委员,选举中华人民共和国主席、副主席,中央军事委员会主席,国家监察委员会主任,最高人民法院院长,最高人民检察院检察长;有权根据国家主席的提名决定国务院总理的人选,根据国务院总理的提名决定国务院副总理、国务委员、各部部长、各委员会主任、审计长和秘书长的人选;根据中央军事委员会主席的提名决定中央军事委员会副主席和委员的人选。对于上述人员,全国人大有权依照法定程序予以罢免。

4.决定国家重大问题

全国人大有权审查中央和地方预算草案及中央和地方预算执行情况的报告;审查和批准中央预算和中央预算执行情况的报告;改变或者撤销全国人大常委会关于预算、决算的不适当的决议;审查和批准国民经济和社会发展计划以及计划执行情况的报告;批准省、自治区和直辖市的建置;决定特别行政区的设立及其制度;决定战争与和平问题等。

5.最高监督权

全国人大有权监督由其产生的国家机关的工作。全国人大常委会、国务院、最高人民法院和最高人民检察院必须对全国人大负责并报告工作。中央军事委员会、国家监察委员会须对全国人大负责。全国人大有权改变或者撤销其常委会制定的不适当的决定,有权撤销全国人大常委会批准的违背宪法和《立法法》第75条第2款规定的自治条例和单行条例。必要时,全国人大可以组成特定问题调查委员会,以便对国家生活中的重大问题进行监督。

6.其他应当由它行使的职权

《宪法》规定,全国人大有权行使"应当由最高国家权力机关行使的其他职权"。

全国人大开展工作的主要方式是举行会议。根据宪法和法律的规定,全国人大会议每年举行一次,由全国人大常委会召集。如果全国人大常委会认为有必要或者五分之一以上的全国人大代表提议,可以临时召集。

案例中全国人民代表大会行使的职权,包括制定和修改基本法律,选举、决

33

定和罢免国家机关的重要组成人员,决定国家重大问题以及最高监督权。

(四) 全国人民代表大会常务委员会的性质和地位

全国人民代表大会常务委员会简称全国人大常委会,是全国人大的常设机关,是最高国家权力机关的组成部分,是行使国家立法权的机关。全国人大常委会对全国人大负责并报告工作,接受其监督。在全国人大闭会期间,国务院、最高人民法院、最高人民检察院对全国人大常委会负责并报告工作。中央军事委员会、国家监察委员会除对全国人大负责外,也要对全国人大常委会负责。全国人大常委会通过的决议、制定的法律,其他国家机关和全国人民都必须遵守执行。

(五) 全国人大常委会的组成、任期和机构设置

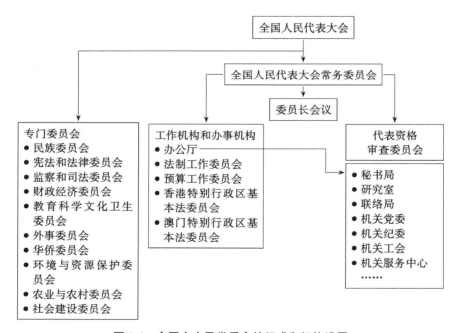

图 1-4 全国人大及常委会的组成和机构设置

全国人大常委会由委员长、副委员长若干人、秘书长和委员若干人组成。这些组成人员必须是全国人大代表,并由每届全国人大第一次会议选举产生。为保证全国人大常委会集中精力开展本职工作,《宪法》规定,全国人大常委会的组成人员不得担任国家行政机关、监察机关、审判机关和检察机关的职务。

全国人大常委会的每届任期与全国人大每届任期相同,即 5 年。上届全国人大产生的常委会,须在下届全国人大常委会产生后,才能结束任期。常委会的委员长、副委员长、秘书长和委员可连选连任,但委员长、副委员长连续任职不得超过两届。

根据《宪法》和《全国人大组织法》,全国人大常委会委员长主持全国人大常委会的工作,召集全国人大常委会会议。常委会设立代表资格审查委员会、办公厅、法制工作委员会、预算工作委员会以及香港特别行政区基本法委员会、澳门特别行政区基本法委员会。其中,法制工作委员会是全国人大常委会的立法工作机构,在全国人大常委会领导下开展有关法律案的起草、修改、研究及审议服务工作,全面承担常委会立法工作的规划、组织、协调、指导和服务职能,对报送备案的行政法规、地方性法规和司法解释进行合法性审查,承办宪法实施监督具体工作。

(六) 全国人大常委会的职权

根据现行《宪法》的规定,全国人大常委会的职权主要有以下几个方面:

(1) 解释宪法,监督宪法的实施。即对宪法条文的含义、内容和界限进行说明。但宪法是根本法,对它的解释只能由特定的有权威的国家机关来进行。而根据《宪法》的规定,全国人大及其常委会都有权监督宪法的实施,根据《宪法》规定的范围行使立法权。全国人大常委会有权制定除由全国人大制定的基本法律以外的其他法律,并且在全国人大闭会期间,对全国人大制定的基本法律有权进行部分修改和补充,但是不得同该法律的基本原则相抵触。

(2) 解释法律、审查和监督规范性文件。全国人大常委会所解释的法律,并不限于它自己所制定的法律,也包括由全国人大制定的基本法律。全国人大常委会有权撤销国务院制定的同宪法、法律相抵触的关于预算、决算的行政法规、决定和命令;地方性法规和决议。

(3) 预算管理权。对国民经济和社会发展计划、国家预算部分调整方案和国家决算的审批权,审议审计工作报告。

(4) 监督国家机关的工作。国务院、中央军事委员会、国家监察委员会、最高人民法院和最高人民检察院都由全国人大产生,根据宪法的规定,分别行使国家的各项权力。因此,它们都必须向全国人大负责并接受它的监督。但是,监督这些机关是一项经常性的日常工作,因此,宪法规定,在全国人大闭会期间,由全国人大常委会行使监督权。全国人大常委会每年选择若干关系改革发展稳定大局和群众切身利益、社会普遍关注的重大问题,有计划地安排听取和审议国务院、国家监察委员会、最高人民法院和最高人民检察院的专项工作报告。有计划地对有关法律、法规实施情况组织执法检查。

（5）决定、任免国家机关组成人员。在全国人大闭会期间,全国人大常委会根据国务院、中央军委、最高人民法院院长、最高人民检察院检察长的提名,分别可以决定国务院其他组成人员;中央军事委员会其他组成人员,最高人民法院副院长、审判员、审判委员会委员和军事法院院长,最高人民检察院副检察长、检察员、检察委员会委员、军事检察院检察长的任免,并且批准省、自治区、直辖市的人民检察院检察长的任免。

（6）国家生活中其他重要事项的决定权。在全国人大闭会期间,全国人大常委会有权决定批准或废除同外国缔结的条约和重要协定;决定驻外全权代表的任免;规定军人和外交人员的衔级制度和其他专门衔级制度;规定和决定授予国家的勋章和荣誉称号;决定特赦;如果遇到国家遭受武装侵犯或者必须履行国家间共同防止侵略的条约的情况,有权决定宣布战争状态;决定全国总动员和局部动员;决定全国或者个别省、自治区、直辖市进入紧急状态。决定法律在一定期限、部分地方的暂时调整、暂停适用,也属于重大事项决定权的范围。

授予国家勋章、国家荣誉称号的议案由全国人大常委会委员长会议及国务院、中央军事委员会向全国人大常委会提出,由全国人大常委会作出决定,由国家主席授予和签发证书。全国人大常委会有决定特赦的职权。

（7）全国人大授予的其他职权。

（七）全国人大各委员会

全国人大审议、讨论、决定的国家重大问题,涉及国家生活中的各个领域,会议提出的议案往往具有很强的专业性。而且,全国人大每年只有一次例会,每次会期一般不超过20天,对诸多问题不可能有充分的时间进行研究讨论。因此,成立各种委员会有助于保证全国人大立法工作的质量,以便更加及时、准确地决定国家大事。这些委员会可以分为常设性委员会和临时性委员会两大类。

全国人大的常设性委员会主要是指各专门委员会。根据《宪法》和《全国人大组织法》以及工作实践的需要,目前全国人大设有民族委员会、宪法和法律委员会、监察和司法委员会、财政经济委员会、教育科学文化卫生委员会、外事委员会、华侨委员会、环境与资源保护委员会、农业与农村委员会、社会建设委员会共10个专门委员会。

根据法律规定,各专门委员会共同的任务有下列几项:（1）审议全国人大主席团或者全国人大常委会交付的议案;（2）向全国人大主席团或者全国人大常委会提出属于全国人大或者全国人大常委会职权范围内同本委员会有关的议案,组织起草法律草案和其他议案草案;(3)承担全国人大常委会听取和审议专项工作报告有关具体工作;(4)承担全国人大常委会执法检查的具体组织实施工作,承担全国人大常委会专题询问有关具体工作;(5)按照全国人大常委会工作安排,听取国务院相关部门和国家监察委员会、最高人民法院、最高人民检察院的专题汇报,提出建议;(6)对属于全国人大或其常委会职权范围内同本委员会有关的问题,进行调查研究,提出建议;(7)审议全国人大常委会交付的被视为同宪法、法律相抵触的国务院的行政法规、决定和命令,国务院各部门的命令、指示和规章,国家监察委员会的监察法规,省、自治区、直辖市和设区的市、自治州的人大及其常委会的地方性法规和决定、决议,省、自治区、直辖市和设区的市、自治州的人民政府的决定、命令和规章,民族自治地方的自治条例和单行条例,经济特区法规,以及最高人民法院、最高人民检察院具体应用法律问题的解释,提出意见;(8)审议全国人大主席团或者全国人大常委会交付的质询案,听取受质询机关对质询案的答复,必要时向全国人大主席团或全国人大常委会提出报告;(9)研究办理代表建议、批评和意见,负责有关建议、批评和意见的督促办理工作;(10)按照全国人大常委会的安排开展对外交往;(11)全国人大及其常委会交办的其他工作。

此外民族委员会还可以对加强民族团结问题进行调查研究,提出建议;审议自治区报请全国人大常委会批准的自治区的自治条例和单行条例,向全国人大常委会提出报告。宪法和法律委员会承担推动宪法实施、开展宪法解释、推进合宪性审查、加强宪法监督、配合宪法宣传等工作职责,统一审议向全国人大或其常委会提出的法律草案和有关法律问题的决定草案。其他专门委员会就有关草案向宪法和法律委员会提出意见。财政经济委员会对国务院提出的国民经济和社会发展计划草案、规划纲要草案、中央和地方预算草案、中央决算草案以及相关报告和调整方案进行审查,提出初步审查意见、审查结果报告;其他专门委员会可以就有关草案和报告向财政经济委员会提出意见。

临时性委员会主要是指全国人大及其常委会组织的关于特定问题的调查委员会。《宪法》第71条第1款规定:"全国人民代表大会和全国人民代表大会常务委员会认为必要的时候,可以组织关于特定问题的调查委员会,并且根据调查委员会的报告,作出相应的决议。"

(八) 全国人民代表大会代表的权利与义务

【案例】2014 年 8 月 12 日凌晨,张某在上海涉嫌酒后驾车被警方查获。经检验,张某血液中乙醇浓度为 1.25 mg/mL,达到醉酒状态。张某对自己行为供认不讳。上海警方认定其涉嫌危险驾驶罪,对张某进行刑事立案。由于张某是福建省周宁县人大代表,当天下午,上海警方依法释放了张某。两天后,上海警方向周宁县人大常委会发函,希望其许可对张某的刑事拘留。10月24日,周宁县第十六届人大常委会第二十五次会议听取和审议《关于提请许可对县第十六届人大代表张某采取刑事拘留强制措施并暂停其执行代表职务的议案》,并进行表决。常委会组成人员实际到会17名,8票赞成,1票反对,8票弃权。议案未获通过。此事经过媒体报道,引发广泛关注和讨论。11月27日,上海警方再次提请许可对张某的刑事拘留。12月2日,周宁县第十六届人大常委会提前召开第二十六次会议,一致同意许可上海警方的提请,并从即日起暂停其执行代表职务。12月8日,上海警方依法对张某采取刑事拘留措施。①

【问题】人大代表是不是在宪法和法律上享有高于普通公民的特权?其违法犯罪行为是否应该受到法律的追究?

根据《宪法》和《全国人民代表大会和地方各级人民代表大会代表法》(以下简称《代表法》)等的规定,全国人大代表享有以下权利:

(1)出席全国人大会议,参加审议各项议案、报告和其他议题,发表意见。为便于全国人大代表行使该项权利,在全国人大会议举行1个月前,全国人大常委会必须把开会日期和建议会议讨论的主要事项通知代表,并将准备提请会议审议的法律草案发给代表。

(2)提出议案、质询案、罢免案等。一个代表团或者30名以上代表联名,可以向全国人大提出属于全国人大职权范围内的议案。全国人大代表对全国人大及其常委会的工作,有提出建议、意见和批评的权利;对提出的建议、意见和批评,由全国人大常委会负责落实。在全国人大会议期间,一个代表团或者30名以上代表联名,有权书面提出对国务院及其部委、国家监察委员会、最高人民法院、最高人民检察院的质询案。全国人大代表有权依照法律规定的程序提出对全国人大常委会组成人员、中华人民共和国主席和副主席、国务院组成人员、中央军事委员会组成人员、国家监察委员会主任、最高人民法院院长、最高人民检察院检察长的罢免案。

(3)提出对各方面工作的建议、批评和意见。全国人大代表有权对主席团提名的全国人大常委会组成人员的人选,中华人民共和国主席、副主席的人选,

---

① 卢梦君:《福建周宁人大再审同意沪警方刑拘醉驾人大代表:不保护违法行为》,载"上海法治报"微信公众号,2014年12月2日发布。

中央军事委员会主席的人选,国家监察委员会主任的人选、最高人民法院院长和最高人民检察院检察长的人选,全国人大主席团的人选,全国人大各专门委员会的人选,提出意见。

(4)参加各项选举和表决。全国人大代表参加决定国务院组成人员、中央军事委员会副主席和委员的人选,参加表决通过全国人大各专门委员会组成人员的人选。

(5)获得信息、物质等各项保障。全国人大常委会、国务院和最高人民法院、最高人民检察院应当及时向全国人大代表通报工作情况,提供信息资料,保障代表的知情权。全国人大代表在出席全国人大会议和执行其他属于代表职务的时候,享有国家根据实际需要给予适当的补贴和物质便利的权利。

(6)人身受特别保护。在全国人大开会期间,没有经过全国人大会议主席团的许可,在全国人大闭会期间,没有经过全国人大常委会的许可,全国人大代表不受逮捕或者刑事审判。如果因为全国人大代表是现行犯而被拘留的,执行拘留的公安机关必须立即向全国人大会议主席团或者全国人大常委会报告。如果依法对全国人大代表采取除逮捕和刑事审判等法律规定之外的限制人身自由的措施,如行政拘留、监视居住等,应当经全国人大主席团或者全国人大常委会许可。

(7)言论免责权。宪法规定,全国人大代表在全国人大各种会议上的发言和表决不受法律追究。

(8)其他权利,如参观、视察等。代表在参观或者视察工作中发现问题,可以提交有关国家机关处理,必要时可以报全国人大常委会处理。

根据《宪法》和《代表法》等的规定,全国人大代表必须履行如下义务:(1)模范地遵守宪法和法律,保守国家秘密,并且在自己参加的生产、工作和社会活动中,协助宪法和法律的实施。(2)按时出席全国人大会议,认真审议各项议案、报告和其他议题,发表意见,做好会议期间的各项工作。(3)积极参加统一组织的视察、专题调研、执法检查等履职活动。(4)加强履职学习和调查研究,不断提高执行代表职务的能力。(5)与原选举单位和人民群众保持密切联系,听取和反映他们的意见和要求,努力为人民服务。全国人大代表要经常深入选民中了解他们的意愿,向选举单位和选民介绍全国人大的工作情况,等等。全国人大代表联系群众的方式和渠道很多,特别重要的有两种:一是参观和视察工作,二是参加原选举单位召开的人民代表大会。全国人大代表还应当采取多种方式经常听取人民群众对代表履职的意见,回答原选举单位对代表工作和代表活动的询问,接受监督。(6)自觉遵守社会公德,廉洁自律,公道正派,勤勉尽责。(7)法律规定的其他义务。

人身特别保护权是为了保障人大代表更好地履行代表职务,它不是法律之外的特权,更不能成为违法犯罪的"挡箭牌"。案例中人大代表张某应该模范遵守宪法和法律,他们虽然享有法定的权利,但也应该履行法定的义务,在法律地位上与普通公民相比,人大代表不享有任何特权,张某对其违法行为理应承担相应的法律责任。

二、国家主席

【案例】国家主席习近平 29 日签署发布特赦令,根据十三届全国人大常委会第十一次会议 29 日通过的全国人大常委会关于在中华人民共和国成立七十周年之际对部分服刑罪犯予以特赦的决定,对九类服刑罪犯实行特赦。根据国家主席特赦令,对依据 2019 年 1 月 1 日前人民法院作出的生效判决正在服刑的九类罪犯实行特赦:一是参加过中国人民抗日战争、中国人民解放战争的;二是中华人民共和国成立以后,参加过保卫国家主权、安全和领土完整对外作战的;三是中华人民共和国成立以后,为国家重大工程建设做过较大贡献并获得省部级以上"劳动模范""先进工作者""五一劳动奖章"等荣誉称号的;四是曾系现役军人并获得个人一等功以上奖励的;五是因防卫过当或者避险过当,被判处三年以下有期徒刑或者剩余刑期在一年以下的;六是年满七十五周岁、身体严重残疾且生活不能自理的;七是犯罪的时候不满十八周岁,被判处三年以下有期徒刑或者剩余刑期在一年以下的;八是丧偶且有未成年子女或者有身体严重残疾、生活不能自理的子女,确需本人抚养的女性,被判处三年以下有期徒刑或者剩余刑期在一年以下的;九是被裁定假释已执行五分之一以上假释考验期的,或者被判处管制的。①

【问题】什么是特赦?特赦令如何发布?

中华人民共和国主席是我国国家机构的重要组成部分,对内对外代表国家,依法行使宪法规定的国家主席职权。1954 年宪法规定,国家主席与全国人大常

---

① 《习近平主席签署特赦令,对九类服刑罪犯实行特赦》,载"中央纪委国家监委网站"微信公众号,2019 年 6 月 29 日发布。

委会共同行使国家元首的职权。1975年宪法、1978年宪法均未设置国家主席。1982年宪法恢复了国家主席的设置。

国家主席、副主席由全国人大选举产生。产生国家主席和副主席的具体程序是:首先由全国人大会议主席团提出国家主席和副主席的候选人名单,然后经各代表团酝酿协商,再由会议主席团根据多数代表的意见确定候选人名单,最后由会议主席团把确定的候选人交付大会表决,由大会全体代表中过半数以上的代表选举通过。宪法规定:有选举权和被选举权的年满45周岁的中华人民共和国公民可以被选为中华人民共和国主席、副主席。因此,当选国家主席和副主席的基本条件有二:一是国家主席、副主席的人选,必须是有选举权和被选举权的中华人民共和国公民;二是必须年满45周岁。国家主席要以国家最高代表的身份,在国家内外事务中以国家的名义进行活动。国家主席、副主席的任期同全国人大每届任期相同。

根据《宪法》的规定,国家主席的职权主要有:

(1)公布法律,发布命令。法律在全国人大或全国人大常委会正式通过后,由国家主席予以颁布施行。国家主席根据全国人大及其常委会的决定,发布特赦令、动员令、宣布进入紧急状态、宣布战争状态等。

(2)任免国务院的组成人员和驻外全权代表。国务院总理、副总理、国务委员、各部部长、各委员会主任、审计长、秘书长,经全国人大或全国人大常委会正式确定人选后,由国家主席宣布其任职或免职。国家主席根据全国人大常委会的决定,派出或召回驻外大使。

(3)外事权。国家主席代表国家,进行国事活动,接受外国使节。接受外国使节的仪式也叫递交国书仪式。国家主席根据全国人大常委会的决定,宣布批准或废除条约和重要协定。

(4)荣典权。国家主席根据全国人大常委会的决定,向国家勋章和国家荣誉称号获得者授予国家勋章、国家荣誉称号奖章,签发证书。国家主席进行国事活动时可以直接授予外国政要、国际友人等人士"友谊勋章"。

国家副主席的职责主要是协助国家主席工作。副主席可以受国家主席的委托,代替执行主席的一部分职权,如代替主席接受外国使节等。副主席受托行使国家主席职权时,具有与国家主席同等的法律地位。

《宪法》规定,国家主席缺位时,由副主席继任主席的职位;副主席缺位时,由全国人大补选;国家主席、副主席都缺位时,由全国人大进行补选;补选之前,由全国人大常委会委员长暂时代理国家主席的职位。

案例中,特赦通常是指国家对特定犯罪人免除刑罚的措施,只赦免刑罚,不赦免罪行。我国现行《宪法》第 67 条规定,全国人大常委会行使特赦权;第 80 条规定,中华人民共和国主席发布特赦令。

三、国务院

【案例】中共中央、国务院日前批复同意《首都功能核心区控制性详细规划(街区层面)(2018 年—2035 年)》。《批复》指出,核心区是全国政治中心、文化中心和国际交往中心的核心承载区,是历史文化名城保护的重点地区,是展示国家首都形象的重要窗口地区。要深刻把握"都"与"城"、保护与利用、减量与提质的关系,把服务保障中央政务和治理"大城市病"结合起来,推动政务功能与城市功能有机融合,老城整体保护与有机更新相互促进,建设政务环境优良、文化魅力彰显、人居环境一流的首善之区。①

【问题】为什么首都功能核心区控制性详细规划的请示需要国务院批复?

中华人民共和国国务院,即中央人民政府,是最高国家权力机关的执行机关,是最高国家行政机关。国务院由总理、副总理若干人、国务委员若干人、各部部长、各委员会主任、审计长、秘书长组成。国务院的任期与全国人大的任期相同,即每届为 5 年。总理、副总理、国务委员连续任职不得超过两届。

《宪法》第 86 条第 2 款规定:"国务院实行总理负责制。各部、各委员会实行部长、主任负责制。"总理负责制是指国务院总理对其主管的工作负全部责任,与负全部责任相联系的是他对自己主管的工作有完全决定权。具体表现在:第一,领导权。国务院总理领导国务院的工作。副总理、国务委员协助总理工作,各部部长、各委员会主任负责某一方面的专门工作,他们均须向国务院总理负责。总理担负起管理全国行政事务的职责,向全国人大及其常委会负行政责任。第二,提名权。国务院其他组成人员的人选由总理提名,由全国人大或全国人大常委会决定。在必要时,总理有权向全国人大或全国人大常委会提出免除他们职务的请求。第三,召集主持会议权。国务院的常务会议和全体会议由总理召集和主持,会议议题由总理确定,重大问题必须经全体会议或常务会议讨论,总理在

---

① 《首都功能核心区到底怎么建? 细节来了》,载"新闻联播"微信公众号,2020 年 8 月 28 日发布。

集体讨论的基础上形成国务院的决定。第四,签署权。国务院发布的决定、命令,国务院制定的行政法规,国务院向全国人大或者全国人大常委会提出的议案,国务院任免的政府机关工作人员,均须由总理签署才有法律效力。

国务院所属各部委也实行首长负责制。各部部长、各委员会主任领导本部、委的工作并向国务院总理负行政责任,部长和主任召集和主持部务会议或委员会会议并就重大问题作出决定,副部长、副主任协助部长、主任进行工作并向部长或主任负行政责任。

《宪法》关于国务院职权的规定主要有:(1)行政法规制定权、决定和命令发布权。国务院有权根据宪法和法律制定有关行政机关的活动准则、行政权限以及行政工作制度和各种行政管理制度等方面的规范性文件。国务院根据宪法和法律制定行政法规,行政法规的效力低于宪法和法律,其内容不能与宪法和法律相抵触。(2)行政措施的规定权。国务院在行政管理中认为需要的时候,或者为了执行法律和执行最高国家权力机关的决议,有权采取各种具体办法和实施手段。有权批准省、自治区、直辖市的区域划分,批准自治州、县、自治县、市的建置和区域划分。省、自治区人民政府组织编制省域城镇体系规划,报国务院审批。(3)提出议案权。国务院必须提出有关的法律草案以及国民经济和社会发展计划,报告计划的执行情况,报告国家的预算和预算的执行情况,等等。经最高国家权力机关审议批准,使之变成指导社会生活和经济建设的法律性文件。这些计划、报告都必须在全国人大及其常委会会议上以议案的形式提出。(4)对所属部、委和地方各级行政机关的领导权及监督权。行政人员的任免、奖惩权。国务院有权依照宪法和有关法律,任免国家行政机关的领导人员,奖励先进的工作人员,惩罚违反法纪、造成一定后果的工作人员。(5)全国人大及其常委会授予的其他职权。国务院除了行使宪法明确规定的职权外,还行使全国人大或全国人大常委会授予的其他职权,如授权立法或者调整法律实施。例如,《立法法》第9条对于授权国务院立法作了规定:"本法第8条规定的事项尚未制定法律的,全国人民代表大会及其常务委员会有权作出决定,授权国务院可以根据实际需要,对其中的部分事项先制定行政法规,但是有关犯罪和刑罚、对公民政治权利的剥夺和限制人身自由的强制措施和处罚、司法制度等事项除外。"

案例中,首都功能核心区控制性详细规划属于省、自治区人民政府组织编制省域城镇体系规划,须报国务院审批。

四、中央军事委员会

【案例】中国共产党党章规定,在中国共产党内设立中央军事委员会,由党的代表大会选举产生,是党的最高军事领导机关。同时,这个机构的成员又被全国人民代表大会选举组成国家中央军事委员会,成为重要的国家机关。于是,在我国就出现了两个中央军事委员会,形成了对最高军事领导机关的双重领导体制。这种双重领导体制的确立,是经过长期的革命斗争实践逐步形成的。早在1931年中华苏维埃共和国临时中央政府成立时,就设立了中央革命军事委员会,使军队成为国家机构的组成部分;抗日战争时期,由于特殊的政治环境,改由中共中央军事委员会领导军队,一直持续到解放战争;新中国初期,中央人民政府成立人民军事委员会,由其领导全国武装力量;到1954年正式由宪法规定设立国家国防委员会,由国家主席兼任国防委员会主席,统帅全国武装力量;"文革"十年动乱期间,改由中共中央主席领导军队;1982年颁布的现行宪法才正式确立了最高军事领导机关的双重领导体制。

【问题】最高军事领导机关的双重领导体制有什么作用?

军队是国家机器的重要组成部分,军事制度是我国宪法和法律规范的国家体制的重要内容。我国武装力量由中国人民解放军现役部队和预备役部队、中国人民武装警察部队和民兵组成。

中国人民解放军是中国共产党缔造和领导的人民军队。中共中央军事委员会是中国共产党在领导革命战争中逐步形成的最高军事领导机关。1982年宪法总结新中国成立以来的历史经验,根据我国的实际情况和需要,规定设立中华人民共和国中央军事委员会领导全国武装力量。中华人民共和国中央军事委员会和中共中央军事委员会,均简称"中央军委",两个机构组成人员、领导机构相同。设立国家的中央军事委员会是有关国家体制和军事领导体制的重要改革。

《宪法》第93条第1款规定:"中华人民共和国中央军事委员会领导全国武装力量。"这一规定表明,中央军事委员会是国家最高军事指挥机关,领导全国武装力量。《宪法》将"中央军事委员会"单列一节,规定中央军事委员会主席对全国人民代表大会及其常务委员会负责,中央军事委员会在国家机构体系中处于从属于最高国家权力机关的地位。

《宪法》规定,中央军事委员会由主席、副主席若干人、委员若干人组成。中央军事委员会每届任期同全国人民代表大会每届任期相同。

《宪法》第93条第3款规定:"中央军事委员会实行主席负责制。"这一规定表明,中央军事委员会在组织形式上是一个集体组成的国家机关,但其领导体制是首长负责制。主要表现在:中央军事委员会主席对全国人大及其常委会负责。中央军事委员会领导全国武装力量,有关重大问题必须经中央军事委员会讨论决定,中央军事委员会主席领导中央军事委员会的工作。

在国家的中央军事委员会成立后,中共中央军事委员会仍然作为党中央的军事领导机关。这样的领导机制,既保证了党对军队的领导,又加强了军队各方面的工作,有利于军队的革命化、现代化和正规化建设。

五、地方各级人民代表大会和地方各级人民政府

【案例】2024年1月19日下午,南京市第十七届人民代表大会第二次会议胜利闭幕。会议充分肯定南京市中级人民法院2023年的工作,同意报告提出的2024年工作安排。经表决,南京市中级人民法院工作报告获高票通过。①

【问题】法院工作报告获人民代表大会通过,体现了人大在行使什么权力?

(一)地方国家机构概述

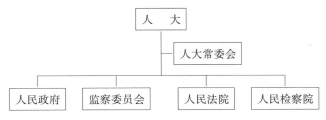

图1-5 地方人大和地方国家机构的关系

地方国家机构是我国国家机构体系的组成部分。《宪法》第3条确定了中央和地方国家机构职权的划分,遵循在中央的统一领导下,充分发挥地方的主动性、积极性的原则。第96条第1款规定:"地方各级人民代表大会是地方国家权力机关。"第105条第1款规定:"地方各级人民政府是地方各级国家权力机关的执行机关,是地方各级国家行政机关。"地方国家机构既是国家的,又有地方属

---

① 《南京中院工作报告获高票通过》,载"南京市中级人民法院"微信公众号,2024年1月19日发布。

性;它既是国家机构体系的组成部分,负责执行或保证执行宪法、法律、行政法规和上级国家机关的决议、决定,办理上级国家机关交办的事务,同时又是地方单位,依法管理地方事务;民族自治地方的自治机关还有自治权。

同级地方国家机构之间的相互关系,如图 1-6 所示。

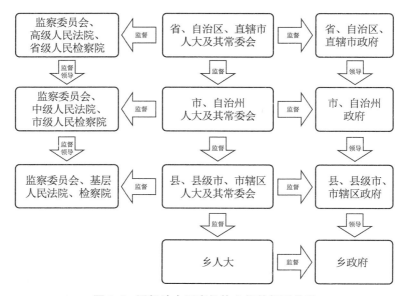

图 1-6 同级地方国家机构之间的相互关系

省级地方国家权力机关与全国人大及其常委会、省级地方国家行政机关与国务院及其部门的关系主要体现在以下方面:

(1) 全国人大及其常委会与省级人大及其常委会的关系。《宪法》第 67 条规定,全国人大常委会有权撤销省、自治区、直辖市国家权力机关制定的同宪法、法律和行政法规相抵触的地方性法规和决议。由于宪法、法律的解释权在全国人大常委会,对于地方人大常委会在执行中遇到的问题,全国人大常委会可以给予指导。

(2) 国务院与省级人民政府的关系。根据《宪法》的规定,国务院统一领导全国地方各级国家行政机关的工作,规定中央和省、自治区、直辖市的国家行政机关的职权的具体划分,批准省、自治区、直辖市的区域划分。省级人民政府在对本级人大及其常委会负责并报告工作的同时,也对国务院负责并报告工作,并服从国务院统一领导,办理国务院交办的有关事项。国务院有权改变或者撤销省级人民政府的不适当的规章、决定和命令等。

（3）国务院主管部门与省级人民政府的关系。国务院主管部门制定的部门规章与地方政府规章之间具有同等效力，在各自的权限范围内施行。省、自治区、直辖市的人民政府各工作部门受人民政府统一领导，并且依照法律或者行政法规的规定受国务院主管部门的业务指导或者领导。

（二）地方各级人民代表大会

根据《宪法》和《地方组织法》的规定，省、自治区、直辖市、自治州、县、自治县、市、市辖区、乡、民族乡、镇设立人民代表大会。地方各级人民代表大会都是地方国家权力机关。本级的地方国家行政机关、监察机关、审判机关和检察机关都由人民代表大会产生，在本行政区域内对它负责，受它监督。地方各级人民代表大会在本行政区域内处于重要地位。

县级以上地方各级人民代表大会主要有以下职权：第一，在本行政区域内，保证宪法、法律、行政法规和上级人大及其常委会决议的遵守和执行，保证国家计划和国家预算的执行。第二，选举本级人大常委会的组成人员；选举本级人民政府正副职领导人员；选举本级监察委员会主任、本级人民法院院长和人民检察院检察长（选出的人民检察院检察长，须报经上一级人民检察院检察长提请该级人大常委会批准）；选举上一级人民代表大会代表。地方各级人民代表大会有权罢免本级人民政府的组成人员、本级人大常委会的组成人员、监察委员会主任和人民法院院长、人民检察院检察长。其中，罢免人民检察院检察长的，须报经上一级人民检察院检察长提请该级人大常委会批准。第三，审查和批准本行政区域内的国民经济和社会发展计划、预算以及它们执行情况的报告；讨论、决定本行政区域内的政治、经济、教育、科学、文化、卫生、环境和资源保护、民政、民族等工作的重大事项。第四，听取和审查本级人大常委会、本级人民政府、监察委员会和人民法院、人民检察院的工作报告；改变或撤销本级人大常委会的不适当的决议；撤销本级人民政府的不适当的决定和命令。第五，保护社会主义全民所有的财产和劳动群众集体所有的财产，保护公民私人所有的合法财产，维护社会秩序，保障公民的人身权利、民主权利和其他权利；保护各种经济组织的合法权益；保障少数民族的权利；保障宪法和法律赋予妇女的男女平等、同工同酬和婚姻自由等各项权利。第六，省、自治区、直辖市的人民代表大会根据本行政区域的具体情况和实际需要，在不同宪法、法律、行政法规相抵触的前提下，可以制定地方性法规。地方性法规可以就下列事项作出规定：（1）为执行法律、行政法规的规定，需要根据本行政区域的实际情况作具体规定的事项；（2）属于地方性事务需要制定地方性法规的事项。

（三）县级以上地方各级人民代表大会常务委员会

县和县以上的地方各级人民代表大会设立常务委员会，是本级人民代表大会的常设机关，对本级人民代表大会负责并报告工作。在人大闭会期间，行使《宪法》《地方组织法》等规定的作为地方国家权力机关常设机关的职权，监督本级其他国家机关。

（四）地方各级人民政府

根据《宪法》和《地方组织法》，省、自治区、直辖市、自治州、县、自治县、市、市辖区、乡、民族乡、镇分别设立人民政府。地方各级人民政府是地方各级人民代表大会的执行机关，是地方各级国家行政机关。作为地方各级人民代表大会的执行机关，地方各级人民政府对本级人民代表大会负责并报告工作；县级以上的地方各级人民政府在本级人民代表大会闭会期间，对本级人大常委会负责并报告工作。

作为地方国家行政机关，地方各级人民政府对上一级国家行政机关负责并报告工作，并接受和服从国务院的统一领导。地方各级人民政府每届任期与本级人民代表大会每届任期相同。

案例说明各级人大有监督"一府两院"的权力。人大代表正确行使监督权，是人民意志的真实体现，通过人大的制度监督，保证人民所赋予的权力得以正确行使，能够保证宪法、法律和法规的贯彻执行。

六、民族自治地方的自治机关

【**案例**】1965年，西藏自治区成立，选举产生自治区人民委员会，民族区域自治制度在西藏全面实施。1984年，国家颁布实施《中华人民共和国民族区域自治法》。经过几十年探索实践，西藏各民族人民构建起平等团结互助和谐的社会主义民族关系。西藏自治区成立以来，先后出台152部地方性法规和规范性文件，为维护各族人民的各项权益提供了重要法治保障。西藏各族人民积极行使宪法和法律所赋予的选举权和被选举权，参加全国和自治区各级人大代表选举，参与管理国家和地方事务。1979年以来，先后进行多次自治区、地（市）、县、乡（镇）四级换届选举，选民参选率都在90%以上，有些地方参选率达到100%。70年来，西藏社会经济持续快速发展，人民生活水平显著提高，基本公共服务全面进步,脱贫攻坚全面胜利,兴边富民大力推进,乡村振兴有序实施,生态安全屏障日益坚实,优秀传统文化得到保护和发展,中华民族共同体意识更加牢固。[①]

【问题】民族自治地方的自治机关有哪些自治权?

(一)民族自治地方的自治机关的概念

民族自治地方的自治机关是指在民族自治地方设立的,依法行使同级地方国家机关职权并同时行使自治权的一级地方政权机关。民族自治地方是我国境内少数民族聚居并实行区域自治的行政区域,是实行民族区域自治的基础。根据《宪法》第30条规定,民族自治地方分为自治区、自治州、自治县三级。民族自治地方的自治机关是自治区、自治州和自治县的人民代表大会和人民政府。

(二)民族自治地方的自治机关的性质和地位

民族自治地方的自治机关行使宪法规定的地方国家机关的职权,同时依照《宪法》《民族区域自治法》和其他法律规定的权限行使自治权,根据本地方的实际情况贯彻执行国家的法律、政策。在不违背宪法和法律的前提下,民族自治地方的自治机关有权采取特殊政策和灵活措施。

(三)民族自治地方的自治机关的组成

依照宪法和法律的规定,民族自治地方的人大常委会中应当有实行区域自治的民族的公民担任主任或副主任;自治区主席、自治州州长、自治县县长由实行区域自治的民族的公民担任;自治区、自治州、自治县的人民政府的其他组成人员,应当合理配备实行区域自治的民族和其他少数民族的人员;民族自治地方的自治机关所属工作部门的干部中,应当合理配备实行区域自治的民族和其他少数民族的人员。民族自治地方的人民代表大会中,除实行区域自治的民族的代表外,其他居住在本行政区域内的民族也应当有适当名额的代表,他们之间的名额和比例,根据法律规定的原则,由省、自治区、直辖市人大常委会决定,并报全国人大常委会备案。

(四)民族自治地方的自治机关的自治权

民族自治地方的自治机关除行使宪法规定的一般行政区域的地方国家机关的职权外,还行使广泛的自治权,主要包含以下内容:第一,根据本地区的实际情况,贯彻执行国家的法律和政策。如有不适合民族自治地方实际情况的,经过该上级国家机关批准可以变通执行或者停止执行。第二,民族自治地方的人民代

[①] 《十个瞬间:影像背后的西藏70年变化》,载"中国日报网"微信公众号,2021年7月24日发布。

表大会有权依照当地民族的政治、经济和文化的特点,制定自治条例和单行条例。第三,民族自治地方的自治机关在国家计划的指导下,自主地安排和管理地方性的经济建设事业。第四,民族自治地方的自治机关有管理地方财政的自治权。民族自治地方在全国统一的财政体制下,通过财政转移支付制度,享受上级财政的照顾。第五,民族自治地方的自治机关自主地管理教育、文化、科学技术、卫生、体育、计划生育和环境保护事业。第六,民族自治地方的自治机关依照国家的军事制度和当地的实际需要,经国务院批准,可以组织本地方维护社会治安的公安部队。第七,民族自治地方的自治机关在执行职务时,依照本民族自治地方自治条例的规定,使用当地通用的一种或者几种语言文字。同时使用几种通用的语言文字执行职务的,可以以实行区域自治的民族的语言文字为主。第八,民族自治地方的自治机关根据社会主义建设的需要,采取各种措施从当地民族中大量培养各级干部、各种科学技术、经营管理等专业人才和技术工人,并且注意在少数民族妇女中培养各级干部和各种专业技术人才;录用工作人员时,对实行区域自治的民族和其他少数民族的人员应当给予适当的照顾。

七、监察委员会

【案例】2022年8月11日,陈某志等涉嫌恶势力组织违法犯罪案件由河北省廊坊市公安局广阳分局侦查终结,移送廊坊市广阳区人民检察院审查起诉。据河北省纪委监委网站通报,在公安机关密切配合下,河北省纪检监察机关严肃查处了陈某志等涉嫌恶势力组织背后的腐败和"保护伞"问题。河北省纪委监委组织协调唐山、廊坊、衡水等地纪委监委对15名相关人员立案审查调查,其中对唐山市路北区政府党组成员、副区长,市公安局路北分局党委书记、局长马爱军及唐山市公安局路北分局机场路派出所所长胡斌、长虹道警务站副站长韩志勇、机场路派出所民警陈志伟、光明里派出所原所长范立峰、光明里派出所副所长王洪伟、乔屯派出所副所长王志鹏、唐山市公安局交警支队四级警长安迪等8名公职人员采取留置措施,初步查出了违纪违法及涉嫌滥用职权、徇私枉法、行贿、受贿等职务犯罪问题。纪检监察机关将深挖彻查,依纪依法严肃处理。①

---

① 《关于陈某志等涉嫌恶势力组织违法犯罪案件审查起诉情况的通报》,载"中央纪委国家监委网站"微信公众号,2022年8月29日发布。

【问题】从本案可以看出监察机关有何职能？

（一）监察委员会的性质和职能

中华人民共和国各级监察委员会是国家的监察机关，是行使国家监察职能的专责机关。监察委员会依法行使的监察权，是与行政权、审判权、检察权并列的国家权力。根据《监察法》的规定，监察委员会具有三项职能：一是对所有行使公权力的公职人员进行监察；二是调查职务违法和职务犯罪；三是开展廉政建设和反腐败工作，维护宪法和法律的尊严。

（二）监察委员会的产生、组成、任期和领导体制

《宪法》第124条、《监察法》第8条和第9条规定，中华人民共和国设立国家监察委员会和地方各级监察委员会。我国设立国家、省、市和县四级监察委员会。监察委员会由主任、副主任若干人、委员若干人组成。

国家监察工作坚持中国共产党的领导，各级监察委员会在党的领导下，行使国家监察职能，依法对所有行使公权力的公职人员进行监察。根据《宪法》和《监察法》的规定，国家监察委员会对全国人民代表大会及其常务委员会负责，并接受其监督。地方各级监察委员会对本级人民代表大会及其常务委员会和上一级监察委员会负责，并接受其监督。监察委员会体系实行"国家监察委员会领导地方各级监察委员会、上级监察委员会领导下级监察委员会"的领导体制。

（三）监察委员会的职责和监察范围

监察委员会依照《监察法》和有关法律规定履行监督、调查、处置之职责。

1. 监督职责

监察委员会对公职人员开展廉政教育，对其依法履职、秉公用权、廉洁从政从业以及道德操守情况进行监督检查。监督所有公职人员行使公权力的行为是否符合法律规定、是否符合公正标准、是否符合清廉要求，以确保公权力不被滥用、不被用来谋取私利，将权力置于监察监督之下。

2. 调查职责

监察委员会对涉嫌贪污贿赂、滥用职权、玩忽职守、权力寻租、利益输送、徇私舞弊以及浪费国家资财等职务违法和职务犯罪行为进行调查。

3. 处置职责

监察机关除对有职务违法行为但情节较轻的公职人员，按照管理权限，直接或委托有关机关、人员，进行谈话提醒、批评教育、责令检查，或予以诫勉外，主要处置职责有：(1)对违法的公职人员依法作出政务处分决定。(2)对履行职责不力、失职失责的领导人员进行问责。(3)对涉嫌职务犯罪的，将调查结果移送人民检察院依法审查、提起公诉。(4)向监察对象所在单位提出监察建议。

监察委员会依法对所有行使公权力的公职人员进行监督,实现国家监察全面覆盖。根据《监察法》的规定,监察机关对下列公职人员和有关人员进行监察:第一,公务员和参照《公务员法》管理的人员,这是监察对象中的关键和重点。第二,法律、法规授权或者受国家机关依法委托管理公共事务的组织中从事公务的人员。第三,国有企业管理人员。主要是国有独资企业、国有控股企业(含国有独资金融企业和国有控股金融企业)及其分支机构的领导班子成员。第四,公办的教育、科研、文化、医疗卫生、体育等单位中从事管理的人员。主要是该单位及其分支机构的领导班子成员,以及该单位及其分支机构中的国家工作人员。第五,基层群众性自治组织中从事管理的人员。包括村民委员会、居民委员会的主任、副主任和委员,以及其他受委托从事管理的人员。第六,其他依法履行公职的人员。判断一个"履行公职的人员"是否属于监察对象的标准,主要看其是否依法行使公权力,所涉嫌的职务违法或职务犯罪是否损害公权力的廉洁性。

从案例可以看出监察机关查处公职人员违纪违法及涉嫌滥用职权、徇私枉法、行贿、受贿等职务犯罪。

八、人民法院

【案例】2006年4月21日晚10时,公民许霆到广州天河区黄埔大道某商业银行的ATM机取款。结果在取出1 000元人民币后,发现银行卡账户里只被扣1元,许霆先后取款171笔,合计17.5万元。2007年许霆等人落网。2007年12月初,广州市中院一审审理后认为,许霆以非法侵占为目的,伙同同案人采用秘密手段,盗窃金融机构,数额特别巨大,行为已构成盗窃罪,遂判处无期徒刑,剥夺政治权利终身,并处没收个人全部财产。许霆提起上诉,2008年1月16日,广东省高院以事实不清、证据不足裁定发回重审。同年2月22日在广州市中级人民法院重审,3月31日,广州市中级人民法院对许霆案进行重审宣判,许霆被以盗窃罪判处5年徒刑,追缴所有赃款173 826元,并处2万元罚金。4月9日,许霆正式向广东省高级人民法院提起上诉。5月22日,广东省高级人民法院合议庭当庭作出终审裁定:依法裁定驳回许霆的上诉,维持原判。①

---

① 刘锦平:《许霆盗窃案》,载《刑事审判参考(总第119集)》,法律出版社2019年版,第103—109页。

【问题】如何理解法院在法定刑以下判决的刑期?

中华人民共和国人民法院是国家的审判机关。在我国,审判权必须由人民法院统一行使,其他任何机关、团体和个人都无权进行审判活动。人民法院通过审判刑事案件、民事案件、行政案件以及法律规定的其他案件,惩罚犯罪,保障无罪的人不受刑事追究,解决民事、行政纠纷,保护个人和组织的合法权益,监督行政机关依法行使职权,维护国家安全和社会秩序,维护社会公平正义,维护国家法制统一、尊严和权威,保障中国特色社会主义建设的顺利进行。

《宪法》第132条第2款规定:"最高人民法院监督地方各级人民法院和专门人民法院的审判工作,上级人民法院监督下级人民法院的审判工作。"这表明上下级人民法院之间的关系不是领导关系,而是监督关系。宪法这一规定的目的是保障各级人民法院能够依法独立进行审判。

最高人民法院是中华人民共和国的最高审判机关。其主要职权包括:(1)一审管辖权,主要是在全国有重大影响的案件、最高人民法院认为应当由本院审理的案件;(2)上诉管辖权,审理对高级人民法院判决和裁定的上诉、抗诉案件,审理按照全国人大常委会的规定提起的上诉、抗诉案件;(3)审判监督权,监督地方各级人民法院和专门人民法院的审判工作,审判最高人民检察院按照审判监督程序提出的抗诉案件,依照审判监督程序提审或者指令下级人民法院再审地方各级人民法院和专门人民法院确有错误的生效判决、裁定;(4)司法解释权,对在审判过程中如何具体应用法律的问题,进行司法解释;(5)死刑核准权,死刑除依法由最高人民法院判决的以外,应当报请最高人民法院核准。

为了方便群众诉讼,维护法律统一适用,加强对下级法院审判工作的指导和监督,根据党中央司法改革部署和全国人大常委会的决定,最高人民法院设立若干巡回法庭,审理最高人民法院依法确定的案件。

地方各级人民法院和专门人民法院。地方各级人民法院分为基层人民法院、中级人民法院和高级人民法院。专门人民法院是人民法院组织体系中的一个特殊组成部分。它们是设在特定部门或者针对特定案件而设立,受理与设立部门相关的专业性案件的法院。目前,我国的专门人民法院包括军事法院和海事法院、知识产权法院、金融法院等。

人民法院行使审判权的两审终审制。一个案件经过任何连续两级的人民法院的审判即告终结。最高人民法院审理的一审案件,其判决和裁定都是终审判决和裁定。另外,根据民事诉讼法特别程序审理的选民资格案件、宣告失踪案件、宣告死亡案件、认定公民无行为能力或限制行为能力案件、认定财产无主案件实行一审终审制。

案例中,二审在法定刑以下量刑并报请最高人民法院批准是合法合理的。被告人许霆在银行的自动柜员机取款时,发现自动柜员机发生故障,在明知自己的银行卡内只有170多元的情况下,趁银行工作人员尚未发现之机,非法取款17万余元,并携款潜逃的行为,已构成盗窃罪。许霆盗窃金融机构数额特别巨大,依法本应判处无期徒刑以上刑罚。但考虑许霆是在发现自动柜员机发生故障的情况下临时起意盗窃,其行为具有一定的偶然性,与有预谋、有准备盗窃金融机构的犯罪相比,主观恶性相对较小;许霆是趁自动柜员机发生故障之机,采用输入指令取款的方法窃取款项,与采取破坏手段盗取钱财相比,犯罪情节相对较轻,所以可以适用《刑法》第63条第2款的规定,在法定刑以下判处刑罚。

九、人民检察院

【案例】2016年1月初,陈某因在甲女朋友网络空间留言示好被甲纠集乙等人殴打。1月10日中午,甲、乙、丙等6名未成年人在陈某学校门口拦住他质问,后多人围殴陈某,其中有人用膝盖顶胸、持石块和钢管击打。陈某用随身携带的非管制刀具乱挥乱刺后逃脱进学校,围殴者被保安拦住。陈某反击中刺中甲、乙、丙,三人损伤程度为重伤二级,陈某也有多处软组织损伤。案发后,学校证实陈某品学兼优。公安机关以陈某涉嫌故意伤害罪立案侦查并刑事拘留,后提请检察机关批准逮捕。检察机关依据《刑法》第20条第1款,认定陈某行为属正当防卫,不负刑事责任,决定不批准逮捕。①

【问题】本案检察机关行使了什么职能?

人民检察院是国家的法律监督机关,是我国国家机构的重要组成部分。《宪法》第134条规定:"中华人民共和国人民检察院是国家的法律监督机关。"

人民检察院是国家的法律监督机关,依法行使检察权。人民检察院的主要职责是维护宪法法律权威,保障宪法法律实施,保护宪法法律赋予公民的基本权利等。具体而言,人民检察院通过行使检察权,追诉犯罪,保障人权,维护国家安全和社会秩序,保障法律正确实施,维护社会公平正义,维护国家法制统一、尊

---

① 《收藏!最高人民检察院第十二批指导性案例》,载"最高人民检察院"微信公众号,2018年12月19日发布。

严、权威,保障中国特色社会主义建设的顺利进行。

组织体系。我国人民检察院的组织体系包括:最高人民检察院、地方各级人民检察院和专门人民检察院。地方各级人民检察院分为三种:省级人民检察院,包括省、自治区、直辖市人民检察院;设区的市级人民检察院,包括省、自治区直辖市人民检察院,自治州人民检察院,省、自治区、直辖市人民检察院分院;基层人民检察院,包括县、自治县、不设区的市、市辖区人民检察院。专门人民检察院包括军事检察院等。

人民检察院的检察职能包括刑事检察、民事检察、行政检察与公益诉讼检察,具体职权有:(1)刑事侦查。对诉讼活动监督中发现的司法工作人员利用职权实施的侵犯公民权利、损害司法公正犯罪,以及特定情况下公安机关管辖的国家机关工作人员重大犯罪案件,经省级以上检察院决定可立案侦查。(2)批准逮捕。审查刑事案件,决定是否逮捕犯罪嫌疑人。公安机关提请时,检察院作出批准或不批准决定。(3)提起公诉。审查刑事案件决定是否提起公诉并支持公诉。对公安机关侦查终结及监察委移送的职务犯罪案件依法审查后提起公诉。人民检察院对刑事案件提起公诉,并派员出席法庭支持公诉。(4)公益诉讼。人民检察院依照法律规定提起公益诉讼。(5)侦查监督。人民检察院对于公安机关(包括国家安全机关、监狱等)的侦查活动是否合法实行监督。人民检察院发现公安机关的侦查活动有违法情况时,有权通知公安机关予以纠正,公安机关应当将纠正情况通知人民检察院。(6)审判监督。人民检察院对诉讼活动实行监督。在刑事诉讼中,发现法院审理违反程序可提出纠正意见,对确有错误的一审判决可抗诉,对各级已生效判决裁定发现错误可按审判监督程序抗诉。在民事诉讼和行政诉讼中,对违反法律、法规的生效判决裁定也可抗诉。(7)执行监督。对判决等生效法律文书执行及监狱、看守所执法活动监督,还监督法院执行死刑、裁定减刑和假释等活动。(8)法律规定的其他职权。

案例中,检察院认为陈某的行为属于正当防卫,不负刑事责任,决定不批准逮捕,履行的是批准逮捕权。

十、社区管理与国家机构的职权关系

【案例】南京市栖霞区怡江苑小区占地面积6.48万平方米,建筑面积11.04万平方米,共有住宅楼32幢,住房1 430套,居住人口约3 500人。小区积极践行"红色物业"管理模式,提出"党建引领、社企融合、民生服务、专业管理"的管理理念,由街道、社区、社会组织(含业主自治组织)、公安部门、建设单位五方力量形成党建联盟,着力打造"共联、共建、共商、共治、共管"新模式,为社区治理、物业管理赋能。目前,小区物业费收缴率常年保持在96%以上,停车费收缴率常年保持在98%以上,综合满意度高于97%。社区党委联合物业公司党支部,组织协调民警、楼栋长、志愿服务队、街道综合执法大队等多方力量,定期召开物业联席会议;社区两委成员与物业项目经理全部下沉小区二级网格,及时解决相关问题;社区组建老党员老干部"找茬队"和物业队伍,实行全天候巡护;物业公司党支部成立党员应急突击队,有效支援了应急保障和民生服务工作。①

【问题】社区物业管理中如何做好协商共治机制?

社区工作者是国家治理体系和治理能力现代化建设的重要组成部分,他们在基层社会治理中扮演着桥梁和纽带的角色。国家机构的职权明确,社区工作者通过了解和掌握这些职权,能够有效地与相关部门沟通协调,推动社区问题的解决。完善"街乡吹哨、部门报到"等做法,完善乡镇(街道)政法委员统筹综治中心、人民法庭、公安派出所、司法所工作机制,加强乡镇(街道)服务管理能力。

以南京市社区物业管理为例来理解社区和国家机构两者的关联性。

社区物业管理坚持党委领导、政府组织、部门协同、属地管理、业主自治、行业自律、专业服务、科技支撑的原则。建立健全社区(村)党组织领导的居(村)民委员会、业主委员会或者物业管理委员会、业主、物业服务企业等共同参与的协商共治机制,发挥社区(村)党组织的党建引领作用。市物业管理行政主管部门(住房保障和房产局)负责本市物业管理活动的统一监督管理,区物业管理行政主管部门按照规定职责负责本区域内物业管理活动的监督管理工作。市物业管理行政主管部门履行下列职责:(1)负责全市物业管理活动的相关政策研究,建立和完善专业化、社会化、市场化、法治化的物业管理机制;(2)制定临时管理规约、管理规约、业主大会议事规则、物业服务合同、承接查验协议、装饰装修管理服务协议示范文本,会同专业经营单位制定相关委托协议示范文本;(3)统筹全市住宅专项维修资金监管工作;(4)建立完善分级培训辅导体系,促进业主自治和物业行业技术进步;(5)指导、服务和监督各区开展物业管理行政监管工作;

---

① 《4个小区入选!"加强物业管理共建美好家园"典型案例公布》,载"江苏建设"微信公众号,2022年2月27日发布。

(6)组建全市物业管理矛盾纠纷调解专家库,指导物业行业协会成立行业性专业性调解组织;(7)建立并完善全市物业管理信息平台;(8)制定业主大会指导规则、物业服务标准、首次业主大会会议筹备经费管理、统一招标投标、业主议事决策、信息公开公示、物业服务企业和项目负责人信用管理等配套实施办法;(9)法律、法规规定的其他职责。

发展和改革、公安、民政、规划和自然资源、生态环境、城乡建设、水务、城市管理、绿化园林、数据、市场监督管理、人民防空、消防救援机构等行政主管部门和单位按照各自职责,做好物业管理相关工作。街道办事处(镇人民政府)按照规定职责负责辖区内物业管理活动的指导、协助和监督工作。居(村)民委员会应当协助和配合街道办事处(镇人民政府)开展物业管理工作。

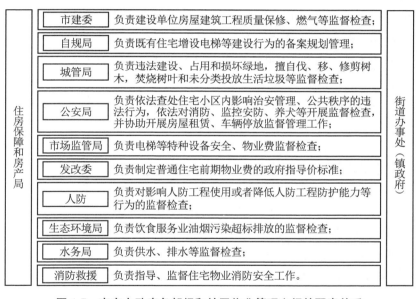

图1-7 南京市政府各部门和社区物业管理之间的职责关系

区级物业管理行政主管部门(住房保障和房产局)履行下列职责:(1)负责物业管理区域的划分、物业管理项目的区域备案、前期物业承接查验备案和物业服务合同备案;(2)负责前期物业管理项目招标投标管理和住宅专项维修资金使用监管;(3)定期开展物业服务质量专项检查,做好物业服务企业及从业人员的信用信息征集、核查和监管工作,并接受查询;(4)组织开展辖区内物业管理项目调查,建立相关物业管理档案;(5)指导、服务和监督辖区内街道办事处(镇人民政府)调处物业管理矛盾纠纷;(6)责令限期改正或者撤销业主大会、业主委员会和物业管理委员会的违法决定;(7)法律、法规规定的其他职责。

街道办事处(镇人民政府)应当配备专门的管理人员,并履行下列职责:(1)负责业主委员会备案;(2)建立物业管理矛盾投诉调解机制,调解物业管理矛盾纠纷;(3)指导、协助和监督辖区内业主组织开展业主大会筹备、业主委员会选举、物业服务企业选聘等自治活动,组织成立物业管理委员会;(4)指导、协助和监督辖区内物业管理项目的移交和接管工作;(5)责令限期改正或者撤销业主大会、业主委员会的违法决定;(6)法律、法规规定的其他职责。①

案例中,党委在物业管理中发挥核心领导作用,确保与党的方针政策一致,推动物业管理与社区治理融合。社区党组织引领建立协商共治平台,促进多方沟通协作。政府在物业管理中是组织协调者,制定法规政策提供法律依据和政策支持,通过公共服务和基础设施建设创造良好外部环境。同时加强市场监管,维护秩序保护权益,发挥协调沟通作用,解决矛盾问题,促进物业管理行业健康发展。两者共同助力物业管理水平提升,实现社区和谐稳定发展。

主题5 协商自治——政协制度、民族区域自治制度和基层民主制度

一、中国共产党领导的多党合作和政治协商制度

【案例】2024年7月26日,中共中央在中南海召开党外人士座谈会,就当前经济形势和下半年经济工作听取各民主党派中央、全国工商联负责人和无党派人士代表的意见和建议。座谈会上,民革中央主席郑建邦、民盟中央主席丁仲礼、民建中央主席郝明金、民进中央主席蔡达峰、农工党中央主席何维、致公党中央主席蒋作君、九三学社中央主席武维华、台盟中央主席苏辉、全国工商联主席高云龙、无党派人士代表欧阳昌琼先后发言。他们完全赞同中共中央对当前经济形势的分析判断和下半年经济工作的谋划考虑,并就进一步全面深化改革、推进高水平对外开放、夯实新质生产力的产业和技术根基、深化科技体制改革、推进自然资源管理改革、统筹规划生物制造产业发展、支持大陆台资电子信息产业转型升级、稳岗和扩大年轻人就业、加大促消费政策力度、助力企业和房地产业

---

① 《南京市住宅物业管理条例》第68—70条。

健康发展、进一步提振民营经济发展信心等提出意见和建议。①

【问题】中国共产党同各民主党派和无党派人士就事关国计民生的重大问题进行协商,体现了社会主义政治制度和政党制度的什么特点和优势?

中国共产党领导的多党合作和政治协商制度,是马克思主义统一战线理论、政党理论、社会主义民主政治理论与中国具体实践相结合的产物,是中国特色的社会主义新型政党制度,是我国的一项基本政治制度。中国共产党是宪法确认的执政党,还有8个参政党,即中国国民党革命委员会、中国民主同盟、中国民主建国会、中国民主促进会、中国农工民主党、中国致公党、九三学社、台湾民主自治同盟。中国共产党提出"长期共存、互相监督、肝胆相照、荣辱与共"的十六字方针,逐步明确了民主党派在我国国家政权中的参政党地位。1993年通过的《宪法修正案》第4条,在宪法序言中增加了如下内容:"中国共产党领导的多党合作和政治协商制度将长期存在和发展。"

中国人民政治协商会议,简称"人民政协"或"政协",是中国人民爱国统一战线的组织,是中国共产党领导的多党合作和政治协商的重要机构,是我国政治生活中发扬社会主义民主的重要形式,是国家治理体系的重要组成部分,是具有中国特色的制度安排。《宪法》序言规定:"中国人民政治协商会议是有广泛代表性的统一战线组织,过去发挥了重要的历史作用,今后在国家政治生活、社会生活和对外友好活动中,在进行社会主义现代化建设、维护国家的统一和团结的斗争中,将进一步发挥它的重要作用。"

在我国的政治实践中,人民政协主要履行政治协商、民主监督、参政议政三个方面的政治职能。

第一,政治协商。政治协商是对国家大政方针和地方的重要举措以及经济建设、政治建设、文化建设、社会建设、生态文明建设中的重要问题,在决策之前和决策实施之中进行协商的制度安排和机制程序。

第二,民主监督。民主监督是对国家宪法、法律和法规的实施,重大方针政策、重大改革举措、重要决策部署的贯彻执行情况,涉及人民群众切身利益的实际问题解决落实情况,国家机关及其工作人员的工作等,通过提出意见、批评、建议的方式进行协商式监督的制度安排和机制程序。人民政协的民主监督是中国特色社会主义监督体系的重要组成部分,是在坚持四项基本原则的基础上通过

① 《就当前经济形势和下半年经济工作,中共中央召开党外人士座谈会》,载"央视新闻"微信公众号,2024年7月30日发布。

提出意见、批评、建议的方式进行的政治监督。

第三,参政议政。参政议政是对政治、经济、文化、社会生活和生态环境等方面的重要问题以及人民群众普遍关心的问题,开展调查研究,反映社情民意,进行协商讨论。通过调研报告、提案、建议案或其他形式,向中国共产党和国家机关提出意见和建议的制度安排和机制程序。参政议政是人民政协履行职能的重要形式,也是党政领导机关听取各民主党派、人民团体和各族各界人士的意见和建议,切实做好工作的有效方式。

案例中,中国共产党同各民主党派和无党派人士就事关国计民生的重大问题进行协商,在人民政协同各民主党派和各界代表人士广泛协商,能够在中国特色社会主义共同目标下把中国共产党领导和多党派合作有机结合起来,实现广泛参与和集中领导的统一、社会进步和国家稳定的统一、充满活力和富有效率的统一,体现了我国社会主义政治制度和政党制度在民主形式上坚持充分协商、广泛参与的特点和优势。

二、民族区域自治制度

【案例】《民族区域自治制度在西藏的成功实践》白皮书指出,1981 年,西藏自治区人民代表大会常务委员会从西藏少数民族历史婚俗等实际情况出发,通过了《西藏自治区施行〈中华人民共和国婚姻法〉的变通条例》,将《婚姻法》规定的男女法定婚龄分别降低两岁,并规定对执行变通条例之前已经形成的一妻多夫和一夫多妻婚姻关系,凡不主动提出解除婚姻关系者,准予维持。结合西藏实际情况,自治区还先后制定实施了多项国家有关法律的变通条例和补充规定。其中包括《西藏自治区文物保护条例》《西藏自治区环境保护条例》《西藏自治区人民代表大会常务委员会关于严厉打击"赔命金"违法犯罪行为的决定》等多部地方法规。①

【问题】实行民族区域自治制度重要意义是什么?

民族区域自治制度是指在国家的统一领导下,以少数民族聚居区为基础,建立相应的民族自治地方,设立民族自治机关,行使宪法和法律规定的自治权的制度。我国民族区域自治是在国家统一领导下的自治。各民族自治地方都是中国

---

① 《民族区域自治制度在西藏的成功实践》,载"法治日报"微信公众号,2015 年 9 月 6 日发布。

不可分离的组成部分,各民族自治地方的自治机关都是中央政府领导下的一级地方政权,都必须服从中央的领导,维护国家的统一。

确立和实行民族区域自治制度,是中国共产党坚持把马克思主义民族基本理论与我国民族问题实际相结合的重大成果,是合乎中国国情的正确选择。第一,历史依据。中国是有着悠久历史的统一的多民族国家。中国历史上统一多民族国家的长期存在,极大地促进了各民族之间的政治、经济和文化交流,各民族对中央政权的向心力和认同感不断增强,形成了包括 56 个民族的中华民族。第二,现实情况。我国的人口、资源分布和经济社会文化发展很不均衡。在长期的历史发展过程中,各民族频繁迁徙,逐渐形成了大杂居、小聚居的分布格局。实行民族区域自治,可以在充分发挥少数民族地区优势的同时,促进少数民族地区与其他地区之间的交流与合作,加快少数民族地区发展和国家的现代化建设,实现各地区的共同发展和各民族的共同繁荣。第三,政治基础。伟大祖国是各民族的共同家园,国家的主权统一和领土完整,是各民族实现真正自由平等和发展的根本保障。第四,理论依据。在统一的多民族国家实行民族区域自治,是马克思列宁主义的一个重要原则。我国实行民族区域自治制度,是把马克思列宁主义基本理论与我国民族问题的实际相结合的产物。

实行民族区域自治,首先要建立民族自治地方。根据《宪法》和《民族区域自治法》的规定和历史经验,建立民族自治地方应遵循以下基本原则。第一,以少数民族聚居区为基础。第二,尊重历史传统。建立民族自治地方必须考虑历史因素,以增强民族团结,促进各民族共同繁荣。第三,各民族共同协商。在民族自治地方的建立、区域界线的划分、名称的组成等一系列问题上,应由上级国家机关会同有关地方的国家机关和有关民族的代表充分协商拟订,按照法律规定的程序报请批准。

根据宪法和法律的规定,民族自治地方分为自治区、自治州、自治县三级。划分三级行政地位的依据是少数民族聚居区人口的多少和区域面积的大小。我国共建立 155 个民族自治地方,包括 5 个自治区、30 个自治州、120 个自治县(旗)。

实行民族区域自治制度的意义。第一,保障各少数民族当家作主。根据宪法规定,少数民族与汉族同样享有参与管理国家和地方事务的权利。我国建立了包括自治区、自治州、自治县等多层次的自治地方,颁布实施《民族区域自治法》,使少数民族人民得以依法实现自治和管理本民族内部事务。第二,促进民族关系的巩固和发展。实践表明,坚持和完善民族区域自治制度,有利于妥善处理汉族与少数民族、少数民族与少数民族以及各民族内部之间的关系,使各民和睦相处、和衷共济、和谐发展。第三,维护国家统一。根据宪法规定,中华人民共和国是全国各族人民共同缔造的统一的多民族国家,各民族自治地方都是中华人民共和国不可分割的一部分。民族自治地方的自治机关必须维护国家的统一,保证宪法和法律在本地方的遵守和执行。第四,促进少数民族地区政治、经济、文化和社会事业的发展。

三、基层群众自治制度

【案例】宋先生为临沂市河东区九曲街道办事处某居委会居民,其承包地所在地块被纳入河东区人民政府作出的《关于九曲街道西张官庄社区拟征收土地补偿安置方案公告》确定的征收范围,宋先生在没有获得任何补偿的情况下,承包地被强推强占。此外,宋先生还发现村集体范围内被征收人存在补偿标准不一的情形。由于土地补偿款、安置补助费、地上附着物补偿款全部打到了村委会,但据当事人陈述这个补偿标准不一样,为了解土地补偿款分配情况,做了村务公开,但是村委会只提供了部分信息,拒绝提供全部信息,于是宋先生向区政府申请责令村委会履行村务公开职责。然而在法定期限内区政府没有作出任何书面答复,所以宋先生起诉至人民法院要求判决区政府行政不作为违法,并要求其依法履行相应职责。①

【问题】什么是村务公开?居委会、村委会不履行村务公开职责怎么办?

基层群众自治制度是指依照宪法和有关法律规定,由居民(村民)选举的成员组成居民(村民)委员会,实行自我管理、自我教育、自我服务、自我监督的制度,是我国一项基本政治制度。《宪法》第111条第1款规定:"城市和农村按居民居住地区设立的居民委员会或者村民委员会是基层群众性自治组织。"《城市居民委员会组织法》《村民委员会组织法》也分别作出具体规定,从而奠定了基层群众自治制度的规范基础,为基层群众自治组织的设立提供了法律依据。基层群众自治组织以居民委员会和村民委员会为组织形式,具有群众性的特点。不同于国家政权组织形式,其所从事的工作都是居民(村民)居住范围内社区的公共事务和公益事业,具有基层性的特点。

根据宪法的规定,在城市基层的居民委员会和在农村基层的村民委员会是

---

① （2022）鲁1312行初19号行政判决书。

基层群众性自治组织的两种基本形式。

居民委员会是居民自我管理、自我教育、自我服务的基层群众性自治组织。居民委员会的任务是：宣传宪法、法律、法规和国家的政策，维护居民的合法权益，教育居民履行依法应尽的义务，爱护公共财产，开展多种形式的社会主义精神文明建设活动；办理本居住地区居民的公共事务和公益事业；调解民间纠纷；协助维护社会治安；协助人民政府或者它的派出机关做好与居民利益有关的公共卫生、计划生育、优抚救济、青少年教育等项工作；向人民政府或者它的派出机关反映居民的意见、要求和提出建议。

村民委员会是村民自我管理、自我教育、自我服务的基层群众性自治组织。根据《村民委员会组织法》第3条第2款规定，村民委员会的设立、撤销、范围调整，由乡、民族乡、镇的人民政府提出，经村民会议讨论同意，报县级人民政府批准。

村民委员会实行村务公开制度。村民委员会根据需要设人民调解、治安保卫、公共卫生与计划生育等委员会。村民会议由村民委员会依法召集。村民会议审议村民委员会的年度工作报告，评议村民委员会成员的工作；有权撤销或者变更村民委员会不适当的决定；有权撤销或者变更村民代表会议不适当的决定。村民委员会的主要职责是：支持和组织村民依法发展各种形式的合作经济和其他经济，承担本村生产的服务和协调工作，促进农村生产建设和经济发展；依照法律规定，管理本村属于村民集体所有的土地和其他财产，引导村民合理利用自然资源，保护和改善生态环境；尊重并支持集体经济组织依法独立进行经济活动的自主权，维护以家庭承包经营为基础、统分结合的双层经营体制，保障集体经济组织和村民、承包经营户、联户或者合伙的合法财产权和其他合法权益；宣传宪法、法律、法规和国家的政策，教育和推动村民履行法律规定的义务、爱护公共财产，维护村民的合法权益，发展文化教育，普及科技知识，开展多种形式的社会主义精神文明建设活动等。

基层群众性自治组织与基层人民政府的相互关系。《城市居民委员会组织法》第2条第2款规定："不设区的市、市辖区的人民政府或者它的派出机关对居民委员会的工作给予指导、支持和帮助。居民委员会协助不设区的市、市辖区的人民政府或者它的派出机关开展工作。"《村民委员会组织法》第5条规定："乡、民族乡、镇的人民政府对村民委员会的工作给予指导、支持和帮助，但是不得干预依法属于村民自治范围内的事项。村民委员会协助乡、民族乡、镇的人民政府开展工作。"

案例中,村委会应当及时公布村务信息,保障村民或者居民的知情权、参与权、监督权。如果村委会对村民或者居民的村务公开申请置之不理,村民或者居民有权向乡镇人民政府或县级人民政府及其有关主管部门反映,请求其责令村委会、居委会履行村务公开的职责。本案法院作出判决:被告临沂市河东区人民政府对原告于 2021 年 9 月 15 日申请的《责令村务公开申请书》未予处理的行为违法;责令被告临沂市河东区人民政府于判决生效后 20 个工作日内对原告于 2021 年 9 月 15 日申请的《责令村务公开申请书》予以处理。

四、选举民主与协商民主

【案例】2015 年起,京新社区推行协商民主在基层暨民主决策工作,变"社区说了算"为"居民说了算"。社区通过入户走访、调研、召开座谈会等方式与居民沟通的同时,针对居民数量急剧增加的现状,充分利用短信、微信、热线电话、手机 App 等现代信息技术手段,拓宽信息采集渠道和与民沟通渠道。润泰三期安置房选房工作中,针对居民过渡四年未安置及担忧问题,社区组织党员代表、居民代表等座谈协商,确定选房方案并公示名单。为确保监督,社区提前张贴选房顺序号、房源信息等。选房现场井然有序,居民持相关资料经审查后挑选,确定后拿选房确认书。此次民主协商项目实施,所有拆迁居民顺利选中新房。①

【问题】京新社区是如何调动居民参与民主协商的积极性、主动性的?

选举民主和协商民主相结合的人民民主,是适合中国国情的社会主义民主政治制度,是被实践证明的中国民主形式的必然选择。选举民主是指人民通过选举、投票行使权利的民主形式。协商民主是指人民内部各方面在重大决策之前进行充分协商,尽可能就共同问题取得一致意见的民主形式。

选举民主和协商民主的有机结合,是在中国人民民主的长期实践中形成和发展起来的。新中国成立前夕召开的中国人民政治协商会议第一届全体会议,就是在协商民主的基础上通过选举民主建立了新中国的政权。新中国成立以后特别是改革开放以来,我国不断完善选举民主以保证人民的民主权利;同时继续发挥协商民主的重要作用,使选举民主和协商民主有机统一、不断发展和完善。

---

① 《沿江街道京新社区"民主协商"》,载"江北新区社会组织创新发展中心"微信公众号,2019年 7 月 30 日发布。

中国特色协商民主与选举民主都是在坚持中国共产党的领导、坚持中国特色社会主义基本制度前提下充分保障人民当家作主的权力。选举民主根据国家宪法与相关法律通过选举行使民主权利,其民主性质具有"刚性"色彩;协商民主通过履行政治协商、民主监督、参政议政三个方面的政治职能,发展社会主义民主政治并完善国家治理方式,其民主性质带有"柔性"色彩。中国特色协商民主与选举民主不是非此即彼、相互对立的关系,而是相辅相成、互为补充的关系。中国特色选举民主强调少数服从多数,协商民主强调多数与少数的沟通,其根本目的都在于实现人民当家作主的权力,扩大人民有序政治参与。

实践证明,把选举民主和协商民主有机结合起来,有利于扩大社会各界的有序政治参与,拓宽利益表达渠道,是我国民主政治发展的有效运行载体和实现形式。

随着城市化进程的加快,社区人口的不断增加和居民生活水平的逐步提高,社区居民对社区建设和管理提出了新的要求,对基层民主的具体落实提出了新的希望。把决策权交给居民,群众的知情权、参与权、表达权和监督权得到充分体现。

案例中,社区拓宽信息采集渠道和与民沟通渠道,满足居民不同途径参与民主协商的需求,形成多样、开放的参与形式,调动居民参与民主协商的积极性、主动性。

五、社区工作者在政治参与中的角色

【案例】广州市荔湾区作为典型老城区,辖区内存在较多基础设施较差的老旧楼宇。荔湾区出台加装电梯政策后,政府鼓励支持居民楼加装电梯,并对加装电梯给予补助,但还有相当多老旧楼宇客观上不具备加装电梯条件,无法享受这一优惠政策。全国人大代表、金花街道蟠虬社区党委书记、居委会主任区燕明深入基层听民声、解民忧,提出"为不能安装电梯的老旧楼宇楼梯加装扶手"的代表建议,持续推动将这一项利民工程摆上政府重要工作议程,由相关部门对全区不能加装电梯的老旧楼宇加装扶手工作进行摸查统计造册,研究制定切实可行的工作方案,为老年人上下楼消除安全隐患,享受到上下楼的安全、便利。[1]

---

[1] 《区燕明:扎根基层25年,心系社区居民大小事》,载"广州人大"微信公众号,2023年12月30日发布。

【问题】社区工作者的政治参与有哪些途径？

社区工作者作为基层社会治理的重要力量,承担着连接政府与民众的桥梁作用。他们的政治职责主要体现在以下几个方面:(1)政策宣传,社区工作者负责将党和国家的政策传达给社区居民,确保政策的普及和理解。(2)民意收集,通过日常的社区服务工作,收集居民的意见和建议,及时反馈给相关部门,作为政策制定和调整的参考。(3)组织动员,在选举、重要政策实施等关键时刻,社区工作者负责动员和组织居民参与,保障民主程序的顺利进行。(4)权益维护,社区工作者需关注居民的合法权益,协助解决居民在政治参与中可能遇到的问题。

社区工作者的政治参与是实现基层民主和提升治理效能的重要途径,具体包括:(1)代表提案,社区工作者可以通过成为人大代表或政协委员,参与提案工作,这些提案可以涉及社区发展、居民福祉等重要议题,将基层的声音带到更高层次的政治议程中。(2)参与议事,在社区议事会等基层政治议事机构中,社区工作者可以就社区发展、居民需求等议题发表意见,参与决策。(3)政策执行,在政策执行层面,社区工作者负责监督和推动政策在社区层面的实施,确保政策效果。(4)政治教育,社区工作者通过组织政治教育活动,提高居民的政治意识和参与度,培养居民的政治责任感。社区工作者的政治参与不仅有助于提升自身的政治素养,也是推动社会主义民主政治发展的重要力量。通过有效的政治参与,社区工作者能够更好地服务于社区居民,促进社区和谐与社会稳定。

案例中,区燕明扎根基层24年,全心全意为社区居民解决一件件小事细事麻烦事。2023年,区燕明当选第十四届全国人大代表。从市人大代表到省人大代表,再到全国人大代表,区燕明与其他代表广泛发动代表接待群众收集民意,组织代表开展主题议事活动,在推进全过程人民民主中更好发挥代表作用,彰显代表履职本色,助推解决一批群众关心关注的民生问题。

第二专题　美好生活·《民法典》相伴

主题1　权利大厦——民事权利能力、民事行为能力和民事权利体系

一、民事权利能力

（一）概念与特点

【案例】上海某小区一名95岁的老人梁一思去世。她在全国拥有多处别墅，还有多个存有巨款的银行账户。她没有亲人，在2022年6月写下遗嘱，死后把名下财产留给保姆王韵和宠物唯诺。唯诺是一只黑猫，曾在街上流浪，后来被热爱小动物的梁一思收留，王韵是一名菲佣，深受主人的信任，保姆和猫陪伴她度过了人生的最后几年。

【问题】外国人王韵和猫是否可以继承梁一思的大笔财产？

自然人的民事权利能力即自然人作为民事主体依法享有民事权利，承担民事义务的资格。权利能力是一个人能够取得权利义务的前提与基础，但不是具体的权利或者义务。①民事权利能力不能抛弃，即使觉得做人很辛苦，想当只小狗，这个人在法律上仍然是个权利主体。法律如此规定的目的在于维护人格的完整与交易安全。

民事主体地位平等，强调法律资格平等，体现为民事权利能力的平等。②作为民事主体自然人的法律地位一律平等，任何一方都不得把自己意志强加给对方。不论其民族、性别、年龄、家庭背景、所受教育和文化程度、宗教信仰、财产等

---

① 李永军主编：《民法学教程》，中国政法大学出版社2021年版，第47页。
② 最高人民法院民法典贯彻实施工作领导小组主编：《中华人民共和国民法典总则编理解与适用》，人民法院出版社2020年版，第48页。

状况如何,都具有民事权利能力。自然人的民事权利能力与生俱存,不能剥夺,不能转让。

案例中王韵可以继承梁一思的财产,因为她有民事权利能力。唯诺是动物,没有民事权利能力,没有资格享有继承财产的权利。

(二)民事权利能力的开始和终止

1. 自然人的民事权利能力开始和终止

自然人从出生时起······具有民事权利能力(《民法典》第13条)。何谓出生?一般认为是与母体相分离能独立呼吸时。出生属于民事法律事实中的事件。所以如果胎儿出生只呼吸了一分钟就死亡,也是出生后死亡,而不是胎死腹中的死产。医学上通常以胎儿出生时有呼吸行为作为生存的证明。自然人出生时间一般以出生证明记载的时间为准,如果没有出生证明,或者出生证明没有详细记载自然人出生时间的,则应以户籍登记或者其他有效身份登记记载的时间(如个人居民身份证件记载的时间)为准(《民法典》第15条)。

自然人······到死亡时止,具有民事权利能力(《民法典》第13条)。也就是说,死亡之后,自然人不能再作为民事主体享有民事权利、承担民事义务。

死亡是引起法律关系变动的重要法律事实,与民事权利能力的终止联系在一起。死亡包括生理死亡和宣告死亡。生理死亡一般认为应该从呼吸停止、心跳停止、瞳孔放大这三个要件综合判断。自然人死亡以后应由医院和有关部门开具死亡证明书;如果没有死亡证明,则以户籍登记或者其他有效身份登记记载的时间为自然人的生理死亡时间(《民法典》第15条)。

2. 宣告失踪和宣告死亡

【案例】张公平、梁一思为夫妻,长期感情不和。2019年5月1日,张公平乘邮轮独自赴韩日旅游,当晚十点邮轮意外触礁沉没,经过多日搜救,却没能发现张公平的尸体,也没有发现其身在何处。2021年6月5日法院依照张公平债权人赵六申请经法定程序宣告张公平死亡。数月后,张公平的遗产被继承,儿子小强被送养,梁一思改嫁他人。事实上,张公平漂流数日后被人救起,为筹集回家船票资费,在一小海岛打工3年,还在网上购买了一款手机,并和梁一思取得了联系,不同意儿子被送养。当晚自书遗嘱,约定遗产留给其子小强。第二天,在回家途中遇车祸死亡。

【问题】张公平被宣告死亡后导致什么法律后果?张公平并未死亡,购买手机的合同和所立遗嘱是否有效?身份关系能恢复吗?

宣告失踪,即自然人下落不明从其失去音讯之日起达到法定期限,利害关系人可向人民法院申请宣告该自然人为失踪人的制度。该制度目的是通过宣告失踪,确立由其配偶、成年子女、父母或者其他愿意担任的人为财产代管人,管理的内容包括保管、维护、收益及必要的经营行为和处分行为。①结束失踪人财产无人管理的状态,通过妥善管理财产,维护其财产权益,并从失踪人的财产中支付失踪人所欠税款、债务和应付的其他费用,从而使失踪人完成纳税义务和支付欠款,也有利于维护其债权人的利益。

宣告死亡,即自然人下落不明达到法定期限,经利害关系人向人民法院提出申请,人民法院依照法定程序宣告该自然人死亡的制度。宣告死亡制度的目的,在于消除自然人长期下落不明所造成的财产关系和人身关系的不稳定状态,及时了结下落不明人与他人的财产关系和人身关系,从而维护正常的社会秩序。②被宣告死亡的人的婚姻关系,自死亡宣告之日起消除(《民法典》第51条)。被宣告死亡的人在被宣告死亡期间,其子女被他人依法收养的,在死亡宣告被撤销后,不得以未经本人同意为由主张收养行为无效(《民法典》第52条)。宣告死亡后,张公平、梁一思夫妻关系解除,送养的儿子不能接回。

宣告失踪和宣告死亡应具备下列条件:第一,自然人下落不明满2年可以申请宣告失踪;满4年或者因意外事件下落不明满2年,可以申请宣告死亡。自然人下落不明的时间自其失去音讯之日起计算。战争期间下落不明的,下落不明的时间自战争结束之日或者有关机关确定的下落不明之日起计算(《民法典》第41条)。第二,申请人必须是下落不明人的利害关系人。宣告失踪案件的利害关系人包括:(1)被申请人的近亲属;(2)依据《民法典》第1128条、第1129条规定对被申请人有继承权的亲属;(3)债权人、债务人、合伙人等与被申请人有民事权利义务关系的民事主体,但是不申请宣告失踪不影响其权利行使、义务履行的除外。宣告死亡案件的利害关系人包括:(1)被申请人的配偶、父母、子女;(2)依据《民法典》第1129条规定对被申请人有继承权的亲属;(3)被申请人的其他近亲属,以及依据《民法典》第1128条规定对被申请人有继承权的亲属,且符合以下两个条件:被申请人的配偶、父母、子女均已死亡或者下落不明的;不申请宣告死亡不能保护其相应合法权益的。(4)被申请人的债权人、债务人、合伙人等民事主体不能认定为利害关系人,但是不申请宣告死亡不能保护其相应合法权益的除外。③第三,利害关系人向下落不明人的住所地基层人民法院提出。

---

① 梁慧星:《民法总论》,法律出版社2017年版,第111页。
② 杨立新:《中国民法总则研究》,中国人民大学出版社2017年版,第339页。
③ 《最高人民法院关于适用〈中华人民共和国民法典〉总则编若干问题的解释》第14条、第16条。

做社区工作的"法律明白人"

宣告失踪的公告期间为 3 个月。宣告死亡的公告期间为 1 年,因意外事故下落不明,经有关机关证明该自然人不可能生存的,宣告死亡的公告期间为 3 个月。公告期间届满,人民法院应根据被宣告失踪或死亡的事实是否得到确认,作出宣告失踪或死亡的判决或者驳回申请的判决。宣告自然人失踪并不是利害关系人申请宣告自然人死亡的必经程序,不经申请宣告失踪可以直接申请宣告死亡。如果对同一自然人,有的利害关系人申请宣告死亡,有的利害关系人申请宣告失踪,符合宣告死亡条件的,人民法院应宣告死亡(《民法典》第 47 条)。

被宣告死亡的人,人民法院宣告死亡的判决作出之日视为其死亡的日期;因意外事件下落不明宣告死亡的,意外事件发生之日视为其死亡的日期(《民法典》第 48 条)。但宣告死亡是一种法律上的推定,被宣告死亡的人有可能在宣告死亡后又重新出现。自然人被宣告死亡但是并未死亡的,不影响该自然人在被宣告死亡期间实施的民事法律行为的效力(《民法典》第 49 条)。

案例中张公平的合同和遗嘱是有效的。关于被宣告死亡人重新出现,死亡宣告被人民法院撤销,如果其配偶尚未再婚的,夫妻关系可从撤销死亡宣告之日自动恢复;如果其配偶再婚后又离婚或者再婚后配偶又死亡的,则不得认定夫妻关系自行恢复。梁一思改嫁后,张公平、梁一思的夫妻关系不能自行恢复。

(三) 胎儿和死者(英烈)的利益保护

【案例】张公平不胜其扰,对寿险推销员梁武(妻子梁一思的弟弟)说:"我投保,被保险人为本人,胎儿为受益人。"梁武为了感谢就对张公平说:"姐姐怀孕多时,观其相像是女孩,我愿意将 10 万的玉镯赠与这孩子。"张公平称谢并当即接受。后与梁一思至海南岛蜜月旅行,期间因李斯驾驶车辆发生车祸,张公平伤重不治死亡,梁一思受重伤,也伤及胎儿。死亡时,张公平未留遗嘱,名下有存款一百万元及房屋一套。

【问题】试问胎儿可以成为受益人吗? 有无接受赠与、继承张公平遗产以及向李斯主张损害赔偿的权利?

自然人在出生之前和死亡之后均不享有民事权利能力(《民法典》第 13 条),不能成为权利享有者。但为了更好地保护自然人的权利,有时需要对胎儿利益予以保护。涉及遗产继承、接受赠与等胎儿利益保护的,胎儿视为具有民事权利能力。但是,胎儿娩出时为死体的,其民事权利能力自始不存在(《民法典》第 16 条)。遗产分割时,应保留胎儿的继承份额。胎儿娩出时是死体的,保留的份额按照法定继承办理(《民法典》第 1155 条)。

图 2-1　民事权利和民事利益对应的阶段

具体来讲,涉及胎儿的利益保护主要有以下几个方面:(1)胎儿依法享有继承权和接受赠与的权利。(2)涉及其他胎儿利益保护的,如胎儿人身损害赔偿请求权等,胎儿同样视为具有民事权利能力。胎儿利益受法律保护,任何组织或个人均不得损害。例如孕妇受伤造成胎儿流产,不仅侵害了孕妇的健康权,也侵害了胎儿的先期生命法益,应承担民事责任,胎儿先期人格权益延伸保护的期限,自胎儿出生时,溯及至成功受孕时。

案例中胎儿受到损害时虽未出生,但因涉及其利益保护,视为其已具有权利能力,可以成为受益人。有接受赠与、继承张公平遗产以及向李斯主张损害赔偿的权利。

【案例】张公平的父亲去世,张公平料理后事后,因一时难以觅得理想的墓地,便将其骨灰寄存在某殡仪馆,5 个月后,清明节张公平前往殡仪馆祭拜时,殡仪馆告知其父的骨灰丢失了。同事王武知道这个情况后,在网上发帖称:这些事情都是张父作孽所致,并在网上披露了张父的一些私事,称张父生前是一个十足的流氓。

【问题】张公平如何保护其父的遗体、骨灰、隐私和名誉?

自然人死亡后,丧失权利能力,不再属于民事主体,不能享有民事权利、承担民事义务。死者虽不享有民事权利,但死者的姓名、肖像、名誉、荣誉、隐私、遗体等受到侵害的,其配偶、子女、父母有权依法请求行为人承担民事责任;死者没有配偶、子女且父母已经死亡的,其他近亲属有权依法请求行为人承担民事责任(《民法典》第 994 条)。张公平可通过诉讼来保护其父的遗体、骨灰、隐私和名誉。

死者人格利益中既有精神性利益,又有财产性利益。保护这些财产利益,避免近亲属遭受财产损失,保护的期限是所有近亲属的生存年限。著作人身权中的发表权保护期限为作者终身及其死亡后 50 年。著作人身权中的署名权、修改权、保护作品完整权,为永久期限。死亡人没有近亲属或者已撤销的法人,检察院为人格权益的延伸保护提起诉讼的,不受期限限制。

【案例】某网店由瞿某某注册经营,注册时间为2012年4月17日。该网店曾销售2款贴画,一款印有"董存瑞舍身炸碉堡"形象及显著文字"连长,你骗我!两面都有胶!!",另一款印有"黄继光舍身堵机枪口"形象及显著文字"为了妹子,哥愿意往火坑跳!"。上述贴画有多种规格,单价从4元至68元不等。2019年10月杭州市西湖区检察院就瞿某某该行为侵害英雄烈士董存瑞、黄继光的名誉,向杭州互联网法院提起民事公益诉讼。

【问题】侵害英雄烈士人格利益的行为需要承担什么民事责任?

英雄烈士是人民共和国最闪亮的精神坐标,是中华民族不屈不挠的脊梁。加强对英烈姓名、肖像、名誉、荣誉等人格利益的民法保护,对促进全社会尊崇英烈、惩恶扬善、弘扬社会主义红色文化意义重大。英烈的人格利益保护关涉社会公共利益,关系到中华民族集体尊严。任何人都不得歪曲、丑化、亵渎、否定英雄烈士的事迹和精神。侵害英雄烈士等的姓名、肖像、名誉、荣誉,损害社会公共利益的,应承担民事责任(《民法典》第185条)。由此可见,英雄烈士在《民法典》的法律保护中将永垂不朽。

本案法院依法判决被告瞿某某停止侵权,并在全国有影响力的媒体公开赔礼道歉,消除影响。

二、民事行为能力的概念和划分

(一) 民事行为能力的概念

【案例】董敏法17岁,是明星乙的粉丝,他以个人积蓄1 000元在慈善拍卖会拍得明星乙表演用过的道具,市价约100元。事后,董敏法觉得道具价值与其价格很不相称,颇为后悔。

【问题】董敏法有参加拍卖订立合同的民事行为能力吗?

自然人的民事行为能力,即自然人能够以自己的行为行使民事权利和设定民事义务,并且能够对于自己的行为承担民事责任。在民法中,行为能力越是欠缺,行为的自由度就越是受到限制,管制色彩亦越是浓厚。完全行为能力则意味着具有完全的理性,具有独立承担自己一切行为后果的能力。[1]

---

[1]　朱庆育:《民法总论》,北京大学出版社2016年版,第380页。

民法设立民事行为能力制度,目的是为了保护无民事行为能力人和限制民事行为能力人的权益。行为人欠缺民事行为能力,就意味着他不具备独立从事民事活动的能力,如果贸然从事民事活动,该行为人在交易中就很容易受到损害。

案例中的董敏法年龄为 17 岁,虽然属于限制行为能力人,但其花费 1 000 元拍得乙表演用过的道具的买卖合同与其年龄、智力、精神健康状况是相适应的,因而该合同有效。

(二) 民事行为能力的划分

【案例】梁一思是一个音乐天才,拥有大批粉丝,16 岁便不再上学,以演出收入为主要生活来源。她成长过程中,7 岁时在学校捐赠压岁钱 500 元给爱心基金;10 岁时受赠名贵小提琴 1 把;15 岁拿着父亲的手机,给某网络游戏直播平台的知名主播"打赏"了 10 万元。

【问题】梁一思 16 岁后能自食其力,是完全民事行为能力人吗? 7 岁时捐赠压岁钱、10 岁时受赠名贵小提琴、15 岁时"打赏"主播的行为有效吗?

民事行为能力分类如表 2-1:

表 2-1　民事行为能力的划分

意思能力/识别能力	年　龄	精神健康状况
无民事行为能力人	不满 8 周岁	完全不能辨认自己行为的成年人
限制民事行为能力人	8 周岁以上不满 18 周岁	不能完全辨认自己行为的成年人
完全民事行为能力人	18 周岁以上	精神正常
	16 周岁以上的未成年人,以自己的劳动收入为主要生活来源的	

案例中,梁一思尽管不满 18 周岁,但因其有固定收入,且能够维持当地一般生活水平,因此其应视为完全民事行为能力人。

限制民事行为能力人实施的纯获利益的民事法律行为或者与其年龄、智力、精神健康状况相适应的民事法律行为有效;实施的其他民事法律行为经法定代理人同意或者追认后有效。相对人可以催告法定代理人自收到通知之日起三十日内予以追认。法定代理人未作表示的,视为拒绝追认。民事法律行为被追认前,善意相对人有撤销的权利。撤销应以通知的方式作出(《民法典》第 145 条)。由此可见案例中,梁一思 15 岁时"打赏"主播 10 万元的行为,是赠与合同,因数额较大,与其年龄、智力不相适应,该行为效力待定。如果她的父母不同意,则该"打赏"行为无效,其父母可以要求平台退回该笔款项。反之,如果她"打赏"的金额很小或者她的父母事先表示同意或事后表示追认,那么该"打赏"行为就是有效的,无需返还。梁一思7岁时捐赠压岁钱是无效的,当然,如果生活中她接受亲友的红包也需要通过父母来实施。10岁时梁一思是限制民事行为能力人,受赠名贵小提琴作为纯获利益的行为是有效的。

三、民事权利体系

(一)民法的权利本位

【案例】夏某在房屋外墙安装了一个监控摄像头。这台摄像头除了能监控露台情况外,恰好也能透过采光天井看到张某家里的楼梯和走廊,而走廊旁就是张某家的卧室。换言之,张某家里部分区域的活动情况,均能被该监控摄像头录制并储存。

【问题】本案中监控摄像头侵犯了邻居什么权利?

民法的本位即民法的基本目的、基本作用、基本任务。①民事主体的人身权利、财产权利以及其他合法权益受法律保护,任何组织或者个人不得侵犯(《民法典》第3条)。

民法慈母般地守护着每个人的权益,民法以权利为本位,就是要确认和保障每个人的民事权利和合法利益。强调对人民私权的切实保护,并着重于限制公权力的滥用。②民法规范的制定和实施,本身就要求国家履行保护自由平等、维护公正、保证法治的义务。民法规范,以授权性规范为主。民法是为保护权利体系而建造的法律大厦,权利就是大厦的根基。首先是人格权,如生命权、身体权、健康权、名誉权、隐私权等,其次是身份权和财产权。尤其是人格权,是人之享有其他权利(如其他民事权利和政治权利)的前提和基础,没有人格权,怎能称之为人。③

《民法典》系统、全面地规定了民事主体所享有的各项人身、财产权益,体现了当代中国的时代特征,回应了人民追求美好生活、实现人生尊严的现实需求。

---

① 梁慧星:《民法总论》,法律出版社2017年版,第40页。
② 梁慧星:《民法总论》,法律出版社2017年版,第44页。
③ 陈华彬:《民法总则》,中国政法大学出版社2017年版,第39页。

例如,《民法典》首次正式确认隐私权,有利于强化对隐私的保护。自然人享有隐私权,任何组织和个人不得以刺探、侵扰、泄露、公开等方式侵害他人的隐私。隐私是自然人的私人生活安宁和不愿为他人知晓的私密空间、私密活动、私密信息(《民法典》第1032条)。

民法不仅保护权利,还保护法益。这不仅与保护民事权益的基本原则相对应,而且为将来新型民事权益的保护预留了空间,体现了私权保护的开放性。一方面,权利的类型逐渐增多。例如,自然人的个人信息受保护(《民法典》第111条),规定了数据、网络虚拟财产权(《民法典》第127条)。另一方面,传统民事权益的保护手段、领域扩张。例如,著作权的保护领域扩展至互联网,产生了网络信息传播权。

权利表现为行为的自由,权利人行使权利是其依法享有的自由,但自由止于他人的权利,禁止权利滥用,行使权利不得妨害他人的权利,所以我国民法确认了诚实信用、公序良俗等法律原则,对权利进行必要的限制。

案例中,夏某安装监控摄像头的位置为其房屋外墙,监控范围覆盖张某房屋二层部分区域,在监控摄像头启用状态下可以通过图像画面等方式收集大量张某卧室门口及楼梯处人物活动信息,而房屋内部属于私密空间,屋内活动属于私密活动。故夏某安装监控摄像头的行为已经侵犯张某的隐私权。

(二)人格权与身份权

【案例】著名作家梁一思委托甲摄影公司为其拍摄一套艺术照。不久,梁一思发现三彩网站有其多张半裸照片,受到众人嘲讽和指责。经查,甲摄影公司未经梁一思同意将其照片上传到公司网站做宣传,邻居赵六下载后将梁一思头部移植至他人半裸照片,并将梁一思的姓名、身份证号码、家庭住址等信息上传到三彩网站。梁一思找到赵六论理,还被他打伤住院多天。有网民对梁一思发动"人肉搜索",在相关网站首次披露梁一思的曾用名、儿时相片、家庭背景、恋爱史等信息,还有人在网站上捏造梁一思曾与某明星有染的情节。

【问题】本案中,甲摄影公司、赵六、网民侵犯了梁一思什么权利?

1. 人格权

民事主体享有广泛的人格权。自然人的人身自由、人格尊严受法律保护(《民法典》第109条)。自然人因婚姻、家庭关系等产生的人身权利受法律保护(《民法典》第112条)。

人格权是作为民事主体必备的、以人格利益为内容,并为法律所承认和保护的民事权利。自然人的人格权分为一般人格权和具体人格权。

一般人格权即自然人享有的,包括人身自由和人格尊严等内容的一般人格利益。人身自由权即自然人享有的居住自由、迁徙自由与就业自由;有从事创作、发明创造和提升自己人格发展的自由;有依法行使人身权的自由。自然人的人身自由不容非法剥夺和限制,并允许人们遵循法无禁止即可为的自由原则从事民事活动,当然,违背公序良俗者除外。在客观意义上,尊严被理解为所有的人类社会成员都必须享有的、要求获得他人最低限度尊重的权利。在这个意义上,社会成员所一致公认和接受的、对作为主体的人所应获得的起码的尊重,是客观尊严的标准。① 人格尊严权意味着不得将人工具化、动物化,不得将人只是当作手段,不得将人当作奴役的工具和奴隶,不得任意践踏人类的道德、正义情感和进行这样或那样的严重冒犯他人人格的行为。

自然人享有的具体人格权包括生命权、身体权、健康权、姓名权、肖像权、名誉权、荣誉权、隐私权、婚姻自主权等权利。法人、非法人组织享有名称权、名誉权、荣誉权等权利(《民法典》第110条)。

(1)生命权,是自然人享有的以生命维持和生命安全为内容的权利。生命权是人格利益的集中代表和体现,是最基本的人格权。自然人的生命安全和生命尊严受法律保护。任何组织或者个人不得侵害他人的生命权(《民法典》第1002条)。

(2)身体权,是自然人对其肢体、器官和其他组织的完整依法享有的权利。自然人的身体完整和行动自由受法律保护。任何组织或者个人不得侵害他人的身体权(《民法典》第1003条)。当他人侵害自然人的身体但未影响其组织机能时,如某女视其长发如生命,却被他人尽数剪去,则构成侵犯身体权。

(3)健康权,是自然人享有的以保持其身体和精神状况良好为内容的人格权。自然人的身心健康受法律保护。任何组织或者个人不得侵害他人的健康权(《民法典》第1004条)。

(4)姓名权,是自然人依法享有的决定、使用和变更自己的姓名并要求他人尊重自己姓名的一种人格权利。任何组织或者个人不得以干涉、盗用、假冒等方式侵害他人的姓名权或者名称权(《民法典》第1014条)。具有一定社会知名度,被他人使用足以造成公众混淆的笔名、艺名、网名、译名、字号、姓名和名称的简称等,参照适用姓名权和名称权保护的有关规定(《民法典》第1017条)。

(5)名称权,是法人或非法人组织依法享有的名称使用权、名称转让权和其

---

① 王利明:《中华人民共和国民法总则详解》,中国法制出版社2017年版,第447页。

名称被冒用、盗用时的获得救济的权利。法人、非法人组织享有名称权,有权依法决定、使用、变更、转让或者许可他人使用自己的名称(《民法典》第1013条)。法律保护法人或非法人组织对其名称享有的专有权,冒用、盗用法人或非法人组织名称的行为应依法承担法律责任。

(6)肖像权,即自然人享有的通过某种形式再现自己的形象和禁止他人使用自己肖像的权利。案例中甲摄影公司和赵六侵犯了梁一思的肖像权。

(7)名誉权,是自然人、法人或非法人组织都享有的公正评价和保有、维护这种评价一种人格权利。名誉是对民事主体的品德、声望、才能、信用等的社会评价。民事主体享有名誉权。任何组织或者个人不得以侮辱、诽谤等方式侵害他人的名誉权(《民法典》第1024条)。案例中赵六、网民侵犯了梁一思的名誉权。

(8)荣誉权,是自然人、法人或非法人组织对国家、社会团体或者其他社会组织包括国际组织等授予的荣誉享有的保有权和使用支配权。

(9)隐私权即自然人享有的私人生活安宁与私密空间、私密活动、私密信息依法受到保护的权利。案例中网民还侵犯了梁一思的隐私权。

(10)婚姻自主权,是达到结婚年龄且依法具有结婚能力的自然人享有的婚姻自主权,包括结婚、离婚自主权。自然人享有自主决定其婚姻的缔结与解除的权利,他人无权干涉。

(11)自然人的个人信息受法律保护。案例中赵六侵犯了梁一思的个人信息。

2. 身份权

身份权即自然人因婚姻、家庭关系等产生的人身权利,包括配偶权、亲权和亲属权。配偶权即男女双方因登记结婚即结为夫妻而相互享有的身份权。亲权即父母基于其父母身份对未成年人子女享有的身份权。亲属权即与其兄弟姐妹、祖父母、外祖父母之间的身份权。

(三)物权和债权

1. 物权

【案例】张公平与万厦房地产开发公司签订了购买合同,合同约定:张公平首付50%的购房款,余款两个月内付清。合同签订后张公平及时交了首付款。谁知董敏法也看中了这套房子,但他并不知道万厦房地产公司与张公平的购房情况,便以更高的价钱与房地产公司办理了购房合同,并很快办好了不动产权证。

【问题】这套房子到底归谁所有呢?

民事主体享有广泛的财产权。民事主体的财产权利受法律平等保护(《民法典》第 113 条)。民事主体依法享有物权。物权是权利人依法对特定的物享有直接支配和排他的权利,包括所有权、用益物权和担保物权(《民法典》第 114 条)。物权的客体是特定物,一个物权尤其是所有权不能存在于两个物之上,即一物一权原则。物权是一种支配权,以直接支配物为内容,物权人以自己的意思享有物权。物权具有排他性,物权为物权人所独享,其他人既无权分享也无权干涉。物权包括所有权、用益物权和担保物权。所有权即权利人依法对自己的物享有占有、使用、收益和处分的权利。用益物权包括建设用地使用权、土地承包经营权、宅基地使用权、地役权和居住权。担保物权主要包括抵押权、质权和留置权。

案例中董敏法因办理了不动产权证书,取得了该房屋的所有权。

2. 债权

【案例】董敏法向甲车行买二手车,报价 6 万元,董敏法不知其妻已付款,又开具现金支票给车行会计。董敏法驾车回家途中不慎撞伤王武而逃逸,路人赵六送王武赴医救治,支出医药费 6 万元。王武出 1 万元悬赏广告,寻找肇事者,李斯提供重要线索找到了董敏法。

【问题】分析本案中的债权债务关系有哪些?

债权是特定当事人之间的权利人请求义务人为一定行为或者不为一定行为的权利。享有权利的一方为债权人,负有义务的一方为债务人。债权是因合同、侵权行为、无因管理、不当得利以及法律的其他规定,权利人请求特定义务人为或者不为一定行为的权利。依法成立的合同,对当事人具有法律约束力(《民法典》第 118 条)。

债权是一种请求权,即权利人请求义务人为一定行为或者不为一定行为,而不像物权那样属于支配权。如买卖合同中的出卖人,有权要求作为义务人的买受人按约定期限支付价款,不得迟延付款;买受人有权要求作为义务人的出卖人按约定期限交付标的物和转移标的物的所有权,不得迟延交付标的物。除了违约之债外,侵权之债也同样属于请求权。如打伤他人,被侵权人有权要求侵权人承担损害赔偿责任。

债权具有相对性,是在特定债权人和特定债务人之间发生的权利义务关系。如双务合同的当事人是互为债权人和债务人的关系,一方对另一方既享有权利又负担义务。在侵权关系中,被侵权人和侵权人是特定当事人,被侵权人是债权人,其有权要求侵权人承担损害赔偿责任。在无因管理关系中,无因管理人是债权人而被管理人是债务人。在不当得利关系中,不当得利人是债务人,而不当得利的受害人则为债权人。

债权分为合同之债、侵权之债、无因管理之债、不当得利之债以及法律的其他规定之债。

案例中董敏法向甲车行购买车,成立买卖合同之债。买方董敏法有权向出卖人甲车行请求交付该车并移转其所有权;卖方甲车行有权向买方董敏法请求支付价金及受领标的物。董敏法不知其妻已付款,又开具现金支票给车行会计。甲车行系无法律上原因而受利益,致董敏法受损害,成立不当得利之债,董敏法可请求车行返还多收的 6 万元。董敏法驾车不慎撞伤王武,系因过失不法侵害他人权利,应成立侵权行为。王武得向董敏法请求损害赔偿。赵六救治王武,系无法律义务而为他人管理事务,应成立无因管理。赵六得向王武请求偿还其所支出的医药费 6 万元。赵六以公开方式声明对完成特定行为的人支付报酬的,完成该行为的人李斯可以请求赵六支付 1 万元。赵六和李斯之间产生的是法律的其他规定之债。

(四) 知识产权、继承权、股权和其他权益

【案例】张公平是一个作家,已有多部小说出版,平时他还喜欢创造,有国家发明专利多项。2022 年张公平父亲去世,留下房屋 2 套,他是唯一继承人。他投资 1000 万元创办张公平房地产开发有限公司,每年都有 100 万左右的分红。他还是一个网红的游戏玩家,拥有价值千万的游戏装备。

【问题】张公平有哪些民法保护的财产权利?

1. 知识产权

民事主体依法享有知识产权。知识产权是权利人依法就下列客体享有的专有的权利:作品;发明、实用新型、外观设计;商标;地理标志;商业秘密;集成电路布图设计;植物新品种;法律规定的其他客体。民事主体依法享有知识产权(《民法典》第 123 条)。案例中张公平拥有著作权和专利权。

2. 继承权

自然人依法享有继承权。自然人合法的私有财产,可以依法继承(《民法典》第 124 条)。案例中张公平拥有继承权。

3. 股权和其他投资性权利

民事主体依法享有股权和其他投资性权利(《民法典》第 125 条)。股东基于其公司成员的法律地位享有股权,其主要体现为资产收益权、重大决策和选择管理者等权利。股权是股东在初创公司中的投资份额,即股权比例。股权比例的大小,直接影响股东对公司的管理控制权,也是股东分红比例的依据。股权内容

比较丰富,主要包括:(1)股东身份权;(2)选择、监督管理者权;(3)参与决策权;(4)知情权;(5)资产收益权;(6)提议、召集、主持股东会临时会议权;(7)优先受让和认购新股权;(8)转让出资或股份的权利;(9)股东诉权。案例中张公平拥有股权。

4.其他民事权利和利益

《民法典》对民事主体依法享有的各类民事权利作了宣示性规定,这些规定无法囊括民事主体依法享有的全部民事权利和利益。面对未来社会,民事权益要保持开放性的结构。民事主体享有法律规定的其他民事。法律对未成年人、老年人、残疾人、妇女、消费者等的民事权利保护有特别规定的,依照其规定(《民法典》第128条)。

根据《民法典》第127条的规定,网络虚拟财产被纳入民事权利的保护范围,被视为民事权利客体,具有财产权利的性质。网络虚拟财产有广义和狭义的区别。广义的网络虚拟财产即虚拟的网络本身以及存在于网络上的具有财产性的电磁记录,是一种能够用现有的度量标准度量其价值的数字化的新型财产。[1]广义的网络虚拟财产范围非常广泛,除网络本身外,还包括特定的网络服务账号、即时通信工具号码、网络店铺、网络游戏角色和装备道具等。狭义的网络虚拟财产主要即网络游戏空间内的具有可交易性的账号、角色、道具、装备、钱币等可视化的拟人、拟物类财产。网络用户通过账号密码设置防止他人修改、增删自己的网络虚拟财产,通过一定的程序买卖、使用、消费网络虚拟财产,实现对网络虚拟财产的占有和处分。[2]案例中张公平拥有网络虚拟财产权。

四、权利如何行使——民事法律行为和代理制度

(一)民事法律行为的概念

【案例】20岁的张公平,在女友梁一思生日这天,将自己名下紧挨西湖边风景绝美的三居室,为对方设定了一个永久居住权,签订了居住权合同,并完成了居住权登记。

【问题】张公平设定居住权合同是民事法律行为吗?

---

[1] 杨立新主编:《民法总则重大疑难问题研究》,中国法制出版社2011年版,第292页。
[2] 黄薇主编:《中华人民共和国民法典释义及适用指南(上)》,中国民主法制出版社2020年版,第200页。

在现实生活中,网上购物、结婚收养、创办企业都离不开民事法律行为的实施。小到购买瓜果蔬菜,大至买房卖房,人的一生中不可能不实施民事法律行为。民事法律行为是民事主体通过意思表示设立、变更、终止民事法律关系的行为(《民法典》第133条)。比如案例中的张公平设定居住权合同是民事法律行为,与梁一思形成了合同法律关系。

民事法律行为之所以能对民事主体产生法律约束力,正是因为其是民事主体按照自己的意思作出的。民事主体按照自己的意愿依法行使民事权利,不受干涉(《民法典》第130条)。这也是民事法律行为与事实行为最为根本的区别。事实行为即权利主体主观上并没有产生、变更或者消灭法律关系的意思,而是依照法律规定引起法律关系后果的行为。如无因管理行为、正当防卫行为、紧急避险行为、侵权行为、违约行为、遗失物的拾得行为以及埋藏物的发现行为均为事实行为。

民事法律行为制度的基本特征体现了私法自治的基本精神。民事法律行为不再是《民法通则》规定的含义,它不包含合法性评价。民事法律行为如果是合法的,则能够产生当事人预期的法律效果,导致民事法律关系的产生、变更或者终止。[①]

(二) 民事法律行为的分类

【案例】张公平是甲美食城的员工。2022年12月18日,张公平以2 600元的价格购买了一辆电动车。2023年1月16日15时,张公平驾驶该电动车上班,并将电动车停放在美食城的室内停车场。该停车场对公众开放,提供停放车辆,不收取任何费用,但有保安员维持停放秩序。张公平在当天21时30分下班后到停车场取车,发现电动车已失窃。

【问题】张公平在美食城停车行为属于何种民事法律行为? 如果失窃车辆报警后无法找回,美食城需要赔偿其电动车损失吗?

民事法律行为可以基于双方或者多方的意思表示一致成立,也可以基于单方的意思表示成立。法人、非法人组织依照法律或者章程规定的议事方式和表决程序作出决议的,该决议行为成立(《民法典》第134条)。据此,民事法律行为可以分为单方民事法律行为、双方民事法律行为、多方民事法律行为和决议民事法律行为。

---

① 最高人民法院民法典贯彻实施工作领导小组主编:《中华人民共和国民法典总则编理解与适用》,人民法院出版社2020年版,第685页。

1. 单方民事法律行为

即仅需一方意思表示就能成立的民事法律行为。单方民事法律行为有的有相对人，该行为会涉及相对人权利的发生、变更或消灭，如授予、无权代理的追认等。还有的无相对人，该行为仅产生个人权利的变动，如捐助行为、抛弃所有权、先占无主物等。在无法律特别规定时，一方当事人意思表示完成，该民事法律行为即生效。例如免除债务行为，张珊借了李斯 5 000 元，一直未还，然后李斯了解到原来张珊的妻子得了重病，医疗费花了几十万元，李斯顿生同情心，告诉张珊钱不用还了，这种债务的免除就是单方民事法律行为。

2. 双方民事法律行为

是指当事人双方意思表示一致而设立的民事法律行为。双方民事法律行为是现实生活中运用最广泛、存在数量最多的民事法律行为。双方民事法律行为的典型形式是合同。合同必须有两个或两个以上的当事人意思表示达成一致才能成立。

3. 多方民事法律行为

即三方以上的民事主体共同的意思表示一致而成立的民事法律行为，其特点是多个方向相同的意思表示完全重合。如合伙人协议、发起人订立公司章程等。

4. 决议民事法律行为

即社团组织成员依照一定规则实施的多方民事法律行为。决议行为是法人或者非法人组织内部的决议事项，原则上仅对法人或者非法人组织发生效力。[①]如公司股东会的决议、董事会决议、业主大会决议等。决议通常用投票的方式经多数表决而形成，决议代表法人或者非法人组织的意思，它与各方意思表示一致的双方或者多方民事法律行为存在很大的不同。

案例中，虽然张公平是甲美食城员工，其失窃的电动车停放在停车场内，但该停车场保安员只是负责维持停放秩序，不提供保管业务，故张公平与美食城之间不存在车辆保管合同关系，无需对张公平电动车失窃承担赔偿责任。张公平的停车行为不属于双方民事法律行为，只是一个事实行为。

（三）代理的概念与分类

【案例】梁一思婚前将某小区 2-106 号房屋产权登记在自己名下。2022 年 4 月 27 日，张公平以梁一思的名义代理，与郑尔、甲房地产经纪公司签订《房屋买

---

① 最高人民法院民法典贯彻实施工作领导小组主编：《中华人民共和国民法典总则编理解与适用》，人民法院出版社 2020 年版，第 688 页。

卖中介合同》及《补充协议》,约定:房屋成交价为560万元;签订合同当日,买方向卖方交纳购房定金10万元;卖方在2022年9月1日前将房屋腾空交付给买方;买卖双方在2022年7月1日后办理过户手续。《房屋买卖中介合同》及《补充协议》上的卖方项下均有张公平所签的"梁一思、张公平代"。签订合同当日,郑尔向梁一思支付购房定金10万元,但梁一思一直未办理过户手续。2022年5月27日梁一思写下委托书,授权张公平将此房以700万元的价格卖给周艺,并完成过户手续。

【问题】本案中张公平以梁一思的名义与郑尔签订《房屋买卖中介合同》及《补充协议》的代理行为成立吗?梁一思此后写下委托书,授权张公平将此房卖给周艺的代理行为成立吗?

1. 代理的概念

代理人在代理权限内,以被代理人名义实施的民事法律行为,对被代理人发生效力(《民法典》第162条)。代理是以扩张及补充私法自治为目的,依他人行为而取得权利或承担义务之制度。①代理是一种特殊的民事法律关系,它由三方当事人构成。首先是本人,即被代理人;其次是代理人;最后是相对人(第三人)。代理人与本人之间可能存在监护关系、委托合同关系、财产代管关系、劳动合同关系等。

民事主体可以通过代理人实施民事法律行为,依照法律规定、当事人约定或者民事法律行为的性质,应由本人亲自实施的民事法律行为,不得代理(《民法典》第161条)。代理主要适用于民事法律行为。代理还可以适用于下列行为:如代理申请注册商标、申报纳税行为,代理诉讼中的当事人进行各种诉讼行为(包括申请仲裁的行为)。

不适用代理的行为包括:(1)法律规定不得适用代理的行为不得适用代理,例如设立遗嘱不得代理,结婚、离婚不得代理;(2)当事人约定某些事项不得代理,则不得适用代理;(3)根据民事法律行为的性质,该种民事法律行为的性质不得适用代理的,也不能适用代理;(4)人身行为,如婚姻登记、收养子女等;(5)人身性质的债务,如受约演出不得代理。

案例中涉诉房屋产权登记在梁一思名下,该房屋的产权人应认定为梁一思。不论梁一思与张公平之间存在什么人身关系,作为重大财产的处分,均应得到产

---

① 最高人民法院民法典贯彻实施工作领导小组主编:《中华人民共和国民法典总则编理解与适用》,人民法院出版社2020年版,第808页。

权人梁一思的代理授权。张公平以梁一思的名义与郑尔签订了《房屋买卖中介合同》及《补充协议》，但没有确凿证据证明张公平得到了梁一思的授权，该代理行为不成立。如梁一思写下委托书，授权张公平将此房卖给周艺，则该代理行为成立。

2. 法定代理和委托代理

【案例】张公平在国外出差，委托同事李斯购买99朵红玫瑰在情人节（正常价格1 000元左右）送给自己的妻子，并以张公平的名义写上浪漫的祝福。李斯的妻子正好开花店，李斯就选择了价格最贵的蓝色妖姬（2月14日的市场价格是8 000元），写上"请珍贵稀有的爱、遇见你是奇迹！"，在2月16日（当天市场价格是4 000元）送给了梁一思。事后李斯要张公平支付6 000元，张公平只同意付1 000元。

【问题】张公平应该付1 000元或6 000元，还是不用付钱？为什么？

法定代理是基于法律的直接规定而产生的代理。法定代理人没有代理权限范围的特殊限制，属于全权代理。法定代理人与被代理人之间往往存在某种特定的血缘或亲缘关系，法定代理都是无偿的。

委托代理即基于被代理人的委托授权所发生的代理。委托代理的代理权产生基于两个行为：一是委托合同，二是委托授权行为。委托合同是双方民事法律行为，其内容是约定由受托人处理委托人的事务，因此委托授权书仅对委托人和受托人双方具有法律约束力，却不涉及第三人。在委托代理中，委托合同的成立和生效并不直接产生代理权，还需要委托人作出委托授权行为之后，代理权才产生。行为人没有代理权、超越代理权或者代理权终止后，仍然实施代理行为，未经被代理人追认的，对被代理人不发生效力（《民法典》第171条）。

在现代社会中，法人组织业务频繁，不可能所有交易活动都由法定代表人来实施，于是职务代理制度应运而生。职务代理是法人（其他组织）的工作人员就其职权范围内的事项进行的法律行为，无须法人或其他组织的特别授权，对法人或者非法人组织发生效力（《民法典》第170条）。其法律效果应由法人或其他组织承担。法人的员工只要被委任工作，除非另有规定，其自然享有相应的代理权，而无须法人再次单独授权。因此，采购员可以代表公司采购、销售员可以代表公司销售、信贷员可以代表公司贷款等。只要在职务范围内，公司员工即可以代理公司行为，而无须再由法定代表人签字同意。[1]再比如建设工程项目经理行

---

[1] 江必新、何东宁主编：《最高人民法院指导性案例裁判规则理解与适用·公司卷》，中国法制出版社2018年版，第66—67页。

为,包括参与建设工程招标、投标和签订建设工程承包合同、决定项目资金的投入和使用、物资采购、分包或转包工程、参与竣工验收、与发包人或分包人结算工程价等行为均属职务代理行为,对外应由所在的承包企业承担法律责任。

案例中张公平和李斯是委托代理关系。李斯接受张公平的委托在情人节为张公平妻子送99朵红玫瑰,因而具有了代理权。李斯应该在张公平授权的范围内实施民事法律行为,不得滥用代理权和超越代理权,比如在情人节这一天送红玫瑰是有权代理,2月16日送蓝色的玫瑰就是无权代理了,没有追认的后果只能代理人自己承担,张公平不用为此付钱。

(四) 代理效果及其终止

1. 代理效果

【案例】小强今年15岁,是某校初二年级的学生。自从5岁开始,每年过年收到的压岁钱妈妈梁一思都带小强存入银行,存折由梁一思保管,小强已经有将近3万块钱的存款。近期股市大涨,梁一思就拿这些钱买了上市公司的股票。1个月后,股票暴跌,损失了大半。

【问题】父母有权代理子女炒股吗?

在社会生活中,因代理而引发纠纷的现象很常见。有时大家往往都不清楚代理行为所产生的效果,究竟由谁来负责。所谓代理效果即代理人从事代理行为后产生的法律效果。[1]合法有效的代理行为的法律效果直接由被代理人承担。代理违法事项的法律效果由被代理人和代理人承担连带责任。

代理人知道或者应知道代理事项违法仍然实施代理行为,或者被代理人知道或者应知道代理人的代理行为违法未作反对表示的,被代理人和代理人应承担连带责任(《民法典》第167条)。如果代理人不知道或不应知道代理事项违法,那么就由被代理人承担民事责任。例如甲公司委托乙销售假冒伪劣产品,乙知道销售的是假冒伪劣产品,则甲乙承担连带责任。如果乙不知情,则甲公司承担民事责任。

行为人没有代理权、超越代理权或者代理权终止后,仍然实施代理行为,善意相对人客观上有理由相信行为人有代理权的,代理行为有效(《民法典》第172条)。如被代理人的介绍信、盖有合同专用章的空白合同书,或者有被代理人向相对人所作法人授予代理权的通知,这些证明文件构成认定表见代理的客观依

---

[1]　王利明:《民法总论》,中国人民大学出版社2015年版,第294页。

据,该无权代理行为则构成表见代理,代理的效果应由被代理人承担。①

父母是没有权利随意处分子女的财产的。根据我国《民法典》第 23 条、第 27 条第 1 款、第 35 条第 1 款的规定,未成年人的父母是未成年人的监护人,监护人应履行监护职责,保护被监护人的人身权利、财产权利及其他合法权益,除了被监护人的利益外,不得处理被监护人的财产。

案例中,虽然父母是小强的法定代理人,可以对其行使监护权,但其依然没有处分小强财产的权利。而且小强母亲的行为已经侵害到小强的合法权益,股市损失的钱应归还给小强。

2. 法定代理的终止原因

【案例】张小强 18 周岁,考上了一所本地有名气的大学。用自己的压岁钱和奖学金在甲车行买了一辆 5 万元的二手车。其父张公平不同意,想撤销这个买卖合同。

【问题】大学生买车,父母不同意怎么办?

法定代理终止,即基于法律规定享有代理权的代理人即法定代理人所享有的代理权依法消灭。②有下列情形之一的,法定代理终止(《民法典》第 175 条)。

(1)被代理人取得或者恢复完全民事行为能力。比如未成年人年满 18 岁,或者精神病人恢复精神健康,被代理人获得独立实施民事法律行为的资格,法定代理就没有存在的必要,法定代理自然终止。

(2)代理人丧失民事行为能力。法定代理属于一般代理,代理范围极其广泛,为了保护被代理人的利益,法定代理人必须具备相应的民事行为能力,否则无法有效保护被代理人的利益。因此代理人丧失民事行为能力时,因其无法有效履行代理职责,代理关系当然终止。

(3)代理人或者被代理人死亡。代理人或者被代理人死亡的,法定代理的基础不再存在,代理权也随之消灭。

(4)法律规定的其他情形:监护人严重实施损害被监护人身心健康行为的,监护关系消灭,法定代理权也随之消灭;夫妻离婚、财产代管人变更、户口迁移等都会引起监护关系的消灭,从而导致法定代理的终止;收养关系的解除,收养人和被收养人之间的监护关系消灭,因此收养人的代理资格终止。

张小强年满 18 岁,他与父母的法定代理关系已经终止,购买二手车无需父

---

① 王利明:《民法总论》,中国人民大学出版社 2015 年版,第 294 页。
② 栾兆安:《民法总则简明知识例解》,中国民主法制出版社 2017 年版,第 204 页。

母同意或追认,该买卖合同是有效的。

五、《民法典》为社区治理提供坚实的法治基础

【案例】2024 年 4 月 11 日晚,山西省原平市吉祥街道吉祥花园社区接到居民求助,调解兄弟间因赡养母亲产生的矛盾纠纷。社区网格员杨红艳了解情况后,约见当事人宋某某,得知其 77 岁母亲患阿尔茨海默症等疾病,生活需子女照顾。她召集老人子女,从法理和亲情两方面,讲述《民法典》相关规定。经耐心调解,子女表示尽赡养义务。此次调解圆满化解矛盾,既解决了老人赡养问题,又唤回手足亲情,维护家庭和谐,保障了老人生活。①

【问题】社区工作者如何依据《民法典》做法治精神的传播者和实践者?

《民法典》作为新时代中国法治建设的重要里程碑,为社区治理提供了坚实的法治基础。《民法典》的实施为社区治理提供法律依据,强化社区自治功能,促进社区治理体系和治理能力现代化。社区工作者应将《民法典》的原则和规定融入社区治理的各个方面,包括居民权益保护、社区公共事务管理、矛盾纠纷调解等。

《民法典》系统全面地规定了民事主体所享有的各项人身、财产权益,确保民事主体的合法权益得到法律的保护。社区工作者在开展工作时,需关注居民的多方面权益,如隐私权、名誉权等,防止其受到侵犯。首先,《民法典》对人身权利的保护体现了对个人尊严的尊重和维护。在社区治理中,尊重和保护居民的人身自由、人格尊严等基本权利,是构建和谐社区的前提。其次,《民法典》对财产权利的保护,包括物权、债权等,为社区内财产关系的明确和稳定提供了法律依据,有助于减少社区内的财产纠纷。再次,社区治理需要平衡不同居民的权益,特别是处理好个人权益与集体利益的关系。《民法典》提供了权益平衡的法律原则和方法,有助于社区工作者在实际工作中做出合理判断和决策。结合《民法典》探索社区治理新模式,如建立居民议事会、制定社区公约,推动社区治理体系和能力现代化,提供有效法律服务促进社区自治,引导居民参与社区事务,以民主协商解决问题。最后,《民法典》为解决社区中的矛盾纠纷提供了法律工具和途径。社区工作者应聚焦家庭、婚恋、邻里、债务纠纷等重点方面,滚动开展排查

---

① 《矛盾纠纷"格"内化解:吉祥花园社区网格员杨红艳调解案例》,载"原平政法"微信公众号,2024 年 5 月 28 日发布。

化解,及时将各类矛盾纠纷化解在基层、解决在萌芽状态,可以依据《民法典》的规定,提高纠纷调解的专业能力,引导居民通过法律途径解决纠纷,维护社区的稳定和谐。在处理居民纠纷时,社区工作者应依据《民法典》的相关规定,采取公正、合理的调解手段,帮助双方找到解决问题的最佳途径。通过学会与司法、公安等部门建立合作机制,与法律专业人士合作,为居民提供法律咨询和纠纷调解等服务,增强社区法治服务能力。

主题 2 监护制度——无民事行为能力和限制民事行为能力人的特别保护

一、监护的概念与功能

【案例】梁一思在丈夫去世后,准备带 3 岁的孩子张小强改嫁,张小强的爷爷不同意,要求法院确定自己为张小强的法定监护人。

【问题】爷爷可以行使监护权吗?

监护即民法上所规定的对于无民事行为能力人和限制民事行为能力人的人身、财产及其他合法权益进行监督、保护的一项制度。①依法设立的保护人是监护人,受保护的人是被监护人。父母和子女之间相互所负有的监护义务,即父母对未成年子女负有抚养、教育和保护的义务;成年子女对丧失或部分丧失民事行为能力的父母负有赡养、扶助和保护的义务(《民法典》第 26 条)。

未成年人的父母已经死亡或者没有监护能力的,由下列有监护能力的人按顺序担任监护人:(1)祖父母、外祖父母;(2)兄、姐;(3)其他愿意担任监护人的个人或者组织,但是须经未成年人住所地的居民委员会、村民委员会或者民政部门同意(《民法典》第 27 条)。只有在没有前一顺序的监护人或前一顺序监护人没有监护能力的,才有后顺序亲属做监护人的可能。

监护从其本质上讲,就是对缺乏行为能力人的监督、照顾和辅助制度。设置监护的目的,是保护被监护人的合法权益,保障被监护人的正常生活。其具体内容包括:监护被监护人的人身,管理被监护人的财产,代理被监护人进行民事活动,承担被监护人致人损害的民事法律后果等。②

---

① 佟柔主编:《中国民法》,法律出版社 1990 年版,第 75 页。
② 佟柔主编:《民法原理》,法律出版社 1983 年版,第 46 页。

案例中张小强的母亲梁一思还在,张小强的爷爷无权要求法院确定自己为张小强的法定监护人。

二、监护的分类

【案例】张公平与其妻婚后不育,依法收养了孤儿小翠。不久后张公平与妻子离婚,小翠不久也意外死亡。现张公平单身一人,担心会患上老年痴呆症。想委托保姆刘柳作为自己的监护人,在其生活不能自理时照顾自己,而照顾其多年的刘柳也主动表示愿意继续照料老张的生活。

【问题】张公平是否可以通过协议委托保姆刘柳担任自己老年痴呆以后的监护人?

依据被监护人的不同,可以将监护分为未成年人监护和成年监护。未成年人监护,即以未成年人为被监护人的监护。成年监护,即依据法律规定和约定对无民事行为能力或者限制民事行为能力的成年人所实施的监护。

(1)法定监护,即依据法律规定对无民事行为能力或限制民事行为能力的人所进行的监护,监护人的范围、顺序以及监护人的设定等都是依法进行的。未成年人的第一顺序法定监护人为父母,第二顺序是祖父母、外祖父,第三顺序是兄姐,第四顺序是其他愿意担任监护人的个人或者组织,但需未成年人所在地的居委会、村委会或民政部门统一。成年监护的法定监护人也有相关规定,即第一顺序监护人为配偶,第二顺序是父母、子女,第三顺序是其他近亲属,第四顺序是其他愿意担任监护人的个人或者组织(《民法典》第27、28条)。

(2)协议监护,只有在父母双亡或丧失监护能力的情况下,其他法定监护人才可以通过协议确定监护人(《民法典》第30条)。此时,应当结合未成年人的年龄和智力状况,尊重其真实意愿。例如,9岁的小张父母双亡,爷爷奶奶、外公外婆和叔叔舅舅均在世,现在对于谁来担任小张的监护人大家争吵不休,很明显,小张的叔叔和舅舅是没有资格进行协议监护的,因为按照法定监护来说,此时只有小张的爷爷奶奶外公外婆之间可以协议确定监护人。

(3)意定监护,即按照具有完全民事行为能力的成年人与有关个人或组织之间的约定所形成的成年监护。具有完全民事行为能力的成年人,可以与其近亲属、其他愿意担任监护人的个人或者组织事先协商,以书面形式确定自己的监护人。协商确定的监护人在该成年人丧失或者部分丧失民事行为能力时,履行监护职责(《民法典》第 33 条)。

我国《民法典》使用多个条款对成年监护制度作出规定,并强化对被监护人的成年人权益的保护,突出对其个人意愿的尊重。成年监护符合国际上的发展趋势。随着老龄社会的到来,各国开始重视老年监护制度,即为不能完全处理自身事务的老年人设置监护人,从而对其进行照护和管理的一项民事法律制度。

(4)遗嘱监护,是指被监护人的父母通过遗嘱为处于自己监护之下的子女指定监护人(《民法典》第 29 条)。

(5)指定监护,对监护人的确定有争议的,由被监护人住所地的居民委员会、村民委员会或者民政部门指定监护人,有关当事人对指定不服的,可以向人民法院申请指定监护人;有关当事人也可以直接向人民法院申请指定监护人(《民法典》第 31 条)。指定监护包括以下两种类型:当事人就监护人的确定发生争议的,则由被监护人住所地的居民委员会、村民委员会或者民政部门指定监护人,如果当事人对该指定不服,则可以向人民法院申请指定监护人。二是人民法院也可以直接依据有关当事人的申请指定监护人,而不需要经过被监护人住所地的居民委员会、村民委员会或者民政部门指定监护人这一阶段。

在指定监护人之前,有必要由相关主体担任临时监护人。出现上述情形时,可以由被监护人住所地的居民委员会、村民委员会、法律规定的有关组织或者民政部门担任临时监护人,这些主体也应履行监护职责。

在指定监护人的情形下,监护人一旦确定,就不得随意变更。监护人被指定后,不得擅自变更;擅自变更的,不免除被指定的监护人的责任。在指定监护人后,因相关主体擅自变更监护人而使被监护人遭受损害的,则监护人应承担不履行监护职责的责任。

案例中张公平可以通过书面协议,委托保姆刘柳担任自己老年痴呆以后的监护人。

三、监护的职责

【案例】疫情期间,张公平和妻子因感染了新冠肺炎被送往医院隔离,未成年的儿子小强被独自留在家中(亲戚均在外地)。

【问题】父母被隔离期间小强的生活该由谁照顾呢?

监护之本质为一种职责而非民事权利。[①]监护人的职责是代理被监护人实施民事法律行为，保护被监护人的人身权利、财产权利以及其他合法权益等（《民法典》第 34 条）。监护人依法履行监护职责产生的权利，受法律保护。

首先，监护人可以代理被监护人实施民事法律行为，监护人是被监护人的法定代理人。

其次，监护人应保护被监护人的人身、财产权利以及其他合法权益，保护被监护人的财产权益不受非法侵害。监护人不履行监护职责或者侵害被监护人合法权益的，应承担法律责任（《民法典》第 34 条）。监护人应按照最有利于被监护人的原则履行监护职责。监护人除为维护被监护人利益外，不得处分被监护人的财产（《民法典》第 35 条）。据此，为保护被监护人的财产，监护人只有在维护被监护人利益的前提下，才能处分被监护人财产。如果给被监护人带来损害，应承担赔偿责任。

临时监护人的确定。因发生突发事件等紧急情况，监护人暂时无法履行监护职责，被监护人的生活处于无人照料状态的，被监护人住所地的居民委员会、村民委员会或者民政部门应为被监护人安排必要的临时生活照料措施。

父母对未成年的子女具有以下监护义务：父母对子女有抚养、教育、保护的义务；父母应禁止对未成年人实施家庭暴力，禁止虐待、遗弃未成年人，禁止溺婴和其他残害婴儿的行为，不得歧视女性未成年人或者有残疾的未成年人，预防和制止未成年人吸烟、酗酒、流浪、沉迷网络以及赌博、吸毒等行为；父母应尊重未成年人受教育的权利，必须使适龄未成年人依法入学，接受并完成义务教育，不得使接受义务教育的未成年人辍学。

案例中，如果小强的父母没有来得及安排亲友照料小强，那么小强作为未成年人，独自在家，情况危急。小强住所地的居民委员会、村民委员会或者民政部门作为临时监护人，保证小强的生活和平安。

四、监护职责的履行

【案例】魏某某在其儿子黄某与儿媳骆某婚姻关系存续期间，将自有房屋一套赠与孙子黄小某，并办理了房屋所有权变更登记。后儿子儿媳协议离婚，约定

---

① 梁慧星：《民法总论》，法律出版社 2017 年版，第 106 页。

黄小某由父亲抚养教育,由母亲代管至小学毕业。2020年2月,黄某以黄小某名义,与母亲魏某某签订房屋买卖合同,将前述房屋出卖给魏某某,并完成房屋所有权变更登记,魏某某未支付房款。2020年10月,骆某以黄小某为原告,将魏某某、黄某诉至法院,请求确认房屋买卖合同无效。法院经审理,确认黄某以黄小某名义与魏某某签订的房屋买卖合同无效,但黄某与魏某某拒不协助回转办理房屋所有权变更登记。2021年4月,骆某再次以黄小某为原告,起诉至法院,要求确认案涉房屋归黄小某所有。①

【问题】本案该如何处理?

监护人在依据法律规定或者约定履行监护职责时,任何个人或组织不得进行非法干涉。监护人履行监护职责应遵循如下原则(《民法典》第35条):第一,监护人要根据被监护人的实际情况来行使监护职责,按照最有利于被监护人的原则充分地保护被监护人的财产、人身和其他利益。例如,如果被监护人生病的,则监护人应及时将其送医救治。第二,监护人在履行监护职责时,一般只是对被监护人的财产进行管理,而不能通过被监护人的财产为自己谋利。除为维护被监护人利益的情形外,监护人不得擅自处分被监护人的财产。第三,由于成年人相对于未成年人而言,其认知能力和判断能力更强,监护人必须最大程度地尊重被监护人的真实意愿。

案例中,黄某擅自将黄小某已取得所有权的房产无偿转让给魏某某,损害了未成年人的财产所有权,亦有违监护人履行监护职责的基本原则。案件审理过程中,人民法院基于维护家庭和谐、亲权亲子关系,保护子女利益的司法考量,多次组织当事人调解,最终促使双方达成调解协议:案涉房屋归黄小某所有,魏某某享有该房居住权至黄小某年满十八周岁,双方在办理房屋所有权变更手续时一并办理居住权登记。

五、社区工作者在特别保护中的角色

【案例】2021年4月,天津市南开区某街道某里社区居民委员会主任(法定代表人)陈某来到滨海公证处接待大厅,咨询继承公证的手续,经过公证员细致

---

① 《四川省高级人民法院发布7起未成年人司法保护典型案例》,载四川省高级人民法院官网 http://scfy.scssfw.gov.cn/article/detail/2022/07/id/6805205.shtml。

询问,原来安某某为该社区居民,是无民事行为能力人,原与其父安某新相依为命,但近日安某新因病死亡,安某某无依无靠,经人民法院宣告由该居民委员会为其监护人。为继承安某新遗产,陈某代表居委会向滨海公证处申请公证。在受理公证申请后,承办公证员走访了人民法院,对安某某行为能力、亲属关系等相关事实进行查证,同时对安某新的继承人情况进行审查。在确认事实的基础上,办理了由天津市南开区某街道某里社区居民委员会作为安某某监护人的继承公证,由街道居委会作为无民事行为能力人的监护人行使监护权利,代为领取并管理安某新遗产。①

【问题】居委会是否可以成为安某某的监护人?

社区工作者作为连接政府与居民的桥梁,承担着宣传政策、反映民意、协调资源、解决矛盾等多重角色。在理解无民事行为能力和限制民事行为能力人的特别保护方面,社区工作者扮演着至关重要的角色。

1. 发现与报告责任

社区工作者在识别无民事行为能力和限制民事行为能力人的过程中扮演着关键角色。他们通常是最先接触到这些特殊群体的专业人员,因此,他们有责任及时发现并报告这些个体的情况。(1)识别能力:社区工作者需要具备一定的专业知识,能够识别出无民事行为能力和限制民事行为能力人的特征和需求。(2)报告机制:建立和完善社区内的报告机制,确保一旦发现相关个体,能够迅速向有关部门报告,并启动相应的保护程序。(3)法律知识:了解相关法律法规,明确在发现无民事行为能力或限制民事行为能力人时的法律义务和责任。(4)数据记录:对发现的个案进行详细记录,包括个体的基本情况、发现时间、报告过程等,为后续的监护和支持工作提供依据。

2. 协助监护与支持

社区工作者在无民事行为能力和限制民事行为能力人的监护与支持工作中,发挥着桥梁和纽带的作用。(1)监护协助:与监护人建立联系,提供必要的指导和帮助,确保监护人能够有效履行监护职责。(2)能力提升:通过组织培训和教育活动,提高监护人的监护能力和对相关法律法规的理解。(3)监督反馈:对监护人履行监护职责的情况进行监督,及时发现问题并提供反馈,必要时向有关部门报告,确保监护工作的质量和效果。(4)个案管理:对每个无民事行为能力

① 《社区居委会作为无民事行为能力人的监护人办理继承公证》,载"西安市公证处订阅阅号"微信公众号,2024年5月28日发布。

或限制民事行为能力人的情况进行跟踪管理,制定个性化的监护和支持计划,确保其权益得到有效维护。要加强精神障碍患者服务管理,健全源头防范机制,完善政府、社会、家庭三位一体的服务管理体系,对确有肇事肇祸倾向的依法落实强制医疗措施,严防发生个人极端事件。

3. 社会支持系统

社会支持体系包括社会福利机构、教育机构、医疗机构等。社区工作者要了解掌握医疗、教育、法律援助、社会服务等资源。与社区卫生服务中心紧密联系,确保特殊群体获得医疗服务和健康咨询;社区学校和教育机构提供教育支持和培训,提高其生活技能和自我照顾能力;与法律援助机构合作,提供法律咨询和代理服务,保障合法权益,法律援助制度为经济困难的无民事行为能力人和限制民事行为能力人提供免费的法律服务,确保他们能够获得法律上的保护和救济;社会服务中心和慈善组织提供日常生活照料、心理慰藉和社会融入服务。

4. 社区教育与宣传

开展针对社区居民的教育培训项目,涵盖特殊群体权利保护、心理健康知识、反歧视等内容,提高居民包容性和理解力。组织讲座、研讨会、展览等宣传活动,普及相关知识,促进理解与支持。与当地媒体合作,通过多种渠道宣传保护政策和成功案例,扩大社会影响力。社区工作者还应积极参与政策倡导,推动地方政府出台更多保护措施和优惠政策。

《民法典》第 32 条规定"没有依法具有监护资格的人的,监护人由民政部门担任,也可以由具备履行监护职责条件的被监护人住所地的居民委员会、村民委员会担任"。《民法典》的新规,体现了党和国家对社会特殊人群的关怀,对于孤苦无依的无民事行为能力人合法权益保护有重要意义。

案例中,社区居民委员会可以担任安某某的监护人。

主题 3 邻里和睦——应对不动产的相邻权和侵权纠纷

一、不动产的相邻关系产生的纠纷

【案例 1】2021 年 8 月初,王五所住的 208 室产生渗水问题,造成张公平 108 室的厨房、卫生间过道及小房间部分墙体损坏,2021 年 8 月 21 日,张公平报警称楼上漏水引发纠纷,民警调解未成。后张公平与王五协商未果,遂诉至法院,要求王五将 108 室因漏水造成的厨房、卫生间过道及小房间部分墙体恢复原状，并赔偿因其未及时修复漏水问题造成张公平的租金损失及家具损失共计 3 万元。

【案例2】2021 年 7 月，张公平经过几年工作打拼，在某小区买下了一套 89 平方米的住房。可是没住多久，楼上的住户噪声过大，导致孩子时常被惊醒、吓哭，丈人和丈母娘也因休息不好出现严重神经衰弱，他和老婆总是提心吊胆。后来，听说网上卖一种"震楼器"，能发出一种有规律的、伴随震动感的噪声，可以反击楼上的噪声。张公平买来使用，邻居报警。

【问题】案例 1 中张公平的诉请法院会支持吗？案例 2 中张公平使用"震楼器"合法吗？有什么法律后果？

相邻关系是指两个或两个以上相邻不动产的所有人或使用人，因相互间依法应当给予对方方便或接受限制而发生的权利义务关系。①

不动产的相邻权利人应当按照有利生产、方便生活、团结互助、公平合理的原则，正确处理相邻关系，这是我国司法实践形成经验的总结（《民法典》第 288 条）。相邻关系的规则一般应由法律明文规定。但是，由于不动产利用关系的复杂性，法律不可能对所有的相邻关系都作出明确的规定，法律、法规对处理相邻关系有规定的，依照其规定；法律、法规没有规定的，可以按照当地习惯（《民法典》第 289 条）。

相邻关系的包括以下类型：

（1）相邻通行关系。相邻一方的建筑物或土地，处于邻人的土地包围之中，非经过邻人的土地不能到达公用通道，或者虽有其他通道但需要较高的费用或十分不便的，可以通过邻人的土地以到达公用通道。但通行人在选择道路时，应当选择最必要、损失最少的路线。通行人应当尽量避免对相邻的不动产权利人造成损害。历史上形成的通道，土地的所有人或者使用人无权任意堵塞或者改道，以免妨碍邻人通行。如果确实需要改道，应取得邻人的同意。

（2）相邻管线安设关系。相邻人为建造、修缮房屋和铺设电线、电缆、水管等管线必须利用相邻土地、建筑物的，相邻方应当提供必要的便利，但施工方应选取损害最小的地点及方法安设。

（3）相邻防险、排污关系。相邻一方在挖掘土地、建造建筑物、铺设管线及安装设备等时，不得危及相邻不动产的地基建筑物的安全。相邻一方的建筑物

① 陈华彬：《物权法论》，中国政法大学出版社 2018 年版，第 614 页。

有倾倒的危险,威胁邻人的生命、财产安全时,相邻一方应当采取加固、拆除的预防措施;相邻一方堆放易燃、易爆、剧毒、放射、恶臭物品时,应当与邻地建筑物保持一定距离,或者采取预防措施和安全装置。

相邻人,尤其是化工企业、事业单位,在生产、研究过程中,不得违反国家规定弃置固体废物,排放大气污染物、水污染物、土壤污染物、噪声、光辐射、电磁辐射等有害物质。相邻他方对超标排放,有权要求相邻人排除妨害,即按国家规定的排放标准排放、治理,而且对造成的损害还有权要求赔偿。

(4)相邻用水、流水、截水、排水关系。相邻人应当尊重水的自然流向,在需要改变流向并影响相邻他方用水时,应征得他方的同意,并对由此造成的损失给予适当补偿。为了灌溉土地,需要提高上游的水位、建筑水坝,必须附着于对岸时,对岸的土地所有人或者使用人应当允许并按受益的大小分担费用。相邻一方在为房屋设置管、槽或其他装置时,不得使房屋雨水直接注泻于邻人建筑物上或者土地上。

不动产的相邻权利人应当按照有利生产、方便生活、团结互助、公平合理的原则,正常处理相邻关系。造成不动产或者动产毁损的,权利人可以请求修理、重作、更换或者恢复原状。侵害物权造成权利人损害的,权利人可以请求损害赔偿,也可以请求承担其他民事责任。

生活中楼上漏水引发纠纷案件分三类原因:楼上业主用水不当等行为、防水材料老化致漏水;物业公司管理的公共管道等设施损坏漏水;开发商防水或设计问题致漏水。诉讼中可申请法院鉴定漏水原因,仅楼上业主原因属相邻权纠纷,物业公司原因依物业服务合同向其主张权利,开发商原因依商品房买卖合同向其主张。楼上业主原因导致漏水的,因鉴定及修复使房屋暂不具备居住条件产生的合理租房费用也属于损失范围。

案例1中,王五系208室所有权人,对208室负有审慎管理义务,因其原因造成张公平108室部分墙体损坏,张公平要求王五将108室因漏水造成的厨房、卫生间过道及小房间部分墙体恢复原状的诉讼请求,法院予以支持。因漏水影响108室出租,法院判决王五赔偿张公平租金和家具损失3万元。

(5)相邻光照、通风、音响、震动关系。相邻人在建造建筑物时,应当与邻人的建筑物留有一定的距离,不得违反国家规定的有关工程建设标准,以免影响邻人建筑物的通风、采光和日照。邻里间的空调安装应当尽可能远离相邻方的门窗。在有多种可选位置时,应选择与相邻方固有门窗距离最大或对相邻方影响最小的。违反上述标准对相邻方生产生活造成妨碍的,应判令其排除妨碍;造成损害的,应予以赔偿。

相邻各方应当注意环境清洁、舒适,讲究精神文明,不得以高音、噪声、喧嚣、震动等妨碍邻人的工作、生活和休息。否则,邻人有权请求停止侵害。

案例2中张公平如果遇到噪声影响正常生活,应主动上门沟通,善意提醒,劝说邻居停止制造噪声的行为。"以噪声制噪声",是一种报复行为,不是处理邻里矛盾的正确方法。这样的行为实际上侵犯了邻里之间的相邻权,应承担一定的民事责任。违反关于社会生活噪声污染防治法律规定,制造噪声干扰他人正常生活的人,警方可按照《治安管理处罚法》规定处以警告,警告后不改正的,处200—500元的罚款。

（6）相邻竹木归属关系。相邻地界上的竹木、分界墙、分界沟等,如果所有权无法确定时,推定为相邻双方共有财产,其权利义务适用按份共有的原则。对于相邻他方土地的竹木根枝超越地界,并影响自己对土地的使用,如妨碍自己土地的庄稼采光,相邻人有权请求相邻他方除去越界的竹木根枝。如果他方经过请求不予除去,相邻人可以自行除去。

二、邻里间因隐私和名誉引起的纠纷

（一）隐私权纠纷

【案例】邓先生和李先生是同一楼层的邻居,该楼层一梯两户,两家大门相对而立,间隔3米多。2021年年初,李先生在入户门上安装了一个电子猫眼。邓先生诉称,李先生安装的电子猫眼正对自家大门,该猫眼具有录音、拍照、录像、云上传功能,严重侵犯了自己和家人的隐私信息,如出门时间、来访来客及部分家庭内部情况,对其和家人的精神和正常生活带来严重影响,以侵犯隐私为由诉至法院,要求李先生拆除电子猫眼,并赔偿自己精神损失费5 000元。①

【问题】法院会支持邓先生的诉请吗?

根据《民法典》第1032条的规定,隐私是自然人的私人生活安宁和不愿为他人知晓的私密空间、私密活动、私密信息。与公共利益无关、非公开性、私人性是隐私的基本特点。隐私不同于阴私,阴私主要是夫妻性生活、不正常两性关系及

---

① 张雪泓、王文敬:《电子猫眼正对邻居大门被判侵犯隐私权》,载"法治日报"微信公众号,2024年5月17日发布。

性功能缺陷等隐私,阴私的外延小于隐私。①

隐私权指自然人维护私人生活安宁和不愿为他人知晓的私密空间、私密活动、私密信息的支配权并排斥他人非法干涉的权利。隐私权的客体是自然人的隐私。

隐私包括以下四种类型:

一是私人生活安宁,即自然人所享有不受他人打扰的安定和宁静的生活状态。私人生活的安定宁静是个人获得生活安全感和人格自尊的前提,个人应当有权排除他人对其私人生活的骚扰。私人生活安宁作为隐私的保护对象,对于自然人人格尊严、人格自由的维护极为重要。资讯发达社会下的私人生活安宁,尤其需要免受以短信、电话、微信、QQ、电子邮件、传单等各种信息通信骚扰,也免受非法跟踪等各种形式的骚扰。例如向他人发送垃圾微信、垃圾邮件或者在他人休息时进行电话促销。《民法典》将"生活安宁"纳入隐私的保护范围,是我国《民法典》编纂的一大亮点。

二是私密空间,既包括私人住宅、更衣室、旅居酒店客房、私家车、个人的箱包乃至衣服口袋,也包括虚拟空间中的私密空间,如采取保密措施的 QQ 空间。《民法典》将宪法的规定以隐私权的方式予以具体落实,更好地对自然人的人格权进行保护。

三是私密活动,即自然人与公共利益和他人权益无关的个人活动,例如日常起居、夫妻生活、男女恋爱等活动。私密活动同样受《民法典》保护,根据《民法典》第 1033 条的规定,除经权利人同意外,任何组织或者个人不得拍摄、窥视、窃听、公开他人的私密活动。

四是私密信息,即指自然人不愿公开的以信息符号形式体现出来的有关恋爱情书、生理缺陷、疾病状况、遗传特征、财产状况和档案材料等个人情况。如果个人要求他人保密的前提下,只在特定范围内公开其私人信息,他人擅自扩大公开范围的,也构成对他人隐私权的侵害。例如,权利人甲将自己暗恋乙的事情告诉好友丙,要求丙保密,丙擅自告诉丁,则仍应当构成对权利人隐私权的侵害。动态的私密活动如果以静态的形式体现出来,例如用手机将某一自然人在某宾馆房间与另一人约会拍下来,视频记录就变成了私密信息。②私密信息具体可包

<blockquote>
① 马俊驹、余延满:《民法原论》,法律出版社 2010 年版,第 106 页。
② 石宏主编《中华人民共和国民法典释解与适用·人格权编侵权责任编》,人民法院出版社 2020 年版,第 95 页。
</blockquote>

含如下类型：个人的生理信息、身体隐私、财产隐私、家庭隐私、通讯秘密、谈话隐私、个人经历隐私、其他有关个人生活的隐私。①

案例中两住户的入户门正对，李先生在其房屋房门上安装的电子猫眼，必然会将门前公用走道及邓先生房屋入户门纳入拍摄范围。且该电子猫眼具有自动摄录、手机云存储等功能，因此，李先生安装的电子猫眼事实上形成了对邓先生隐私权的侵犯，应予以拆除为宜。因邓先生未就其所受的精神损失向法院充分举证，法院对该诉请不予支持。

（二）名誉权侵权纠纷

【案例】李斯与周艺曾谈过恋爱，且在恋爱过程中发生过两性关系，后周艺提出终止恋爱关系，李斯对此怀恨在心，将两人曾发生两性关系的事实告诉了好友王武，王武想帮李斯报复，因与周艺住同一个小区，王武就在邻里之间四处散布李斯与周艺发生关系的事情，还编造谎言说周艺曾经得过性病，造成周艺精神失常。

【问题】王武的行为侵犯了周艺的什么权利？

《民法典》第 1024 条规定："民事主体享有名誉权。任何组织或者个人不得以侮辱、诽谤等方式侵害他人的名誉权。"名誉是指社会公众对特定自然人、法人及非法人组织的品德、声望、才能、信用等方面的客观评判，名誉是针对特定主体的综合表现作出的良好的、客观的社会评价。②法人的名誉是社会对法人的经营与生产能力、生产或销售的商品质量、服务态度、工作态度、工作状况、对社会的贡献等的总评价。③这种评价直接关系到民事主体的人格尊严、社会地位甚至经济效益，属于重要的人格利益。名誉权就是自然人、法人及非法人组织依法享有的维护其所获得的社会公正评价并排斥他人侵害的权利。有良好名誉的民事主体不仅可以获得社会的更多尊重，还可能获得更好的经济效益，带来无尽的财富。对于企业而言，好的口碑好的名誉，就有好的市场好的效益。反之，行为人侵害他人名誉权，导致被他人误解和排斥，对于企业而言可能是失去市场濒临倒闭。

名誉权的客体是名誉，它是社会评价。而隐私权的客体范围非常广泛，包括私人生活安宁、私密空间、私密活动和私密信息等。私人生活安宁、私人空间等

---

① 最高人民法院民法典贯彻实施工作领导小组主编：《中华人民共和国民法典人格权编理解与适用》，人民法院出版社 2020 年版，第 341 页。

② 王利明：《人格权法研究》，中国人民大学出版社 2005 年版，第 467、468 页。

③ 马俊驹、余延满：《民法原论》，法律出版社 2010 年版，第 138 页。

许多隐私并不关涉主体的社会评价。如果行为人披露他人的隐私的行为,同时损害了他人的名誉,则既构成对名誉权的侵害,也构成对隐私权的侵害。例如甲跟踪偷拍乙与丙的出轨过程,并在网上非法传播,导致乙和丙在单位抬不起头。则甲的行为同时而侵害了乙和丙的名誉权与隐私权。

案例中,王武将李斯与周艺曾发生两性关系的事实在邻居间四处散布,侵犯了周艺的隐私权;编造谎言说周艺曾经得过性病,侵犯了周艺的名誉权;造成周艺精神失常,侵犯了周艺的健康权。

三、邻里间因建筑物和物件损害纠纷

(一)建筑物、构筑物或者其他设施倒塌、塌陷致害责任

倒塌、塌陷致害责任即因建筑物、构筑物或者其他设施倒塌、塌陷,导致他人人身损害或财产损害,建设单位、施工单位或是存在过错的责任主体应当对受害人所受损失进行赔偿的侵权责任。

建设单位和施工单位对建筑物和物件倒塌、塌陷致害承担连带责任,适用过错推定责任,对免责事由应当严格限制,只有不可抗力、受害人以及第三人原因造成损害才能免责。①除非建设单位和施工单位能够证明自己的施工符合质量要求,不存在缺陷,否则应当承担责任,建设单位、施工单位赔偿后,有其他责任人的,有权向其他责任人追偿。其他责任人主要包括勘察单位、设计单位、监理单位,以及勘察、设计、监理单位以外的责任人。

所有人、管理人、使用人或者第三人适用过错责任(《民法典》第1252条)。因所有人、管理人、使用人或者第三人的原因,建筑物、构筑物或者其他设施倒塌、塌陷造成他人损害的,由所有人、管理人、使用人或者第三人承担侵权责任。此时受害人需要对所有人、管理人、使用人或者第三人存在过错进行举证。

(二)建筑物、构筑物或者其他设施及其搁置物、悬挂物脱落、坠落损害责任

【案例】张公平系某小区5号楼业主,某日,台风来袭,其停放在车位上的小汽车被5号楼6楼邻居李某家的花盆砸中,车辆顶部和车玻璃被砸坏。张公平与6楼邻居就赔偿问题多次协商未果,张公平遂诉至法院要求李某赔偿损失。

【问题】法院会支持张公平的诉求吗?

① 杨立新:《侵权责任法》,法律出版社2021年版,第649页。

　　脱落、坠落损害责任即因建筑物、构筑物或者其他设施及其搁置物、悬挂物的脱落或者坠落,导致受害人遭受人身或者财产损害,物的所有人、管理人或者使用人应当赔偿损失的侵权责任。搁置物、悬挂物是指搁置或者悬挂在建筑物之上但是又不是建筑物建筑时所设计的整体部分,因其物理特性而有坠落或者脱落的危险,比如临街商铺的广告招牌等。物件损害责任适用过错推定责任,所有人、管理人或者使用人不能证明自己没有过错的,应当承担侵权责任(《民法典》第1253条)。

　　所有人、管理人或者使用人赔偿后,有其他责任人的,有权向其他责任人追偿。所谓其他责任人,一般认为指的是所有人、管理人、使用人之外的第三人。

　　案例中,李某作为花盆的所有人、管理人,台风来袭未能进行加固导致砸坏张公平车辆,造成损失,应当承担赔偿责任。

（三）堆放物倒塌、滚落或者滑落致害责任

　　【案例】老王在某栋楼里居住了二十多年。现由于家中重新装修,空间有限,老王就将不用的家具及物品堆放在门前的楼道中。由于老王和邻居的关系都不错,因此也没有人出面阻止他。谁料,由于木质家具年久失修桌脚突然断裂,堆放在上的物品也随之倒塌,砸伤了正从此处经过的张公平。

　　【问题】请问,张公平是否可以向老王索赔?

　　堆放物倒塌、滚落或者滑落致人损害责任,是指因堆放物的倒塌、滚落或滑落而造成他人损害,堆放人不能证明自己没有过错而应当进行赔偿的侵权责任。堆放人是指堆放物的所有人或者管理人。

　　堆放物倒塌、滚落或者滑落造成他人损害,堆放人不能证明自己没有过错的,应当承担侵权责任(《民法典》第1255条)。由此可知,堆放物倒塌、滚落或者滑落致人损害责任中适用过错推定责任,即只要因堆放物倒塌、滚落或者滑落造成他人损害,堆放人不能证明自己没有过错的,应当承担责任。

　　本案中,张公平可以向老王索赔。老王应当能预见到他在楼道中堆放废物的行为会对他人的通行产生影响,而且堆放物有可能会倒塌伤人,但他没有预见或者虽然预见但心存侥幸可以避免不利后果的产生,主观上有过错,应当承担赔偿责任。

（四）地下施工及地下设施致人损害责任

　　【案例】李斯紧急维修下水道,但未能设置警示标志及采取安全防护措施,并且在道路上堆放了许多施工用的石板和建材。当天晚上,张公平骑摩托车按照正常的行驶速度行驶,因道路未设有警示标志,且能见度比较低,在行驶过程中因避让不及,直接撞上石板,导致肋骨骨折及摩托车损坏的事故。

【问题】张公平骑车摔伤谁应承担侵权责任?

地下施工及地下设施致人损害责任,是指因在公共场所或者道路上挖坑、修缮安装地下设施或窨井等地下设施造成他人损害,施工人、管理人不能证明自己尽到应尽的义务时,施工人、管理人应当承担损失的侵权责任。

地下施工及地下设施致人损害责任适用过错推定责任。首先,在公共场所或者道路上挖掘、修缮安装地下设施等造成他人损害,施工人不能证明已经设置明显标志和采取安全措施的,应当承担侵权责任(《民法典》第1258条);其次,窨井等地下设施造成他人损害,管理人不能证明尽到管理职责的,应当承担侵权责任。

案例中作为施工方的李斯因违反了设置明显标志和采取安全措施的义务,应承担侵权责任。

(五)高空抛物坠物的法律责任

【案例】据上游新闻8月31日报道,一名安徽网友在社交平台发帖表示,8月24日晚,自己和怀孕34周的妻子下楼散步时遭遇高空抛物,妻子被高处扔下的芝麻油玻璃瓶碎片击中右脚,导致右脚两根脚趾严重受伤,部分被切除。孙先生前往派出所做笔录时,被告知技术人员正在分析监控录像,警方也提取了芝麻油瓶上的指纹、DNA等信息。[1]

【问题】本案应如何处理?

从建筑物中抛掷物品,应当由侵权人承担责任。高空坠物方面,如阳台花盆被大风刮落伤人,导致相应坠物致人损害的行为发生。高空抛物坠物适用过错推定责任,加害人应当对其尽到相应管理、维护义务或者没有抛掷物品承担举证责任。禁止从建筑物中抛掷物品。从建筑物中抛掷物品或者从建筑物上坠落的物品造成他人损害的,由侵权人依法承担侵权责任;经调查难以确定具体侵权人的,除能够证明自己不是侵权人的外,由可能加害的建筑物使用人给予补偿。可能加害的建筑物使用人补偿后,有权向侵权人追偿(《民法典》第1254条)。

发生高空抛物、坠物事件后,查人、找人是关键难点,公安机关根据自身职责权限及时调查,确定高空抛物、坠物行为的直接侵权人。发生《民法典》第1254条第1款规定的情形的,公安等机关应当依法及时调查,查清责任人。

---

① 金鑫:《怀孕34周孕妇被高空抛下玻璃瓶砸断两根脚趾,警方回应》,载"上游新闻"微信公众号,2024年8月31日发布。

建筑物抛掷物、坠落物造成他人损害，难以确定具体加害人时，让可能加害的建筑物使用人举证证明自己不是真正的加害人，符合民法公平正义的精神。[1]由可能加害的建筑物使用人给予补偿，是适用公平分担损失规则的体现。[2]

物业服务企业等建筑物管理人未履行安全保障义务的责任，即应当采取必要的安全保障措施防止前款规定情形的发生；未采取必要的安全保障措施的，应当依法承担未履行安全保障义务的侵权责任。物业公司等建筑物管理人依照这一规定应当对建筑物及相关设施、在物业管理和服务中要采取必要的安全保障措施，如采取相应的安全保障和防范、监控措施，加强高空抛物的警示教育，从而更有利于发现直接侵权人，也更有利于预防高空抛物事件的发生。物业公司等建筑物管理人承担相应的补充责任，物业公司在承担责任后可以向直接侵权人行使追偿权。

案例中孙先生可以保留相关证据，例如视频监控、医疗凭证等，及时报警处理。本案中若能够找到具体实行人，则其可能需要承担刑事责任、民事责任。根据《刑法》规定，从建筑物或者其他高空抛掷物品，情节严重的，处一年以下有期徒刑、拘役或者管制。孙先生的妻子还可以要求其承担民事赔偿责任。若找不到具体行为人，根据《民法典》相关规定，受害者可以起诉整栋楼的人。同时，物业等建筑物管理人若未采取必要的安全保障措施，也需要依法承担相应的责任。

四、饲养动物损害引起的纠纷

【案例】张公平被一只流浪狗咬伤，后有人认出这只流浪狗是邻居董敏法原先所养。张公平要求董敏法赔偿自己被狗咬伤的损失。董敏法承认早年养过这条狗，但狗早就从身边逃走，自己已经多年没有饲养管理过这只狗，拒绝承担赔偿责任。

【问题】董敏法是否有赔偿责任？

《民法典》从第1246条到第1250条针对饲养动物致人损害各种具体情况，规定了特殊规则，确立了各种具体的饲养动物损害责任。

---

[1]　王胜明主编：《中华人民共和国侵权责任法释义》，法律出版社2010年版，第430页。

[2]　杨立新：《侵权责任法》，法律出版社2021年版，第669页。

（一）违反管理规定未采取安全措施的动物致人损害责任

《民法典》第 1246 条规定："违反管理规定，未对动物采取安全措施造成他人损害的，动物饲养人或者管理人应当承担侵权责任；但是，能够证明损害是因被侵权人故意造成的，可以减轻责任。"此条规定了违反管理规定未采取安全措施的动物致人损害责任。

根据该条，动物饲养人或管理人违反管理规定，未对动物采取安全措施的，只要动物造成了他人损害，饲养人或管理人就要承担侵权责任，适用的是无过错责任原则。

所谓违反管理规定，包括法律、法规和管理规章，不仅是全国范围内有效的管理规定，也包括地方性的管理规定。例如各地的养犬管理规定，在城市饲养犬类的，就应当遵守当地的养犬的管理规定。

某些饲养动物具有较大的危险性，管理规定会要求对其采取安全措施。饲养人或管理人未采取安全措施，应对动物致人损害承担侵权责任。如果相关管理规定没有安全措施的要求，或者饲养人或管理人按照规定采取了安全措施，则不能认定为违反管理规定未采取安全措施的动物致人损害责任，应当按照一般的饲养动物损害责任处理。

根据《民法典》第 1246 条后半段的规定，若饲养人或管理人能够证明损害是因被侵权人故意造成的，可以减轻其责任。这里注意到违反管理规定未采取安全措施的动物致人损害责任相较于饲养动物损害责任的一般责任要更加严格：其一，饲养人和管理人不能免除责任，只能减轻责任。其二，饲养人和管理人减轻责任的事由只有被侵权人故意，不包括被侵权人的重大过失。

（二）禁止饲养的危险动物致人损害责任

《民法典》第 1247 条规定："禁止饲养的烈性犬等危险动物造成他人损害的，动物饲养人或者管理人应当承担侵权责任。"该条规定了禁止饲养的危险动物致人损害责任。

现代社会，人们饲养动物的种类越来越多，一些危险动物出现在其中。烈性犬是最常见的危险动物，当然危险动物不止烈性犬。危险动物对周围群众的人身安全和财产安全有高度危险，相关的管理规定都对禁止饲养的危险动物有专门的规定。

根据《民法典》第 1247 条规定，饲养人或管理人只要饲养了禁止饲养的烈性犬等危险动物，就要承担侵权责任，适用的是无过错责任原则。并且禁止饲养的危险动物致人损害责任没有规定责任的减免，也就是说即使损害是被侵权人的故意或重大过失造成的,饲养人或管理人仍然要承担全部责任,既不能免责,也不能减轻责任。饲养人或管理人应当遵守禁止饲养危险动物的相关管理规定,违反规定饲养危险动物,饲养人或管理人行为性质恶劣,应当承担严格的侵权责任。

(三) 遗弃、逃逸的动物致人损害责任

《民法典》第 1249 条规定:"遗弃、逃逸的动物在遗弃、逃逸期间造成他人损害的,由动物原饲养人或者管理人承担侵权责任。"该条规定了遗弃、逃逸的动物致人损害责任。

遗弃、逃逸的动物致人损害责任适用无过错责任原则。遗弃、逃逸的动物只要造成他人受损的结果,原饲养人或管理人就承担侵权责任。遗弃的动物是饲养人或管理人主动放弃动物,逃逸的动物是动物主动逃离,城市中的流浪猫狗大多属于这种情况。遗弃、逃逸的动物都脱离了饲养人和管理人的管理和控制,大量的遗弃、逃逸动物对周围人群造成损害的危险程度会增加,给社会公众的安全带来威胁。法律规定遗弃、逃逸的动物致人损害适用无过错责任原则,纵然原饲养人和管理人已经不再管理控制动物,仍然要求他们承担赔偿责任,以此避免动物饲养人和管理人随意遗弃动物,或者放任动物逃逸,维护正常的社会公共环境。

案例中,董敏法承担遗弃、逃逸的动物致人损害责任,应当向张公平进行损害赔偿。

(四) 第三人过错造成动物致人损害责任

《民法典》第 1250 条规定:"因第三人的过错致使动物造成他人损害的,被侵权人可以向动物饲养人或者管理人请求赔偿,也可以向第三人请求赔偿。动物饲养人或者管理人赔偿后,有权向第三人追偿。"该条规定了第三人过错造成动物致人损害责任。

根据《民法典》第 1250 条规定,第三人过错造成动物致人损害责任的责任主体有两类:(1)第三人。第三人过错造成动物致人损害责任中,动物之所以造成他人受损,是由于饲养人或管理人以外的第三人的过错行为,与饲养人或管理人无关。例如,第三人将饲养人关在笼子里的动物放出,导致动物咬伤他人。因此,第三人的过错行为是损害发生的真正原因,第三人应当承担侵权责任。(2)饲养人或管理人。虽然是第三人的过错行为造成动物致人损害,但对于受害人来说仍然是动物致人损害,动物饲养人或管理人虽无过错,根据无过错责任原则,仍应对受害人承担侵权责任。

被侵权人可以向饲养人或管理人请求赔偿,也可以向第三人请求赔偿。由于饲养人或管理人和第三人之间不是真正的连带责任,被侵权人只能二选一,不能在向饲养人或管理人请求赔偿的同时向第三人请求赔偿。若被侵权人选择请求饲养人或管理人承担赔偿责任,因为第三人是造成损害的真正原因,饲养人或管理人承担了赔偿责任后,有权向第三人进行追偿。

五、社区工作者维护邻里和睦与预防化解纠纷

【案例】金阳社区是苏州市吴江区震泽镇的村改居社区。该社区采取高空抛物三社联动治理:第一步,社工运用社区工作方法和两邻理论开展睦邻活动,建立关系并挖掘骨干、达人等,招募志愿者组建队伍,进行"零抛物"安全宣传。第二步,以居民自治理念打造"和谐金阳",打造"零抛物"示范楼栋,开展示范楼道协商治理活动,引导建立维护机制,提升居民协商治理能力。第三步,以协商平台搭建打造"美好金阳"。社工动员多方力量组成"零抛物"议事小组,借助社区协商议事平台探索治理。活动包括议事、宣传、行动、监督四步骤,搭建议事平台民主协商,多种方式宣传,开展活动影响他人,制定监督机制养成习惯。①

【问题】社区工作者在治理高空抛物中可以发挥哪些作用?

社区工作者在维护邻里和睦与预防化解纠纷中扮演着至关重要的角色。他们不仅是社区的组织者和协调者,更是居民信任的代表和沟通的桥梁。(1)责任意识:社区工作者需具备强烈的责任意识,主动识别社区中的潜在矛盾和纠纷,提前介入,防止问题扩大。(2)沟通协调:通过有效的沟通技巧,社区工作者能够促进居民之间的理解和谅解,减少误解和冲突。(3)法律普及:普及相邻权等相关法律知识,提高居民的法律意识,帮助他们认识到遵守法律的重要性。(4)资源链接:链接社区内外资源,包括法律援助、心理咨询等,为居民提供解决问题的途径和支持。

社区工作者在纠纷预防和化解中的介入策略需要综合考虑社区的具体情况和居民的需求。(1)预防为主:通过组织社区活动,增进邻里间的了解和交流,构建和谐的社区文化,从源头上减少纠纷的发生。(2)早期介入:一旦发现纠纷苗

---

① 森屿社工:《"零抛物线"守护头顶安全——金阳社区高空抛物三社联动治理案例》,载"吴江公益园"微信公众号,2023年4月19日发布。

头,社区工作者应立即介入,通过调解、协商等方式,尽量将问题解决在初期阶段。(3)专业支持:对于复杂的纠纷,社区工作者应寻求专业法律或心理咨询支持,为居民提供更专业的帮助。(4)案例教育:通过分享成功调解的案例,教育居民如何正确处理纠纷,提高他们的自我调解能力。(5)持续关注:即使纠纷得到暂时解决,社区工作者也应持续关注,防止问题复发或产生新的矛盾。通过不懈的努力,可以有效地预防和化解不动产相邻权纠纷以及因隐私、名誉、建筑物损害、高空抛物、饲养动物等引起的侵权纠纷,为构建和谐社区贡献力量。

社区在预防减少高空抛物中作用重大。一是开展宣传教育活动,提高居民安全和法律意识。二是安装监控摄像头,全时态全角度监控,制止抛物行为。三是物业服务企业加强日常巡查,检修设施防意外坠物。四是鼓励居民自治,组建志愿者队伍或监督小组。五是制定社区公约,明确禁止抛物行为及惩罚措施。六是建立应急预案,发生事件能迅速响应,救治伤员、搜集证据、追究责任。社区从多方面发力,共同营造安全和谐的居住环境,减少高空抛物带来的危害。

主题4 物业管理——区分所有权背后的法律问题

一、房屋登记和房屋区分所有权

(一) 不动产登记——不动产物权的取得

【案例】王峰与梁一思双方订立了房屋买卖合同后,梁一思并没有交付价款,王峰也没有交付房屋,但办理了房屋登记过户手续。梁一思在过户后将房子卖给了不知情的董敏法,并过户到董敏法的名下。事后王峰与梁一思双方买卖合同被撤销。

【问题】王峰因与梁一思之间的买卖合同被撤销,有权请求董敏法返还房屋的所有权吗?

不动产登记是指不动产登记机关将不动产物权变动的事项记载于不动产登记簿,所形成的具有不动产物权公示法律效果的制度。在登记制度中,登记簿具有特殊的地位,它是证明物权设立及变动的重要根据。登记机构将登记事项记载于登记簿以后,应当向登记权利人发放权利证书或者登记证明。不动产物权的设立、变更、转让和消灭,依照法律规定应当登记的,自记载于不动产登记簿时发生效力(《民法典》第214条)。以登记事项记载于登记簿时作为不动产物权发生变动的生效时间。

一般来说,以法律行为发生的物权变动,都是记载于不动产登记簿时发生物权变动的效果。法律上将登记记载的权利人推定为法律上的权利人,除非异议登记经法定程序确认登记错误并进行变更登记。当然,登记可能发生错误,但在错误没有更正之前,只能依据登记作出谁是权利人的推定。因为对第三人来说,登记是国家专门机关所为之事实,当然也就是最具有社会公信力的事实。[①]第三人只能依照特定的程序提出异议,变更登记,重新确权。登记记载的权利人被推定为法律上的权利人,即便以后事实证明登记记载的物权不存在或存有瑕疵,对于信赖该物权的存在并已从事了物权交易的人,法律仍然承认其行为具有与真实物权相同的法律效果。[②]只要符合善意取得的构成要件,通过善意取得制度取得该不动产的所有权。

案例中,王峰无权请求董敏法返还房屋的所有权,因董敏法是善意第三人,善意取得了房屋的所有权。

(二) 不动产物权变动

【案例】小强看中了李斯的一套重点小学的学区房。双方签订了房屋买卖合同,全款付清,并约定下周四办理过户登记。周日晚上李斯打电话告诉小强,他突发疾病需要住院,等病好后再办理过户手续。事后,小强认为该套学区房十分紧俏,价格暴涨,怀疑李斯假借生病,想把房子卖给其他出价更高的买家。

【问题】小强可以采取什么方法保护自己的权益?

不动产物权变动模式是指不动产物权产生、变更、消灭的法定方式。由于不动产物权的公示方法是登记,我国不动产的物权变动是登记要件主义。[③]以登记作为不动产物权变动的公示方法,是人类法律生活的一项伟大制度。物权变动有外部可以辨认的表征,始可透明其法律关系,减少交易成本,避免第三人遭受损害,保护交易安全。[④]不动产具有价值高、稀缺性强的特点,单凭占有不足以表征不动产上的权利归属关系。需要通过不动产登记,由专门的登记机关,依照法定的程序,对不动产上的权利及其变动进行登记,向社会公开以供查阅。

不动产物权的设立、变更、转让和消灭,经依法登记,发生效力;未经登记,不发生效力,但是法律另有规定的除外。依法属于国家所有的自然资源,所有权可

---

① 孙宪忠:《论物权法》,法律出版社 2001 年版,第 447 页。
② 李昊、常鹏翱等:《不动产登记程序的制度建构》,北京大学出版社 2005 年版,第 119 页。
③ 王利明主编:《民法》(上册),中国人民大学出版社 2020 年版,第 248 页。
④ 王泽鉴:《民法物权》,北京大学出版社 2009 年版,第 69 页。

以不登记(《民法典》第 209 条)。不动产登记,由不动产所在地的登记机构办理。国家对不动产实行统一登记制度。统一登记的范围、登记机构和登记办法,由法律、行政法规规定(《民法典》第 210 条)。当事人申请登记,应当根据不同登记事项提供权属证明和不动产界址、面积等必要材料。权利人、利害关系人认为不动产登记簿记载的事项错误的,可以申请更正登记。不动产登记簿记载的权利人书面同意更正或者有证据证明登记确有错误的,登记机构应当予以更正。

预告登记即为保全一项旨在取得、变更和消灭不动产物权的请求权,防止一房多卖而为的登记。预告登记后,未经预告登记的权利人同意,处分该不动产的,不发生物权效力(《民法典》第 221 条)。预告登记后,物权是受国家法律保障的,具有不可侵犯的性质;侵犯他人的权利,就要承担一定的法律责任。

案例中为防止一房二卖,小强可以要求与李斯一起前往不动产登记中心先行办理预告登记。小强办理预告登记后,应当在待李斯病愈出院后能够办理正式不动产登记之日起 90 日内申请登记,否则预告登记失效。

(三) 房屋区分所有权

【案例】2022 年 6 月,董敏法所在的小区业委会,发现小区电梯内部被甲物业公司租给乙广告公司使用,而物业公司却未将电梯广告收入公示,也未向业主分配,业委员会认为物业公司收取的广告收入不透明,损害业主的合法权益,遂向法院提起诉讼要求返还电梯广告租赁收入。

【问题】小区电梯广告收入归谁所有? 如何分配呢?

1. 业主的建筑物区分所有权的概念

建筑物区分所有权即业主对于一栋建筑物中自己专有部分的单独所有权、对共有部分的共有权以及因共有关系而产生的管理权的结合。依法登记取得建筑物专有部分所有权的人,应当认定为业主。

基于物权客体的独立性原则,区分所有权的专有部分(套房以及车位、摊位等特定空间),需具备一定条件的:(1)具有构造上的独立性,能够明确区分;(2)具有利用上的独立性,可以排他使用;(3)能够登记成为特定业主所有权的客体。规划上专属于特定房屋,且建设单位销售时已经根据规划列入该特定房屋买卖合同中的露台等,应当认定为前款所称的专有部分的组成部分。①

2. 建筑物区分所有权的内容

专有部分的单独所有权是业主对专有部分所享有的占有、使用、收益和处分

---

① 《最高人民法院关于审理建筑物区分所有权纠纷适用法律若干问题的解释》第 2 条。

的权利。专有部分具备构造上与利用上独立性和登记的形式要件。①但业主行使权利不得危及建筑物的安全,不得违反法律、法规以及管理规约。如住宅小区一楼住户开餐馆,涉及住宅改为经营性用房,除遵守法律、法规以及管理规约外,应当经有利害关系的业主一致同意。

共有部分的共有权对应于专有部分以外的建筑物的其他部分。业主对建筑物专有部分以外的共有部分,享有权利、承担义务,不得以放弃权利为由不履行义务(《民法典》第273条)。对于共有部分的范围包括:(1)共有部分包括全体业主共同使用的部分,例如,建筑物的基础、承重结构、外墙、屋顶、通道、楼梯、大堂等公共通行部分,消防、公共照明等附属设施、设备、避难层、设备层或者设备间等结构部分,也有部分业主共有的部分,如各相邻专有部分之间的楼板、隔墙,部分业主共同使用的楼梯、走廊、电梯等。(2)建筑区划内的道路、绿地及其他公共场所、公用设施和物业服务用房。但属于城镇公共道路、绿地占地或者明示属于个人的除外。(3)建筑区划内,规划用于停放汽车的车位、车库的归属,由当事人通过出售、附赠或者出租等方式约定;占用业主共有的道路或者其他场地用于停放汽车的车位,属于业主共有。车位应当首先满足业主的需要,要求建设单位按照配置比例将车位,以出售、附赠或者出租等方式处分给业主。(4)其他不属于业主专有部分,也不属于市政公用部分或者其他权利人所有的场所及设施等,应当为共有部分。

共有部分为相关业主所共有,均不得分割,也不得单独转让。业主依据法律规范、合同以及业主公约,对共有部分享有使用、收益、处分权,并按照约定或对应专有部分面积,分担共有部分的修缮费以及其他负担。建设单位、物业服务企业或者其他管理人等利用业主的共有部分产生的收入,在扣除合理成本之后,属于业主共有(《民法典》第282条)。

业主的管理权。业主在建筑物的权利归属以及使用上形成了不可分离的共同关系,并基于此共同关系而享有管理权。业主管理权的内容为:第一,业主有权设立业主大会并选举业主委员会。地方人民政府有关部门、居民委员会应当对设立业主大会和选举业主委员会给予指导和协助。业主大会或者业主委员会的决定,对业主具有约束力。业主大会或者业主委员会作出的决定侵害业主合法权益或者违反法律规定的程序的,业主可以请求人民法院予以撤销。第二,业主有权通过业主大会共同决定区分建筑物的相关事项(《民法典》第278条)。第

---

① 陈华彬:《物权法论》,中国政法大学出版社2018年版,第252—254页。

三,业主可以自行管理建筑物及其附属设施,也可以委托物业服务企业或者其他管理人管理。对建设单位聘请的物业服务企业或者其他管理人,业主有权依法更换。第四,业主的知情权:(1)建筑物及其附属设施的维修资金的筹集、使用情况;(2)管理规约、业主大会议事规则,以及业主大会或者业主委员会的决定及会议记录;(3)物业服务合同、共有部分的使用和收益情况;(4)建筑区划内规划用于停放汽车的车位、车库的处分情况;(5)其他应当向业主公开的情况和资料。

业主应当遵守法律、法规以及管理规约,相关行为应当符合节约资源、保护生态环境的要求。业主不得进行损害他人合法权益的行为:(1)损害房屋承重结构,损害或者违章使用电力、燃气、消防设施,在建筑物内放置危险、放射性物品等危及建筑物安全或者妨碍建筑物正常使用;(2)违反规定破坏、改变建筑物外墙面的形状、颜色等损害建筑物外观;(3)违反规定进行房屋装饰装修;(4)违章加建、改建,侵占、挖掘公共通道、道路、场地或者其他共有部分。业主大会和业主委员会对有上述行为的业主或者其他行为人有权依照法律、法规以及管理规约,要求行为人停止侵害、消除危险、排除妨害、赔偿损失。①

案例中,小区电梯及电梯内的广告位都属于业主的共有部分,出租电梯内广告位获得的租金应在扣除物业管理的合理成本后归业主共有。

3. 业主大会和业委会

【案例】某小区内,一栋房屋没有产权,属于业主共有,一直闲置没有投入使用。某日,A 公司看中该片公共区域,并与小区业主协商。通过业主大会决议,业主大会决定将该区域高价租给 A 公司开菜场。对此,部分业主表示不满。小区业主张公平和李斯对于小区业主大会作出的决议不服,认为自己没有在业主大会上投赞成票。

【问题】业主大会会议决议对谁有约束力? 对没有参加的业主是否有约束?

业主大会职权包括:(1)制定和修改业主大会议事规则;(2)制定和修改管理规约;(3)选举业主委员会或者更换业主委员会成员;(4)选聘和解聘物业服务企业或者其他管理人;(5)使用建筑物及其附属设施的维修资金;(6)筹集建筑物及其附属设施的维修资金;(7)改建、重建建筑物及其附属设施;(8)改变共有部分的用途或者利用共有部分从事经营活动;(9)有关共有和共同管理权利的其他重大事项。业主共同决定事项,应当由专有部分面积占比三分之二以上的业主且人数占比三分之二以上的业主参与表决;决定上述第 6 项至第 8 项规定的事项,

---

① 《最高人民法院关于审理建筑物区分所有权纠纷适用法律若干问题的解释》第 15 条。

应当经参与表决专有部分面积四分之三以上的业主且参与表决人数四分之三以上的业主同意;决定上述其他事项,应当经参与表决专有部分面积过半数的业主且参与表决人数过半数的业主同意。如果业主大会的决议违法,业主可以向物业所在地区、县人民政府房地产行政主管部门或者街道办事处、乡镇人民政府行政撤销或者请求人民法院予以撤销业主大会的决定。①

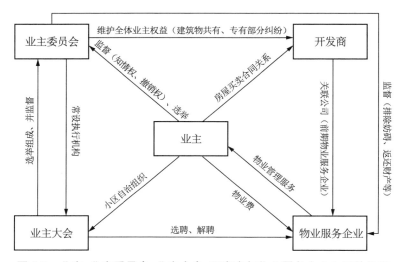

图 2-2 业主、业主委员会、业主大会、开发商与物业服务企业之间的关系

业主可以设立业主大会,选举业主委员会。同一物业管理区域内有二幢以上房屋的,可以以幢、单元为单位成立业主小组。业主小组由该幢、单元的全体业主组成。成立业主小组的,应当在业主大会议事规则中明确业主小组的职责范围、工作规范等事项。业主户数超过三百户的住宅小区,可以成立业主代表大会,履行业主大会议事规则规定的职责。业主可以列席业主代表大会会议。②业主大会或者业主代表大会(以下统称业主大会)通过的决定对全体业主具有约束力。业主代表履行下列职责:(1)在业主大会会议召开前就会议议题征集本小组业主意见,出席业主大会会议;(2)组织开展本条例第 17 条规定的业主小组议事权限所确定的活动,并将结果告知业主委员会;(3)告知业主委员会本小组业主的有关意见和建议;(4)建立本小组工作档案;(5)业主大会议事规则规定的其他

①《物业管理条例》第 19 条第 2 款、第 12 条第 5 款。
②《南京市住宅物业管理条例》(2024 年新修订)第 16—17 条。

职责。①

业主大会、业主委员会属于依法成立的普通社会组织。物业管理区域内全体业主组成业主大会。业主大会应当代表和维护物业管理区域内全体业主在物业管理活动中的合法权益。②业主委员会主要履行以下职责：执行业主大会决定和决议；召集业主大会会议，书面报告工作并公布，接受业主质询；代表业主与物业服务企业签订合同；了解业主意见建议，监督物业履行合同并协调处理问题；督促业主遵守管理规约，调解纠纷；组织监督专项维修资金筹集和使用；决定共用部位等经营方式及公布收益情况；配合做好社区建设和社会治安等工作；履行法律法规规定或业主大会赋予的其他职责，为物业管理区域的和谐稳定发挥积极作用。

业主委员会成员不可有以下行为：一是阻挠、妨碍业主大会行使职权或拒执决定；二是弄虚作假、隐匿篡改毁弃文件资料等；三是违反议事规则或未经授权擅自使用印章；四是打击报复、诽谤陷害举报人；五是泄露业主信息或用于无关活动；六是未经业主共同决定签订或解除物业合同；七是挪用侵占维修资金和公共收益；八是索取、非法收受建设单位、物业服务企业或者有利害关系的单位、个人提供的利益或者报酬；九是要求物业企业减免物业费；十是违反法律法规或超越职权侵害业主权益。业主委员会成员应规范自身行为，切实为业主服务，维护物业管理区域的和谐稳定与业主的合法权益。

业主大会应当综合考虑物业管理区域规模、物业费标准、业主人数等因素，在管理规约、业主大会议事规则中确定业主大会、业主委员会日常工作经费预算。该经费由全体业主负担，或者由业主大会在管理规约或者业主大会议事规则中约定。业主大会可以根据工作需要设立业主监事会，聘请业主委员会秘书。具体产生办法、工作职责、所需经费在管理规约、业主大会议事规则中约定。业主委员会应当将业主大会、业主委员会日常工作经费预算及使用情况，至少每半年在物业管理区域内显著位置公告一次，接受业主监督。③

案例中，只要业主大会召开程序合法，大会表决符合法定人数且具有投票权的业主参加，并形成决议的，属于合法有效的决议，对全体业主均有约束力，包括投反对票的、没有投票的以及业主继受人。

---

① 《南京市住宅物业管理条例》第19条。
② 《物业管理条例》第8条。
③ 《南京市住宅物业管理条例》第22—23条、第26条。

（四）业主大会的召开流程①

业主大会、业主委员会成立的具体条件和程序，依照法律、法规的规定。地方人民政府有关部门、居民委员会应当对设立业主大会和选举业主委员会给予指导和协助（《民法典》第277条）。同一个物业管理区域内的业主，应当在物业所在地的区、县人民政府房地产行政主管部门或者街道办事处、乡镇人民政府的指导下成立业主大会，并选举产生业主委员会。②法律规定业主大会、业主委员会需要在所在地房地产管理部门和街道办指导下成立，政府批准或者登记并不是其成立条件，只需在依法成立后，向所在地房地产管理部门、街道办事处备案即可。

1. 业主大会的设立及成员组成

业主大会根据划定的物业管理区域设立，一个物业管理区域成立一个业主大会，由物业管理区域内的全体业主组成，维护全体业主在物业管理活动中的合法权利。业主户数超过三百户的住宅小区，可以成立业主代表大会，履行业主大会议事规则规定的职责，业主可列席业主代表大会会议。业主大会自首次业主大会会议审议通过管理规约和业主大会议事规则之日起成立。

2. 首次业主大会会议的筹备

（1）筹备条件及经费：符合业主大会成立条件的，建设单位应当依法向街道办事处（镇人民政府）报送筹备首次业主大会会议所需的文件资料。首次业主大会会议的筹备经费根据物业管理区域规模、业主户数和建筑面积等因素确定，由建设单位承担，并在办理房屋所有权初始登记之前，交至街道办事处（镇人民政府）设立的专用账户，供业主大会筹备组使用。首次业主大会会议召开后，筹备组要将筹备经费的使用情况在物业管理区域内显著位置向全体业主公布，接受监督。（2）筹备组的成立：符合业主大会成立条件，街道办事处（镇人民政府）在收到建设单位或者十人以上的业主联名提出筹备业主大会书面申请后60日内，组织成立业主大会筹备组。筹备组人数为五至十一人的单数，可由业主成员以及街道办事处（镇人民政府）、建设单位、居（村）民委员会等派员组成。筹备组组长由街道办事处（镇人民政府）指定人员担任，业主成员不少于筹备组成员的百分之六十，通过业主自荐或者联名推荐、社区（村）党

---

① 业主大会的召开流程、物业服务合同和物业管理义务的相关内容，主要以南京市为例。参见《南京市住宅物业管理条例》第9—15条、第44—50条等。

② 《物业管理条例》第10条。

组织推荐、居(村)民委员会推荐等方式产生。筹备组中业主成员的推荐办法由街道办事处(镇人民政府)确定并事先告知全体业主。筹备组自成立之日起七日内,将成员名单在物业管理区域内显著位置公示,业主对筹备组成员有异议的,由街道办事处(镇人民政府)协调解决。筹备组成立前,物业管理行政主管部门、街道办事处(镇人民政府)应对筹备组成员进行物业管理相关知识培训。(3)筹备组成员条件:筹备组成员本人、配偶及其他直系亲属未在同一物业管理区域提供物业服务的企业任职,无索取、非法收受建设单位、物业服务企业的利益或者报酬等不当行为,无不宜担任的其他情形。筹备组中的业主成员还应当符合相关规定条件。

3. 首次业主大会会议的筹备工作及召开

筹备组应当自成立之日起90日内完成确定首次业主大会会议召开的时间、地点、内容和形式,拟订管理规约和业主大会议事规则草案及业主小组划分方案草案,确认业主身份和投票权数,拟定首届业主委员会成员候选人条件、名单和选举办法,确定首次业主大会会议的召开方案、表决议案等筹备工作。相关内容应在首次业主大会会议召开十五日前在物业管理区域内显著位置公告,公告时间不少于七日。业主对公告内容有异议可在公告期间以书面形式提出,筹备组七日内集体讨论决定是否采纳并书面答复。若筹备组未在90日内完成筹备工作,由街道办事处(镇人民政府)书面公告筹备组解散,但筹备阶段发生诉讼、复议或对筹备组成员有异议的,处理期间不包含在筹备期限内。业主大会会议召开后,筹备组要将会议表决统计结果、表决清单在物业管理区域内显著位置向全体业主公示,公示时间不少于七日。表决清单内容包括参加表决的业主具体房号、表决票权数和具体表决意见。业主大会依法成立后,筹备组自动解散。

4. 业主大会会议的类型及召开要求

业主大会会议分为定期会议和临时会议。召开业主大会会议,应当于会议召开十五日前将会议内容函告街道办事处(镇人民政府)、居(村)民委员会。街道办事处(镇人民政府)、居(村)民委员会参与指导并对表决情况进行监督。业主大会、业主委员会作出的决定要及时告知居(村)民委员会。业主委员会或其他业主大会召集人未能按业主大会议事规则要求召开业主大会临时会议的,街道办事处(镇人民政府)应责令限期整改。未整改的,由街道办事处(镇人民政府)指导相关业主召开业主大会临时会议。

二、物业服务合同的内容和履约风险

【案例】2023 年 7 月,张公平放在小区停车场的越野车车窗被敲碎,车内物品丢失,经报警后未追回自己的损失。张公平认为其车窗损坏、物品被盗是由于小区物业管理公司疏于管理,遂向物业公司索赔,遭到物业公司拒绝。之后张公平便一直拒交下一年度的物业费,于是物业公司起诉至法院要求业主支付欠付物业费用和违约金。

【问题】不满物业服务可以不交物业费吗?

（一）物业服务合同的概念和内容

物业服务合同是物业服务人在物业服务区域内,为业主提供建筑物及其附属设施的维修养护、环境卫生和相关秩序的管理维护等物业服务,业主支付物业费的合同（《民法典》第 937 条）。物业服务人应当按照合同的约定提供物业服务,并有权要求业主支付物业费。业主应当按照合同的约定支付物业费,并有权要求物业服务人提供符合标准的物业服务。物业服务合同是书面要式合同。

业主大会或者业主委员会与选聘的物业服务企业签订物业服务合同生效之前,前期物业管理由建设单位负责。前期物业管理阶段,建设单位应当监督物业服务企业履行前期物业服务合同。建设单位依照法律、法规规定的程序通过招标、投标选聘前期物业服务企业,签订前期物业服务合同。建设单位与物业买受人签订的商品房买卖合同的附件应当包括前期物业服务合同和临时管理规约。

前期物业服务合同中一般包括下列内容:(1)物业服务内容、标准、收费价格和委托代收费事项;(2)各分项服务的标准(含人员配置)和费用分项测算;(3)分项费用和主要成本变动联动调整的约定;(4)物业服务标准的评估方式;(5)物业服务用房(含业主委员会议事活动用房)的面积和位置;(6)生活垃圾分类投放和收集管理规范;(7)共用部位、共用设施设备清册以及人防设施设备维护内容;(8)业主共有资金专用账户的设立、查询方式,以及利用共用部位、共用设施设备开展经营活动所得收益的核算及分配办法;(9)违约责任、合同解除的条件和争议解决方式;(10)与前期物业服务有关的其他事项。

业主大会或者经业主大会授权的业主委员会与物业服务企业签订物业服务合同,合同就服务事项、服务质量、服务费用的标准和收取办法、维修资金的使用、服务用房的管理和使用、服务期限、服务交接等进行约定。物业服务人公开作出的有利于业主的服务承诺,为物业服务合同的组成部分,物业服务合同应当采用书面形式(《民法典》第938条)。①物业服务合同一般包括下列条款:(1)物业服务内容、标准、收费价格和委托代收费事项;(2)各分项服务的标准(含人员配置)和费用分项测算;(3)分项费用和主要成本变动联动调整的约定;(4)物业服务标准的评估方式;(5)利用业主共用部位、共用设施设备开展经营活动所得收益的核算和分配办法;(6)物业移交时承接查验的费用承担;(7)消防安全责任和防范服务内容;(8)生活垃圾分类投放和收集管理规范;(9)违约责任、履约保证措施、合同解除的条件和争议解决方式;(10)与物业服务有关的其他事项。业主大会可以委托第三方评估机构对物业服务企业履约情况开展评估,并向全体业主公布评估结果。物业服务企业应当配合评估活动。业主依法享有的正当权益和根据物业服务合同享有的权利,应当受到保护。物业服务企业违反物业服务合同约定或者损害业主权益的,业主可以依法申请仲裁或者向人民法院提起诉讼;经仲裁裁决或者司法判决确认后仍不履行的,由物业管理行政主管部门录入物业服务企业信用档案。

(二)物业服务合同履约风险

在业主、业主大会选聘物业之前,建设单位选聘物业的,应当签订书面的前期物业服务合同。②成立业主大会、业委会后,业主大会通过决议选聘新的物业,业委会和新的物业签订物业服务合同生效的,前期物业服务合同即终止。

"买房就送物业服务费"的广告宣传语只对开发商本身具有法律约束力,对开发商以外的物业并不具有法律约束力,除非开发商与前期物业在前期物业服务合同中有明确约定。开发商承诺其承担业主入住之后的部分物业服务费,并且物业也对签订的物业服务合同的内容表示同意,该承诺才有效。

建设单位可以制定临时管理规约,但前提是不得侵害物业买受人的合法权益。当物业出售给业主后,小区入住率等符合法定条件,在成立业主大会和业委会后,制定正式的管理规约,该临时规约就失去效力。建设单位应当在物业销售前,将临时管理规约向物业买受人明示,并予以说明。物业买受人在与建设单位签订物业买卖合同时,应当对遵守临时管理规约予以书面承诺。③

业主依照法定程序共同决定解聘物业服务人的,可以解除物业服务合同。决定解聘的,应当提前60日书面通知物业服务人,但另有约定的除外。如因解

---

① 物业服务合同范本可参见深圳市住房和建设局官网:http://www.sz.gov.cn/ztfw/zfly/wyk_184880/content/post_7843262.html。
② 《物业管理条例》第21条。
③ 《物业管理条例》第22—23条。

除合同给物业服务人造成损失的,除不可归责于业主的事由外,业主应当赔偿损失(《民法典》第 946 条)。

物业服务期限届满前,业主依法共同决定续聘的,应当与原物业服务人在合同期限届满前续订物业服务合同。物业服务期限届满前,物业服务人不同意续聘的,应当在合同期限届满前 90 日书面通知业主或者业主委员会,但是合同对通知期限另有约定的除外(《民法典》第 947 条)。物业服务期限届满后,业主没有依法作出续聘或者另聘物业服务人的决定,物业服务人继续提供物业服务的,原物业服务合同继续有效,但是服务期限为不定期。当事人可以随时解除不定期物业服务合同,但是应当提前 60 日书面通知对方(《民法典》第 948 条)。

案例中,张公平不能证明其物品被盗是由于物业公司未履行约定义务导致,车辆被盗不能成为张公平拒绝缴纳物业费的理由。

三、物业管理人和业主的义务

【案例】2020 年,刘某装修房屋并入住。装修时,刘某改变房屋原户型,将客厅的公卫拆除,拓宽客厅面积,又将厨房改为公卫,导致公卫正对楼下厨房。2019 年,李某购买刘某楼下的房屋,装修后于 2021 年入住。装修中,李某发现有一根管道从楼上的 401 房穿透楼板、进入其厨房顶部区域,并一路拐入其主卫卫生间后接入卫生间主管完成排水。入住后,李某在厨房做饭时经常听见该管道的排水声音,内心十分膈应。李某于是将楼上邻居起诉至法院,要求邻居将改为公卫的厨房恢复原状。①

【问题】法院会支持李某的诉请吗?

(一)物业服务人的义务

1. 亲自提供物业服务的义务

物业服务人应当亲自履行提供物业服务的义务。《民法典》第 941 条规定:"物业服务人将物业服务区域内的部分专项服务事项委托给专业性服务组织或者其他第三人的,应当就该部分专项服务事项向业主负责。物业服务人不得将其应当提供的全部物业服务转委托给第三人,或者将全部物业服务支解后分别

---

① 《楼上装修损害楼下业主合法权益引纠纷,法院判令恢复原状》,载"民主与法制时报"微信公众号,2022 年 9 月 2 日发布。

转委托给第三人。"物业服务涉及卫生、环保、消防、特种设备维修、道路养护等诸多方面,物业服务人有权将物业服务区域内的部分专项服务事项委托给专业性服务组织或者其他第三人,无须经过业主同意。当该部分专业服务事项不符合约定时,业主有权依法请求物业服务人承担违约责任,而无权请求次受托人承担违约责任。但是,禁止物业服务人将其应当提供的全部物业服务转委托给第三人,或者将全部物业服务分解后分别转委托给第三人。

2. 按法定和约定的标准妥善提供物业服务的义务

《民法典》第 942 条规定:"物业服务人应当按照约定和物业的使用性质,妥善维修、养护、清洁、绿化和经营管理物业服务区域内的业主共有部分,维护物业服务区域内的基本秩序,采取合理措施保护业主的人身、财产安全。对物业服务区域内违反有关治安、环保、消防等法律法规的行为,物业服务人应当及时采取合理措施制止、向有关行政主管部门报告并协助处理。"

物业服务人提供服务的区域是物业服务区域。目前在实践中,物业服务区域一般与建筑区划一致。物业服务企业未按照法律、法规规定、合同约定和技术标准、专业技术规范等提供日常物业服务的,应当录入物业服务企业信用档案。南京物业服务企业有下列严重失信行为之一的,二年内不得在本市申报各类物业服务示范项目;失信行为改正前,物业管理行政主管部门不予开具诚信证明:(1)在物业管理招标投标活动中提供虚假信息,骗取中标的;(2)物业服务合同依法解除或者终止后拒不撤出物业管理区域,或者撤出时未按照规定办理交接手续的;(3)未按照规定和合同约定履行房屋安全监管义务,导致物业管理区域内发生重大房屋安全事故的;(4)出售、泄露或者非法提供、使用业主信息的;(5)对业主、业主委员会成员进行恶意骚扰,采取暴力行为或者打击报复的;(6)其他违反法律、法规规定的行为。物业服务企业有前款第一项情形的,物业管理行政主管部门一年内不将其纳入物业管理招标投标平台。

物业服务企业应当严格遵守法律、法规和物业服务合同的约定,提供相应的服务,并不得有下列行为:(1)违反物业服务合同约定降低物业服务标准;(2)未经业主大会同意提高物业服务收费标准;(3)未经业主大会同意或者物业服务合同中无相关约定,处分属于业主共有的财产;(4)未经业主大会同意将物业费、公共水电分摊费、汽车停放费等捆绑收费;(5)挪用住宅专项维修资金、公共收益等业主共有财产;(6)未履行生活垃圾分类投放管理责任,或者未按照规定建立并落实生活垃圾分类投放日常管理制度;(7)其他违反法律、法规规定的行为。

3. 报告义务

物业服务人应当定期将服务项、负责人员、质量要求、收费项目、收费标准、履行情况,以及维修资金使用情况、业主共有部分的经营与收益情况等以合理方式向业主公开并向业主大会、业主委员会报告。

物业服务企业应当将下列信息在物业管理区域内显著位置公示:(1)物业服务企业的基本信息、项目负责人的基本情况、联系方式、物业服务投诉电话;(2)物业服务合同约定的服务内容、服务标准、收费项目、收费标准、收费方式,以及物业费、公共收益收支情况、公共水电分摊费情况;(3)电梯、消防、监控等专项设施设备的日常维修保养单位的名称、资质、联系方式和应急处置方案等;(4)住宅专项维修资金使用情况;(5)房屋装饰装修及使用过程中的结构变动等安全事项;(6)其他应当公示的信息。前款第一项至第四项应当长期公开。上述信息有变更的,物业服务企业应当自信息变更之日起七日内重新公开。业主对公示内容有异议的,物业服务企业应当予以答复。

4. 合同终止时的退出义务

物业服务企业退出物业管理项目时,应当按照规定和合同约定办理移交手续,并移交下列资料:(1)建设单位按照本条例第 41 条规定移交的资料;(2)电梯、消防、监控等专项设施设备的技术手册、维护保养记录等相关资料;(3)物业管理用房、业主共用的场地和设施设备资料;(4)物业管理服务期间配置的固定设施设备资料;(5)物业服务企业建档保存的物业改造、维修、养护资料;(6)利用共用部位、共用设施设备经营的相关资料,预收的物业费,公共水电分摊费交纳记录等资料;(7)其他应当移交的资料。

原物业服务企业不得以业主欠交物业费等为由拒绝办理交接,不得以任何理由阻挠新物业服务企业进场服务。原物业服务企业应当在办理交接至退出物业管理区域期间,维持正常的物业管理秩序。新物业服务企业不得强行接管物业,按照约定承接物业时,应当对共用部位、共用设施设备进行查验。发生矛盾纠纷不能顺利交接的,经相关主体请求,辖区内公安机关应当给予协助并依法处理。

物业服务企业与业主委员会或者其委托的新选聘的物业服务企业办理交接的,交接各方应当邀请物业所在地的区物业管理行政主管部门、街道办事处(镇人民政府)参加,对物业管理区域内电梯、消防、监控等共用设施设备的使用维护现状给予确认,并报物业所在地的街道办事处(镇人民政府)备案。物业服务企业与业主委员会可以聘请第三方评估机构协助现场查验。电梯、消防、监控等共用设施设备无法正常使用的,原物业服务企业应当修复或者承担相应责任。

(二)业主的义务

1. **接受物业服务人的义务**

建设单位依法与物业服务人订立的前期物业服务合同,以及业主委员会与业主大会依法选聘的物业服务人订立的物业服务合同,对业主具有法律约束力。业主应当遵守临时管理规约、管理规约,按照物业服务合同约定履行义务。

2. **按约定支付物业费的义务**

物业服务人已经按照约定和有关规定提供服务的,业主不得以房屋空置未接受或者无须接受相关物业服务为由拒绝支付物业费。业主欠交物业费、公共水电分摊费的,业主委员会、物业服务企业可以通过上门催交、在物业管理区域内显著位置公示等形式,督促其限期交纳;逾期不交纳的,物业服务企业可以依法申请仲裁或者提起诉讼。经仲裁裁决或者司法判决确认后仍不履行的,按照个人信用信息管理有关规定录入个人信用档案。

物业服务企业不得采取停止或者限制供水、供电、供气、供热、通讯以及利用电梯、门禁控制系统限制车辆、人员出入等方式催交物业费。

3. **告知义务**

业主装饰装修房屋的、业主转让、出租物业专有部分、设立居住权或者依法改变共有部分用途的,也应当及时将相关情况告知物业服务人。业主转让或者出租物业专有部分、设立居住权或者依法改变共有部分用途的,应当及时告知物业服务企业,将临时管理规约、管理规约、物业服务收费标准等事项告知受让人或者承租人,并对物业费的结算作出明确约定。受让人应当在办理产权交易手续之日起三十日内,将物业产权转移情况、业主姓名、联系方式等告知物业服务企业和业主委员会。

业主在处分本物业管理区域内不动产时,应当向物业买受人出具交纳物业费的证明。

4. **禁止行为**

禁止下列影响物业管理区域公共安全的行为:(1)损坏或者擅自改变房屋承重结构、主体结构和门窗位置,超荷载存放物品;(2)违反安全标准存放易燃、易爆、剧毒、放射性等危险性物品;(3)损坏或者擅自停用公共消防设施和器材,妨碍疏散通道、安全出口、消防车通道畅通;(4)擅自架设电线、电缆等;(5)擅自占用通风采光井、电缆井、管道井等竖向管井以及楼道等业主共有区域堆放物品;(6)携带电动自行车或者其蓄电池进入住宅电梯或者户内;(7)违反用电安全要求私拉电线和插座为电动自行车充电；(8)在住宅公共门厅、疏散通道、楼梯间、安全出口、不符合消防安全要求的架空层、消防车通道及其两侧影响通行的区域停放电动自行车或者为电动自行车充电；(9)从建筑物中抛掷物品；(10)法律、法规、临时管理规约和管理规约禁止的其他行为。

《民法典》第 272 条规定：业主对其建筑物专有部分享有占有、使用、收益和处分的权利。业主行使权利不得危及建筑物的安全，不得损害其他业主的合法权益。禁止下列影响物业管理秩序的行为：(1)将没有防水要求的房间或者阳台改为卫生间、厨房，或者将卫生间改在下层住户的厨房、卧室、起居室、书房的上方；(2)违反市人民政府有关房屋出租规定；(3)违法建设建筑物、构筑物，或者破坏、擅自改变房屋外貌、车位用途；(4)擅自占用、挖掘物业管理区域内道路、场地，损害业主共同利益；(5)损毁树木、绿地；(6)未按照规定分类投放垃圾，或者随意排放污水、弃置杂物、露天焚烧杂物；(7)制造超过规定标准的噪声、振动；(8)在规定区域外停放车辆；(9)擅自在建筑物、构筑物上悬挂、张贴、涂写、刻画；(10)违反规定饲养动物；(11)法律、法规、临时管理规约和管理规约禁止的其他行为。

对于业主有影响物业管理区域公共安全或影响物业管理秩序行为之一的，物业服务企业应当及时进行劝阻、制止，并向相关部门和业主委员会报告。物业服务企业、业主委员会有权要求行为人停止侵害、消除危险、排除妨害、恢复原状、赔偿损失；业主、物业使用人有权向相关行政主管部门投诉和举报，对侵害自己合法权益的行为，可以依法向人民法院提起诉讼；业主委员会可以按照管理规约的约定或者业主大会的决定，对侵害业主共同利益的行为向人民法院提起诉讼。①

案例中，法院判决刘某于判决生效之日起三十日内，将其房屋中由厨房改造的卫生间恢复原状。法院审理认为，厨房和卫生间的功能明确，对其建造有一定的特殊要求。《住宅设计规范》(GB50096-2011)第 5.4.4 条明确规定了"卫生间不应直接布置在下层住户的卧室、起居室(厅)、厨房、餐厅的上层"。城乡建设部在发布《住宅设计规范》(GB50096-2011)时明确规定该条为强制标准，必须严格执行。根据上述规定，刘某不应将卫生间设置在下层厨房的上方。刘某将厨房改造成公共卫生间，不仅违反了国家强制标准的要求，亦有违公序良俗，给下层住户造成心理不适，对其居住生活亦会造成不良影响，刘某应恢复原状。

---

① 《南京市住宅物业管理条例》第 56—58 条。

四、公共维修资金

【案例】黄先生与高先生系同一单元的上下楼邻居,黄先生家住三楼,高先生住在二楼。所在小区为老旧小区,二楼中间房屋下面没有住户而是楼的门道,高先生所住房屋下面正对楼门道。十多年间,楼门道断断续续发生漏水,门道上方的水泥预制板已被腐蚀多处,水泥块脱落,钢筋裸露,存在危及过往行人安全的风险,包括两人在内的该单元住户都饱受煎熬。黄先生认为,漏水发生的楼门道是公共区域,但又和高先生家紧密相连,因公共维修资金启用困难,所以只能起诉高先生,要求其排除妨害,修复漏水部位。高先生认为,自家没有发现漏水点,且发生漏水的区域属于公共区域的楼门道,因修复工程较大,资金投入较多,所以表示难以负担。①

【问题】本案中公共维修资金如何启用来解决楼门道漏水的难题?

公共维修资金也称住宅专项维修资金,即业主为了其物业区域内公共部位和共用设施、设备的维修养护事项而缴纳一定标准的钱款至专项账户,并授权物业或其他管理单位使用的资金。业主出售房屋后,不可以取回自己交纳的专项维修资金。专用基金实行"钱随房走"的原则。

业主大会应当建立规范的财务管理制度,住宅专项维修资金、物业共用部位和共用设施设备经营所得收益、业主大会和业主委员会工作经费应当按照财务要求建账、入账并定期在物业管理区域内显著位置公示。业主委员会应当妥善保管财务原始凭证及相关会计资料。物业共用部位和共用设施设备经营所得收益应当主要用于补充住宅专项维修资金,也可以按照业主大会的决定使用。业主大会成立前,应当将收益的百分之七十纳入住宅专项维修资金,但业主依法共同决定的除外。探索建立电梯、消防等共用部位、共用设施设备的专项维修保险制度。

业主对住宅专项维修资金、物业共用部位和共用设施设备经营所得收益、业主大会和业主委员会工作经费的收支情况有异议的,可以要求查询有关财务账簿;经已交付使用物业专有部分占建筑物总面积百分之二十以上且占总人数百分之二十以上的业主提议,业主大会应当按照业主大会议事规则,委托会计师事

---

① 刘昌龙:《民法典让公共维修资金启用不再难》,载"北京西城法院"微信公众号,2021年1月21日发布。

务所进行审计并将审计报告通报全体业主。业主委员会或者物业服务企业不得转移、隐匿、篡改、毁弃会计凭证、会计账簿、财务会计报告以及其他与财务收支有关的资料。对任期和离任的业主委员会成员是否进行经济责任审计,应当在管理规约和业主大会议事规则中约定。①

建设单位应当在办理房屋所有权初始登记之前,将首期住宅专项维修资金一次性交存至住宅专项维修资金专户,并在物业交付使用时向业主收取。受让土地的住宅物业配置电梯的,建设单位应当在办理房屋所有权初始登记前交存电梯、消防等设施设备专项维修资金,纳入物业管理区域住宅专项维修资金管理。

住宅专项维修资金的使用,应当遵循安全可靠、方便快捷、公开透明、受益人和负担人相一致的原则。需要动用住宅专项维修资金的,业主委员会、物业管理委员会、业主、物业服务企业、居(村)民委员会应当提出维修实施方案,组织征询业主意见,由专有部分面积占比三分之二以上的业主且人数占比三分之二以上的业主参与表决,经参与表决专有部分面积过半数的业主且参与表决人数过半数的业主同意后,由物业管理行政主管部门划转核准的资金。仅涉及部分共用部位的,可提交涉及共用部位的业主依法共同决定使用。超过一定额度的维修资金使用项目,应当采取招标投标、审价、监理等方式,保障资金安全。

住宅专项维修资金的增值收益,除去业主房屋分户滚存资金(利息)和必要管理费用外,剩余部分纳入相应物业管理区域住宅专项维修资金统筹分账。符合下列情形的可以优先使用:(1)受益人为全体业主的维修项目;(2)无法界定受益人的维修项目;(3)物业管理区域内房屋共用部位和共用设施设备无法正常使用的项目。由专有部分面积占比三分之二以上的业主且人数占比三分之二以上的业主参与表决,经参与表决专有部分面积过半数的业主且参与表决人数过半数的业主同意,可以授权业主委员会将住宅专项维修资金统筹分账在规定的额度内,统筹用于物业管理区域内房屋共用部位和共用设施设备的维修、更新和改造。住宅专项维修资金统筹分账的使用额度,应当在管理规约中明确。

公共维修资金,属于业主共有。经业主共同决定,可以用于电梯、屋顶、外墙、无障碍设施等共有部分的维修、更新和改造。公共维修资金的筹集、使用情况应当定期公布。紧急情况下需要维修建筑物及其附属设施的,业主大会或者业主委员会可以依法申请使用建筑物及其附属设施的维修资金。发生下列危及

① 《南京市住宅物业管理条例》第60—61条。

房屋安全和人身财产安全的紧急情况,需要立即进行维修、更新和改造的,业主大会、业主委员会、物业管理委员会可以向物业管理行政主管部门提出资金使用申请:(1)电梯故障;(2)消防设施存在重大火灾隐患;(3)屋面、外墙渗漏,严重影响房屋使用;(4)二次供水水泵运行中断,但专业经营单位负责二次供水水泵设备维修、养护的除外;(5)专用排水设施因坍塌、堵塞、爆裂等造成功能障碍;(6)楼顶、楼体外立面存在脱落危险;(7)其他危及房屋安全和人身财产安全的紧急情况。①

案例中使用建筑物及其附属设施的维修资金,由专有部分面积占比三分之二以上的业主且人数占比三分之二以上的业主参与表决,并应当经参与表决专有部分面积过半数的业主且参与表决人数过半数的业主同意即可。如遇到危及房屋安全和人身财产安全的紧急情况,需要立即进行维修、更新和改造的,业主大会或者业主委员会可以向物业管理行政主管部门提出资金使用申请。

五、社区物业协商治理与业主参与

【案例】南京市鼓楼区强化党建联盟,实施"幸福鼓楼""红色物业"品质提升计划,完善党组织领导下的"1+3+X""红色物业"体系("1"是党组织,"3"是物业企业、业主委员会、社区居委会,"X"是社区在职党员和业主代表、在职党员志愿者服务队、"两新"组织党员志愿者等)。组织35个社区参加"物社联动"试点,与物业企业分批签订《鼓楼区党建引领"物社联动"战略合作框架协议》,明确物社联席会议、物社阵地共享、物社协商等事项。整合小区公共空间和物业企业管理区域,探索建立集"网格事务站""民情联络站""社会工作站""社邻共享站"等功能于一体的服务空间,因地制宜打造"共享书房""共享客厅""社区食堂""睦邻舞台""便民集市"等公共服务品牌,通过人员下沉、事务下沉、组织下沉、服务下沉、活动下沉等方式,打通服务群众"最后一百米"。②

【问题】社区治理中如何建立能够调动业主参与的协商机制?

(一)社区物业治理的模式与挑战

社区治理是现代城市管理的重要组成部分,其核心在于实现居民自治和社

---

① 《南京市住宅物业管理条例》第65条。

② 《南京市鼓楼区:探索"物社联动"融合治理新模式》,载"南京社会工作"微信公众号,2024年6月25日发布。

区和谐。社区工作者在其中扮演着沟通协调和组织动员的关键角色。社区治理通常采取的模式包括党建引领、科技赋能、业主自治、多元治理、长效机制等。

在构建和谐社区的过程中,党建引领发挥着重要作用。社区强化党组织领导核心作用,积极参与业主大会筹备,确保方向正确与决策有效。党员业主模范带头,在大会中积极发言并提出建设性意见,带动其他业主参与讨论。同时,建立以党组织为核心,业委会、物业和居民共同参与的社区共治机制,有效解决社区矛盾问题。

科技赋能可提高决策效率。社区利用现代信息技术,开发线上投票系统,方便业主远程参与决策,提高投票率;通过社区 App 或微信公众号及时公开相关信息和决策结果,增强透明度;运用数据分析工具整理分析业主意见建议,为决策提供科学依据。

强化培训与教育能提升业主自治能力。社区定期举办业主大会知识培训,提高业主对大会流程和权利义务的认识;对业委会成员进行专业培训,提升其组织协调、沟通协商和决策能力;通过社区活动和宣传教育培养居民参与意识,增强社区归属感。

多方参与构建多元化治理结构。社区邀请企业、学校、社会组织等多方利益相关者参与业主大会,形成共治共享格局;聘请专业顾问团队,为业主大会和业委会提供法律、财务、物业管理等方面的专业支持;将居民自治与专业管理相结合,引入专业物业管理提高社区治理专业性。

建立长效机制保障社区可持续发展。社区设立业主大会定期会议制度,确保社区治理的连续性和稳定性;建立监督与评估机制,及时发现和解决问题;鼓励业主和业委会成员提出改进建议,不断创新社区治理方式方法。通过这些举措,各社区积极探索,努力实现业主大会和业委会的有效运作,为构建和谐社区奠定坚实基础。

社区物业管理面临以下挑战需要加强应对。当前社区治理面临的挑战主要包括业主参与度不高、物业管理与业主利益冲突、信息不对称等。业主参与度问题体现在业主大会召开难、决策参与率低等方面;物业管理与业主之间的矛盾多源于服务质量、费用收取等问题;信息不对称则导致业主对物业管理决策缺乏了解和信任。

(二)业主参与的途径与效果

业主参与是社区治理成功的关键,其途径多样,效果显著。(1)参与途径:业主可以通过参加业主大会、加入业主委员会、参与社区志愿服务、利用网络平台等方式参与社区治理。业主大会是业主表达诉求、参与决策的重要场合;业主委员会作为业主大会的常设机构,负责日常管理和执行决议;社区志愿服务能够增强业主的归属感和责任感;网络平台则为业主提供了便捷的参与渠道。(2)效果评估:业主参与的效果可以从多个维度进行评估。首先是参与度的提升,包括参与人数和参与频率的增加;其次是决策质量的改善,业主参与有助于汇集多方意见,使决策更加民主和科学;再次是社区和谐的促进,业主参与有助于增进相互理解,减少矛盾冲突;最后是物业管理水平的提升,业主的积极参与可以推动物业服务的改进和创新。

社区工作者在组织业主大会和业委会时,要充分利用法律赋予的权利,同时积极响应政策号召,通过合法途径解决物业管理中的问题。此外,社区工作者还应加强对法律法规的学习和理解,提高自身的法律素养,为业主提供专业的法律咨询和服务。通过这些措施,可以有效地维护业主的合法权益,促进社区的和谐稳定。

案例中的社区以联议联办推动工作同轨。定期召集物业企业、业主代表开联席会议,解决重大事项。建立形成街道一线统筹、社区前沿推进、物业"末梢"落实的协商机制,分类开展协商。积极培育居民自治文化,将"两代表一委员"、社会组织、社区能人、第三方机构和相关职能部门纳入物社智库建设,通过邀约制、理事制、云协商、协商日等多种方式培养议事协商带动者,引导居民形成人人参与、负责、奉献、共享的良好氛围,促进社区治理,提升居民生活品质,为构建和谐社区奠定基础。

主题5　征地拆迁——物权保护与补偿

一、宅基地使用权是用益物权

【案例】张敏已有一块宅基地,后又取得一块宅基地。张敏便与城镇居民王武签订宅基地使用权转让合同,张敏将一块宅基地以5万元的价格转让给王武,王武将款项支付给张敏。当王武开始建房时,被邻居张某阻止,致使王武无法建房。王武以侵权为由,将邻居张某诉至法院,请求停止侵权,排除妨碍。邻居张某以王武无权取得宅基地使用权为由,请求驳回王武的诉讼请求。

【问题】王武能否取得这份宅基地的使用权?

（一）宅基地使用权的概念和内容

用益物权是对他人所有的物，在一定范围内进行占有、使用、收益、处分的他物权。我国《民法典》规定的用益物权主要有土地承包经营权、建设用地使用权、宅基地使用权、居住权和地役权，也包括土地法、自然资源法等特别法规定的海域使用权、探矿权、采矿权、狩猎权、取水权、从事养殖和捕捞的权利等。用益物权的标的物主要是土地。

宅基地使用权即农村集体经济组织的成员依法享有的在农民集体所有的土地上建造个人住宅及其附属设施的权利。[①]宅基地使用权人依法对集体所有的土地享有占有和使用的权利，有权依法利用该土地建造住宅及其附属设施（《民法典》第362条）。

宅基地使用权的主体只能是农村集体经济组织的成员。城镇居民不得购置宅基地，除非其依法将户口迁入该集体经济组织。宅基地使用权的用途仅限于村民建造个人住宅。个人住宅包括住房以及与村民居住生活有关的附属设施，如厨房、院墙等。

宅基地使用权人对宅基地享有如下权利，并承担一定的义务：（1）占有和使用宅基地。宅基地使用权人有权占有宅基地，并在宅基地上建造个人住宅以及与居住生活相关的附属设施，如厨房、院墙等。（2）收益和处分。宅基地使用权人有权获得因使用宅基地而产生的收益，如在宅基地空闲处搞养殖、种植果树产生的收益。同时，宅基地使用权人有权在本农村集体成员之间依法转让房屋所有权，则该房屋占用范围内的宅基地使用权一并转让。（3）宅基地因自然灾害等原因灭失的，宅基地使用权消灭。对没有宅基地的村民，应当依法重新分配宅基地。

（二）宅基地使用权的取得

农村村民享有在集体所有土地上取得宅基地使用权的主体资格，且只有本村村民才有资格取得该村的宅基地使用权。宅基地使用权实行严格的"一户一宅"制。农村村民一户只能拥有一处宅基地，其宅基地的面积不得超过省、自治区、直辖市规定的标准。[②]国家允许进城落户的农村村民依法自愿有偿退出宅基地，鼓励农村集体经济组织及其成员盘活利用闲置宅基地和闲置住宅。国务院农业农村主管部门负责全国农村宅基地改革和管理有关工作。

---

① 魏振瀛主编：《民法》，北京大学出版社2021年版，第308页。
② 《土地管理法》第62条第1款。

1. 农村村民申请宅基地的条件

依据土地管理法,结合各省(自治区、直辖市)宅基地管理的有关规定,农村村民有下列情况之一的,可以以户为单位申请宅基地:(1)无宅基地的;(2)因子女结婚等原因确需分户而现有的宅基地低于分户标准的;(3)现住房影响乡(镇)村建设规划,需要搬迁重建的;(4)符合政策规定迁入村集体组织落户为正式成员且在原籍没有宅基地的;(5)因自然灾害损毁或避让地质灾害搬迁的。各省(自治区、直辖市)对农户申请宅基地条件有其他规定的,应同时满足其他条件要求。

2. 农村宅基地申请审批程序

农村宅基地分配实行农户申请、村组审核、乡镇审批。宅基地申请审批流程包括农户申请、村民小组会讨论通过并公示、村级组织开展材料审核、乡镇部门审查、乡镇政府审批、发放宅基地批准书等环节。没有分设村民小组或宅基地和建房申请等事项已统一由村级组织办理的,农户直接向村级组织提出申请,经村民代表会议讨论通过并在本集体经济组织范围内公示后,报送乡镇政府批准。

(三)宅基地使用权流转和灭失

农村村民出卖、出租、赠与住宅后,再申请宅基地的,不予批准。国家允许进城落户的农村村民依法自愿有偿退出宅基地,鼓励农村集体经济组织及其成员盘活利用闲置宅基地和闲置住宅。①农村集体经济组织成员对宅基地只有有限的处分权,任何人都不能非法买卖或者非法转让宅基地。具有农村户口才能取得宅基地,城镇户口则不可以。农村集体组织成员违反规定将宅基地转让给城镇户口人员的行为无效。对于无效合同,因该合同取得的财产,应当予以返还;不能返还或者没有必要返还的,应该折价补偿。有过错的一方应当赔偿对方因此所受到的损失,双方都有过错的,应当各自承担相应的责任。如当事人双方在签订宅基地转让协议时均知该协议为无效协议,仍进行宅基地买卖,则双方当事人均有过错,应该各自承担相应的责任。

农民的宅基地使用权可以依法由城镇户籍的子女继承并办理不动产登记。②被继承人的房屋作为其遗产由继承人继承,按照房地一体原则,继承人继承取得房屋所有权和宅基地使用权,农村宅基地不能被单独继承。最高法判例认为,农民的宅基地使用权及其上房屋可以依法由城镇户籍子女继承,不能以当

---

① 《土地管理法》第 62 条第 5—6 款。
② 十三届全国人大三次会议第 3226 号建议。

事人在继承时并非该村村民、系非农户口为由,否认当事人对案涉宅基地享有合法使用权。法院认定当事人合法取得案涉宅院,不属于外来人员购买宅基地的情形,并判决政府应当按照拆迁补偿安置方案对当事人进行补偿安置并无不当。①非本农村集体经济组织成员(含城镇居民),因继承房屋占用宅基地的,可按相关规定办理确权登记,在不动产登记簿及证书附记栏注记"该权利人为本农民集体经济组织原成员住宅的合法继承人"。②

空闲或房屋坍塌、拆除两年以上未恢复使用的宅基地,不确定土地使用权。已经确定使用权的,由集体报经县级人民政府批准,注销其土地登记,土地由集体收回。也就是说,农村集体经济组织成员对宅基地享有使用权,且每一户只能对一块宅基地享有使用权,空闲或房屋坍塌、拆除两年以上未恢复使用的宅基地应当由集体收回。③

案例中,张敏与王武的宅基地使用权转让合同因违反土地管理法规定为无效合同。王武不能取得宅基地的使用权,则王武建房的权益就不受法律保护。

二、土地承包经营权的承包经营

【案例】2009 年,张某将自己承包的 2.11 亩土地,一次性转让给同村村民蒋某,并由村主任代表村委会制作转让合同。合同签订后,蒋某支付了土地转让款,张某也交付了承包地,但双方未办理承包经营权证变更登记手续。2016 年,因修路该承包地中的 1.98 亩被征收,因承包地经营权证登记在张某名下,村经济合作社将补偿款发给了张某。蒋某不服,向法院起诉,认为自己是承包地的经营权人,征收补偿款应由自己享有,请求判决张某归还征地补偿款。

【问题】征收补偿款应该属于谁?

(一)土地承包经营权的概念

土地承包经营权是反映我国经济体制改革中农村承包经营关系的用益物权。④土地承包经营权人依法对其承包经营的耕地、林地、草地等享有占有、使用

---

① (2020)最高法行申 9610 号裁定书。

② 《不动产登记操作规范(试行)》第 10.3.5 条。

③ 《确定土地所有权和使用权的若干规定》第 52 条、(2019)最高法行申 5530 号裁定书、(2019)最高法行申 8134 号裁定书。

④ 魏振瀛主编:《民法》,北京大学出版社 2021 年版,第 296 页。

和收益的权利,有权从事种植业、林业、畜牧业等农业生产(《民法典》第 331 条)。承包经营权是典型的用益物权,是承包人(个人或组织)为农业、林业、畜牧业或者其他生产经营项目而承包使用、收益集体所有或者国家所有的土地的权利。

农村集体所有的土地由本集体经济组织的成员承包经营的,由发包人与承包人签订承包合同,约定双方的权利和义务。本集体经济组织以外的组织或个人承包经营需要以下条件:(1)只限于不宜采取家庭承包方式的荒山、荒沟、荒丘、荒滩等农村土地;(2)只能够通过招标、拍卖、公开协商等方式承包;(3)应当事先经本集体经济组织成员的村民会议三分之二以上成员或者三分之二以上村民代表的同意,并报乡(镇)人民政府批准;(4)本集体经济组织成员在同等条件下有权优先承包。

承包经营权是有一定期限的权利。耕地的承包期为 30 年,草地为 30 年到 50 年,林地为 30 年到 70 年,承包期满后再延长,按法律规定继续承包。

(二) 土地承包经营权的取得

基于民事法律行为取得承包经营权的,包括创设取得和移转取得两种情况:(1)土地承包经营权的创设取得,即承包人与发包人通过订立承包经营合同而取得承包经营权,分为家庭承包与以招标、拍卖、公开协商等方式进行的承包。这两种方式取得承包的,都应当签订承包合同。①土地承包经营权自土地承包经营权合同生效时设立。登记机关应当向土地承包经营权人发放土地承包经营权证、林权证、草原使用权证,并登记造册,确认土地承包经营权(《民法典》第 333条)。(2)土地承包经营权的移转取得,即在土地承包经营权的流转过程中,受让人通过互换、转让等方式,依法从承包人手中取得土地承包经营权。土地承包经营权人依照法律的规定,有权将土地承包经营权采取互换、转让等方式流转;未经依法批准,不得将承包地用于非农建设。土地承包经营权人将土地承包经营权互换、转让的,当事人可以向登记机关申请登记;未经登记,不得对抗善意第三人(《民法典》第 334 条、第 335 条)。经发包方同意,承包方可以将全部或者部分的土地承包经营权转让给本集体经济组织的其他农户,由该农户同发包方确立新的承包关系,原承包方与发包方在该土地上的承包关系即行终止。受让方取得承包地经营权上的权利。承包地被依法征用、占用,承包地经营权人有权获得相应的补偿。

---

① 合同范本参见农业农村部官网,http://www.moa.gov.cn/nybgb/2015/qi/201712/t20171219_6103742.htm。

非基于民事法律行为而取得承包经营权。以家庭承包方式取得的林地承包经营权,承包人死亡的,其继承人可以在承包期内继续承包。

案例中,根据双方签订的协议,蒋某通过转让的方式成为涉案土地新的承包方,该土地被征收后,其有权获得相应的补偿,所以本案承包地征收补偿款应归受让方蒋某享有。

(三)土地承包经营权内容

【案例】张某租用了郑某的承包地办厂,后张某又用自己的承包地和郑某兑换了原租用地,但他们换地时并没有更换《土地承包合同》及《土地承包经营权证》,第二轮土地承包时,张某办厂所占地仍由郑某顺延承包。后张某将厂占地以给儿子建房为由,向当地县政府申请办理了《集体土地建设用地使用证》。

【问题】张某租用郑某的承包地办厂的合同有效吗?

承包人的主要权利有:(1)依法享有承包地使用、收益的权利,有权自主组织生产经营和处置产品。(2)依法互换、转让土地承包经营权。属于同一集体经济组织的土地承包经营权进行互换,并向发包方备案。经发包方同意,承包方可以将全部或者部分的土地承包经营权转让给本集体经济组织的其他农户,由该农户同发包方确立新的承包关系,原承包方与发包方在该土地上的承包关系即行终止。①(3)依法流转土地经营权。(4)承包地被依法征收、征用、占用的,有权依法获得相应的补偿。②

承包人的主要义务有:(1)维持土地的农业用途,未经依法批准不得用于非农建设。承包人不得在承包土地上盖房、建窑、建坟,不准进行掠夺性经营。(2)依法保护和合理利用土地,不得给土地造成永久性损害,承包人根据土地的条件,合理使用,保存、改良土地,提高地力。③

发包人的主要权利有:(1)发包本集体所有的或者国家所有依法由本集体使用的农村土地;(2)监督承包方依照承包合同约定的用途合理利用和保护土地;(3)制止承包方损害承包地和农业资源的行为。④

发包人的主要义务有:(1)维护承包方的土地承包经营权,不得非法变更、解除承包合同;(2)尊重承包方的生产经营自主权,不得干涉承包方依法进行正常的生产经营活动;(3)依照承包合同约定为承包方提供生产、技术、信息等服务;

---

① 《农村土地承包法》第33—34条。
② 《农村土地承包法》第17条。
③ 《农村土地承包法》第18条。
④ 《农村土地承包法》第14条。

(4)执行县、乡(镇)土地利用总体规划,组织本集体经济组织内的农业基础设施建设。[①]

案例中,张某租用了郑某的承包地办厂,其未经发包方的同意,改变了土地的农业用途,导致合同无效,自始不发生法律效力。

(四)土地承包经营权的经营

【案例】张某退休后时常怀念那段下乡插队的经历,于是想要回老家开办一家农业公司,种种地养养鱼。恰好张某的远房亲戚小强到深圳打工,要将承包地的经营权流转出去。张某和小强商议经营权流转事宜。两人正准备签合同时,小强的老婆说承包地只能在本村村民之间流转,有城市户口的人不能来农村种地。

【问题】张某可以取得小强承包地的经营权吗?

现阶段深化农村土地制度改革,将土地承包经营权分为承包权和经营权,实行所有权、承包权、经营权"三权分置"并行,是继家庭联产承包责任制后农村改革又一重大制度创新。"三权分置"改革的核心问题是家庭承包的承包户在经营方式上发生转变,即由农户自己经营,转变为将承包地流转给他人经营,实现土地承包经营权和土地经营权的分离。[②]土地承包经营权人可以保留土地承包权,自主流转土地经营权给本集体组织或本集体组织以外的个人、合作社、公司等。[③]土地承包经营权人可以自主决定采取出租、入股或其他方式流转土地经营权(《民法典》第339条)。取得土地经营权者,有权在合同约定期限内对农村土地行使占有、使用、收益的权利。流转期限超过5年的土地经营权,采取登记对抗主义,自流转合同生效时设立,未经登记不得对抗善意第三人。此外,通过招标、拍卖、公开协商等方式承包农村土地,经依法登记取得权属证书的,可以依法采取出租、入股、抵押或者以其他方式流转土地经营权。

土地经营权流转应当遵循以下原则:(1)依法、自愿、有偿,任何组织和个人不得强迫或者阻碍土地经营权流转;(2)不得改变土地所有权的性质和土地的农业用途,不得破坏农业综合生产能力和农业生态环境;(3)流转期限不得超过承包期的剩余期限;(4)受让方须有农业经营能力或者资质;(5)在同等条件下,本

---

① 《农村土地承包法》第15条。

② 黄薇:《中华人民共和国民法典物权编释义》,法律出版社2020年版,第347页。

③ 农村土地经营权流转合同参见上海市市场监管局,http://scjgj.sh.gov.cn/057/20200423/02e481ac6dc9c2c5016df0ffee7c5712.html。

集体经济组织成员享有优先权。①

通过招标、拍卖、公开协商等方式取得土地经营权的,该承包人死亡,其应得的承包收益,可依法继承;在承包期内,其继承人可以继续承包。②土地经营权人擅自改变土地的农业用途、弃耕抛荒连续两年以上、给土地造成严重损害或者严重破坏土地生态环境,承包方在合理期限内不解除土地经营权流转合同的,发包方有权要求终止土地经营权流转合同;土地经营权人对土地和土地生态环境造成的损害应当予以赔偿。③

案例中,张某虽然拥有城市户口,不是该村的成员,但具有农业经营能力或资质,可以和小强签订协议,通过租赁、入股等方式获得小强承包地的经营权。小强是土地承包经营权人,可以依照自己的意愿和张某协商土地经营权流转的相关事项,例如土地经营权设立的时间、方式等。土地经营权流转后,张某有权在合同约定的期限内利用该承包地进行农业生产并取得收益。

三、征地的补偿

【案例】徐某梅与徐某虎系姐弟关系,二人户口于1997年5月26日均登记在某村一组。1986年,徐某梅出嫁至外市某县。因某大道规划建设需要,政府颁布了房屋征收补偿方案,对拆迁房屋的权属、面积认定、住宅补偿与安置、住宅产权调换面积等作了规定,并明确规定"女儿户口在征收范围内的出嫁女,可享受90平方米的优惠价,子女一律不得分户享受优惠"。徐某虎、刘某平夫妻共有的房屋在拆迁范围之内。2018年,徐某虎取得了拆迁补偿款并认购了180 m² 安置价、90 m² 优惠价、60 m² 市场价,计330平方米的房屋。徐某梅认为其应享有90 m² 优惠价的房屋认购权,徐某虎夫妻认为被拆迁房屋为其夫妻二人所有,徐某梅已出嫁,不应享有因该房屋拆迁所得收益。为此双方发生争执,徐某梅遂诉至法院主张90 m² 优惠价的房屋认购权。④

【问题】户口未迁出的出嫁女有权要求享受拆迁补偿吗?

---

① 《农村土地承包法》第38条。
② 《农村土地承包法》第54条。
③ 《农村土地承包法》第64条。
④ 《盐城法院弘扬社会主义核心价值观十大典型案例(下)》,载盐城市中级人民法院官网,https://www.163.com/dy/article/FT9HJJ8M0514BTF0.html。

（一）被征收土地的农民补偿安置办法

农民土地面临征收可以获得的补偿包括：土地补偿费、安置补助费、地上附着物和青苗补偿费、社会保障费。征收土地应当给予公平、合理的补偿，保障被征地农民原有生活水平不降低、长远生计有保障。征收土地应当依法及时足额支付土地补偿费、安置补助费，以及农村村民住宅、其他地上附着物和青苗等的补偿费用，并安排被征地农民的社会保障费用。

征收农用地的土地补偿费、安置补助费标准由省、自治区、直辖市通过制定区片综合地价确定。制定区片综合地价应当综合考虑土地原用途、土地资源条件、土地产值、土地区位、土地供求关系、人口以及经济社会发展水平等因素，并至少每三年调整或者重新公布一次。以北京为例，征收农用地区片综合地价由土地补偿费和安置补助费两部分构成。①

征收农用地以外的其他土地、地上附着物和青苗等的补偿标准，由省、自治区、直辖市制定。对其中的农村村民住宅，应当按照先补偿后搬迁、居住条件有改善的原则，尊重农村村民意愿，采取重新安排宅基地建房、提供安置房或者货币补偿等方式给予公平、合理的补偿，并对因征收造成的搬迁、临时安置等费用予以补偿，保障农村村民居住的权利和合法的住房财产权益。

县级以上地方人民政府应当将被征地农民纳入相应的养老等社会保障体系。被征地农民的社会保障费用主要用于符合条件的被征地农民的养老保险等社会保险缴费补贴。被征地农民社会保障费用的筹集、管理和使用办法，由省、自治区、直辖市制定，②如《江苏省征地补偿和被征地农民社会保障办法》等。

（二）土地征收必须经过的程序

根据修改后的《土地管理法》等相关法律法规的规定，农村集体土地征收程序和步骤如下：

第一步，发布土地征收启动公告。需要征收土地，市、县人民政府应当发布土地征收启动公告。

第二步，土地现状调查和社会稳定风险评估。

第三步，拟定征地补偿安置方案并公告。市、县人民政府应当依据社会稳定风险评估结果，结合土地现状调查情况，组织自然资源、财政、农业农村、人力资源和社会保障等有关部门编制征地补偿安置方案。方案拟定后，发布征地补偿

---

① 《北京市征收农用地区片综合地价标准》，载北京市人民政府官网 http://www.beijing.gov.cn/zhengce/zfwj/202105/t20210521_2395383.html。

② 《土地管理法》第48条。

安置公告,听取被征收土地的农村集体经济组织成员的意见,公告时间不少于30日。

第四步,征地补偿登记。被征地的所有权人、使用权人应当在补偿安置公告规定的期限内,持不动产权属证明材料办理征地补偿登记手续,未如期办理征地补偿登记手续的,其补偿内容以前期调查结果为准。

第五步,保证征地补偿安置费用。市、县人民政府应当组织有关部门对拟征收土地和地上房屋等进行测算评估,将土地补偿费、安置补助费、农村村民住宅、其他地上附着物和青苗等的补偿费用以及社会保障费用等足额预存,保证专款专用、足额到位。未足额预存的,不得申请土地征收。

第六步,签订征地补偿安置协议或作出征地补偿安置决定。

第七步,征收申请报批。相关前期工作完成后,市、县人民政府方可提出土地征收申请,按照《土地管理法》第46条的规定报有批准权的人民政府批准。有批准权的人民政府对征地是否符合《土地管理法》第45条规定的公共利益进行审查,符合条件的,应当在国务院规定的时限内批准。

第八步,发布土地征收公告。土地征收申请经依法批准后,县、市人民政府应当发布土地征收公告,并组织实施。

第九步,落实征地补偿措施。征收机关应当依法及时足额支付土地补偿费、安置补助费以及农村村民住宅、其他地上附着物和青苗等的补偿费用,并安排被征地农民的社会保障费用,确保各项补偿安置措施落实到位。被征收土地的所有权人、使用权人对土地征收不服的,可以依法申请行政复议或者提起行政诉讼。

第十步,强制执行。被征收土地所有权人、使用权人在规定的期限内对征收补偿行为不申请行政复议或者不提起行政诉讼,在规定的期限内又不腾退的,由市、县人民政府依法申请人民法院强制执行。

(三)征地补偿款的分配和使用

征收集体所有的土地,应当依法及时足额支付土地补偿费、安置补助费以及农村村民住宅、其他地上附着物和青苗等的补偿费用,并安排被征地农民的社会保障费用,保障被征地农民的生活,维护被征地农民的合法权益(《民法典》第243条)。

土地补偿费归农村集体组织所有。①集体和个人应当如何分配?农村集体

---

① 《土地管理法实施条例》第26条。

经济组织或者村民委员会、村民小组,可以依照法律规定的民主议定程序,决定在本集体经济组织内部分配已经收到的土地补偿费。征地补偿安置方案确定时已经具有本集体经济组织成员资格的人,请求支付相应份额的,应予支持。但已报全国人大常委会、国务院备案的地方性法规、自治条例和单行条例、地方政府规章对土地补偿费在农村集体经济组织内部的分配办法另有规定的除外。①所以,对于土地补偿费具体的分配办法,可以根据《村民委员会组织法》的相关规定进行民主决议,在不违背法律、行政法规的前提下决定具体的土地补偿费的分配办法。

征收土地的安置补助费必须专款专用,不得挪作他用。安置补助费由农村集体经济组织支付,由农村集体经济组织管理和使用;如果安置补助费由其他单位支付,安置补助费应支付给安置单位。如果不需要统一安置,安置补助费将支付给被安置人,或者在安置人员同意后支付安置人员的保险费。②承包地被依法征收,放弃统一安置的家庭承包方,请求发包方给付已经收到的安置补助费的,应予支持。③所以,被征收人有权放弃统一安置,请求支付安置补偿款。

地上附着物和青苗补偿费归地上附着物和青苗的所有者所有。④承包地被依法征收,承包方请求发包方给付已经收到的地上附着物和青苗的补偿费的,应予支持。承包方已将土地经营权以出租、入股或者其他方式流转给第三人的,除当事人另有约定外,青苗补偿费归实际投入人所有,地上附着物补偿费归附着物所有人所有。⑤

(四)获得征地补偿款的特殊人群

1. 出嫁女

宅基地使用权只能归属于本村集体组织成员,实际上属于农村集体成员的建房福利。申请建房用地时是以户为单位其中也包括出嫁女名字,而后其虽然出嫁,但是并未重新审批建房的,事实上仍然对宅基地享有权利。所以在这种情况下,出嫁女应该享有宅基地份额。

农村集体经济组织成员靠土地为生,失去了土地就没有了基本生活保障。征地补偿安置方案确定时已经具有本集体经济组织成员资格的人,请求支付相

---

① 《最高人民法院关于审理涉及农村土地承包纠纷案件适用法律问题的解释》第22条。
② 《土地管理法实施条例》第26条。
③ 《最高人民法院关于审理涉及农村土地承包纠纷案件适用法律问题的解释》第21条。
④ 《土地管理法实施条例》第26条。
⑤ 《最高人民法院关于审理涉及农村土地承包纠纷案件适用法律问题的解释》第20条。

应份额的,应予支持。①只要具有集体经济组织成员资格,就有权请求获得相应份额的土地补偿费。

目前,判定集体经济组织成员资格主要还是以户口为主,是否依法登记为农村集体经济组织所在地常住户口作为基本依据,并结合其他因素加以考虑,如是否形成较为固定的生产生活地、是否履行本集体经济组织内村民义务为基本条件等。因此,城镇周围或发达村庄的"空挂户口",为某种便利条件而将户口迁入,但并不履行村民义务的;大中专院校毕业后又将户口迁回,已属居民户,且已在外工作,有稳定的非农职业和稳定的收入来源的,都不能认定其享有集体经济组织成员资格。②

根据规定,承包期内,妇女结婚,在新居住地未取得承包地的,发包方不得收回其原承包地。③分几种情况分析:(1)出嫁后户口未迁出的。这种情况应当取得征地补偿款。(2)出嫁后户口迁入小城镇的。这种情况出嫁女也有权取得征地补偿款,对进镇落户的农民,保留土地承包经营权。(3)出嫁后户口迁入大城市的。这种情况,出嫁女已经丧失土地承包经营权,不能分得征地补偿款。(4)出嫁后户口迁入其他村的。因为户籍迁出,出嫁女在其他村已经取得土地,原村土地被收回,丧失原村土地承包经营权。

2. 现役军人

因服兵役注销户口只是一种临时性措施,与一般的公民户口迁移是有本质区别的。农村入伍的义务兵和初级士官,复员后应回农村安置,政府不负责安排工作和解决城市户口。所以这些人仍然需要承包土地作为基本生活来源。④为保证农村籍义务兵和初级士官服役期满退伍回乡后从事生产劳动的需要,法律明确规定保留他们的土地承包经营权。农村入伍的义务兵和初级士官户籍所在地土地被征用的,应当享受当地村民的同等待遇。

3. 户籍迁出农村后的在校大中专学生

原户籍是农业户口的在校大中专学生,其户籍的迁出并不表明其已经脱离原集体经济组织,之所以会将户籍迁出原所在的村集体组织,是基于学校学籍管

---

① 《最高人民法院关于审理涉及农村土地承包纠纷案件适用法律问题的解释》第22条。
② 吴高盛主编:《〈中华人民共和国农村土地承包经营纠纷调解仲裁法〉释义及实用指南》,中国民主法制出版社2015年版,第26页。
③ 《农村土地承包法》第31条。
④ 人民法院出版社编:《司法解释理解与适用全集·物权卷3》,人民法院出版社2019年版,第1895页。

理规定的需要。在校读书的大中专学生虽然离开了原户籍所在地村集体,但其离开户籍所在地的村集体并非去就业,而是到学校里学习,是一个典型的消费者。在校大中专学生在学习期间,仍然应被看作其原村集体经济组织成员。因此,迁出村农业户口的在校大中专学生应当享有与其他村民同等的权利,可以参与征地补偿款的分配。

4. 服刑人员

服刑人员虽因违法犯罪行为丧失人身自由,但其集体经济组织成员资格并不因此丧失。保留其集体经济组织成员资格,对他们积极接受改造、避免回归社会后因生活所迫再次陷于犯罪深渊,真正实现改造目的具有不可替代的作用。[1]所以,服刑人员应当享有与其他村民同等的待遇,不应以其为正在服刑的罪犯为由拒绝分配征地补偿款。

案例中,户口未迁出的出嫁女徐某梅有权要求征地补偿。

四、房屋拆迁的补偿

【案例】大梁和小梁共同继承了父亲留下的一套房子,说好各占一半。后来,这套房子要拆迁。大梁急用钱,想直接要钱;小梁没有其他住处,想拿安置房。兄弟俩一起和拆迁方协商了两次,都没有成功签约。就在小梁等待第三次协商时,拆迁方突然拿来一份大梁签了字的拆迁协议,要他马上搬家。

【问题】兄弟共同所有的房屋,哥哥大梁签了字,是不是意味着弟弟小梁也被动同意了拆迁?

(一)农村房屋拆迁补偿安置

征收集体土地涉及房屋及其他建筑物、构筑物的,应当依法给予补偿。征收宅基地涉及农民住房的,应当保障被征收人的居住条件。能够重新安排宅基地的,对其住房按照重置价格结合成新给予补偿;未能重新安排宅基地的,按照与被征收住房面积相当的原则安排住房,或者按照市场评估价格给予补偿。[2]征收集体土地涉及房屋的补偿安置方式分为货币补偿、统一建设两种。实行货币补

---

[1] 人民法院出版社编:《司法解释理解与适用全集·物权卷3》,人民法院出版社2019年版,第1895页。

[2] 省级政府规章如江苏省、福建省等《征地补偿和被征地农民社会保障办法》第12条或第11条。

偿的,被征收人可以申购征收安置房。不具备实行货币补偿条件的,实行统一建设。拆迁范围内,既有国有土地、又有集体土地的,国有土地范围内的拆迁房屋补偿安置按《征补条例》规定执行;被征集体土地范围内的房屋按拆迁补偿安置的规定执行,如当地有规定的,从其规定。如《南京市征收集体土地涉及房屋补偿安置办法》。

拆迁中违法行为表现为:土地征收没有获得审批,就直接强制要求村民搬迁;补偿安置方案存在不合法合理之处,剥夺村民对补偿方式的选择权;拆迁补偿协商未能达成一致,征收方为推进工作,强制拆除村民房屋;村民房屋被认定为违建要拆除,但征收方没按法定程序执行,而是违法强拆;等等。即使对无证房屋以违法建筑的程序进行处理,也要依法进行,包括依法作出限期拆除决定、强制执行决定,并履行送达、催告等法定程序。

当前,我国的城镇化进程仍在快速推进。除极个别情况外,为推进这一进程就必然要拆除原有的部分房屋,并收回土地使用权。根据《国有土地上房屋征收与补偿条例》《国有土地上房屋征收评估办法》以及《行政强制法》等法律法规的相关规定,确定城市房屋征收补偿的程序。

(二) 国有土地上房屋征收补偿安置

1. 对国有土地上房屋征收补偿的依据

作出国有土地上房屋征收补偿决定需为市、县级人民政府。[①]

对被征收人给予的补偿包括被征收房屋价值的补偿、临时安置的补偿以及因征收房屋造成的停产停业损失的补偿。市、县级人民政府应当制定补助和奖励办法,对被征收人给予补助和奖励。[②]

对被征收房屋价值的补偿,不得低于房屋征收决定公告之日被征收房屋类似房地产的市场价格。被征收房屋的价值,由具有相应资质的房地产价格评估机构按照房屋征收评估办法评估确定。被征收人对评估确定的被征收房屋价值有异议的,可以向房地产价格评估机构申请复核评估。对复核结果有异议的,可以向房地产价格评估专家委员会申请鉴定。房屋征收评估办法由国务院住房城乡建设主管部门制定,制定过程中,应当向社会公开征求意见。[③]

被征收人可以选择货币补偿,也可以选择房屋产权调换。被征收人选择房屋产权调换的,市、县级人民政府应当提供用于产权调换的房屋,并与被征收人

---

① 《国有土地上房屋征收与补偿条例》第4条第1款。
② 《国有土地上房屋征收与补偿条例》第17条。
③ 《国有土地上房屋征收与补偿条例》第19条。

计算、结清被征收房屋价值与用于产权调换房屋价值的差价。①

　　房屋征收部门与被征收人在征收补偿方案确定的签约期限内达不成补偿协议，或者被征收房屋所有权人不明确的，由房屋征收部门报请作出房屋征收决定的市、县级人民政府依照本条例的规定，按照征收补偿方案作出补偿决定，并在房屋征收范围内予以公告。②

　　被征收人在法定期限内不申请行政复议或者不提起行政诉讼，在补偿决定规定的期限内又不搬迁的，由作出房屋征收决定的市、县级人民政府依法申请人民法院强制执行。强制执行申请书应当附具补偿金额和专户存储账号、产权调换房屋和周转用房的地点和面积等材料。③

　　2. 拆迁补偿安置协议的主体

　　拆迁补偿安置协议是房屋拆迁中的核心内容。尽管房屋拆迁补偿安置关系性质上属于民事法律关系，拆迁人与被拆迁人之间法律地位完全平等，但由于房屋拆迁存在的行政强制性和期限性，使得被拆迁人在房屋拆迁中相对于拆迁人来说处于弱势群体地位。拆迁补偿安置协议即房屋征收部门与被征收人依照规定，就补偿方式、补偿金额和支付期限、用于产权调换房屋的地点和面积、搬迁费、临时安置费或者周转用房、停产停业损失、搬迁期限、过渡方式和过渡期限等事项，订立的关于补偿的协议。补偿协议订立后，一方当事人不履行补偿协议约定的义务的，另一方当事人可以依法提起诉讼。

　　市、县级人民政府确定的房屋征收部门组织实施本行政区域的房屋征收与补偿工作。市、县级人民政府有关部门应当依照《国有土地上房屋征收与补偿条例》的规定和本级人民政府规定的职责分工，互相配合，保障房屋征收与补偿工作的顺利进行。市、县级人民政府的职责主要有：（1）组织有关部门对征收补偿方案进行论证并予以公布，征求公众意见；（2）对征收补偿方案的征求意见情况和修改情况及时公布，以及因旧城区改建需要征收房屋，多数被征收人不同意情况下举行听证会，并根据听证会情况修改方案；（3）对房屋征收进行社会稳定风险评估；（4）制定房屋征收的补助和奖励办法；（5）组织有关部门对征收范围内未经登记的建筑进行调查、认定和处理；（6）依法作出房屋征收决定等。④

　　房屋征收部门与被征收人依照《国有土地上房屋征收与补偿条例》的规定，

---

① 《国有土地上房屋征收与补偿条例》第 21 条。
② 《国有土地上房屋征收与补偿条例》第 26 条第 1 款。
③ 《国有土地上房屋征收与补偿条例》第 28 条。
④ 《国有土地上房屋征收与补偿条例》第 10—13 条。

就补偿方式、补偿金额和支付期限、用于产权调换房屋的地点和面积、搬迁费、临时安置费或者周转用房、停产停业损失、搬迁期限、过渡方式和过渡期限等事项,订立补偿协议。①

签订拆迁补偿安置协议的主体。由于被拆迁房屋有私有房屋与公有房屋之区别,故拆迁私有房屋的,拆迁人应当与被拆迁人订立拆迁补偿安置协议,而拆迁公有房屋的,拆迁人应当与房屋使用人订立拆迁补偿安置协议。拆迁租赁房屋的,拆迁人应当与被拆迁人、房屋承租人共同订立拆迁补偿安置协议;符合下列情形之一的,拆迁人应当与被拆迁人、房屋承租人分别订立拆迁补偿安置协议:(1)拆迁执行政府规定租金标准的公有出租房屋且被拆迁人选择货币补偿的;(2)拆迁执行政府规定租金标准的私有居住房屋的;(3)拆迁房管部门依法代管的房屋的;(4)拆迁宗教团体委托房管部门代理经租的房屋的。上述所称的执行政府规定租金标准的私有出租居住房屋,包括由房管部门代理经租的私有居住房屋、落实私房政策后由房管部门代为经租的居住房屋。

案例中,根据法律规定,征收方想拆这套房子,就要和房子的全部产权人达成一致意见,签订补偿协议。现在小梁对补偿条件不满意,明显不同意签字搬迁,他可以到法院起诉,请求法院撤销这份自己不认可的拆迁协议。拆迁方就没资格把小梁从自己的合法房屋里"赶"出去。

(三)违法强拆的维权

【案例】梁某在某村开着一家物资回收公司,并且一直依法经营,照章纳税。由于梁某厂房所在地段面临拆迁改造,因此没有办法再继续经营下去。梁某和政府进行了多次协商谈判,然而终究因为补偿标准过低而一直无法达成拆迁补偿安置协议。政府部门在 2020 年 4 月 18 日,以违法建设为由向梁某下发《限期拆除通知书》,要求梁某在规定的期限内自行拆除,否则将强制拆除。然而第二天政府部门就带领数百人强行拆除了他的厂房。

【问题】面对强拆怎么办?

1. 合法强拆具备的条件

(1)法定期限内不申请行政复议或者不提起行政诉讼。如果被征收人在法定期限内申请行政复议或者提起行政诉讼的,作出房屋征收决定的市、县政府不能向法院申请强制拆迁,人民法院不能强制执行。

(2)强制拆迁以补偿决定为前提。如果没有补偿决定,任何单位都不能采

---

① 《国有土地上房屋征收与补偿条例》第 25 条。

取强制拆迁。实践中,可以强制拆迁的情况有:一是签了补偿协议不搬迁的;二是作了补偿决定,既不搬迁又不按照规定申请行政复议或者提起诉讼的。

(3)必须对被征收人给予货币补偿、产权调换房屋和周转房。没有提供货币补偿金额和专户存储账号、产权调换房屋和周转用房的地点和面积等材料的不能强制拆迁。

2.面对强拆的应对

任何单位和个人不得采取暴力、威胁或者违反规定中断供水、供热、供气、供电和道路通行等非法方式迫使被征收人搬迁。禁止建设单位参与搬迁活动。①采取暴力、威胁或者违反规定中断供水、供热、供气、供电和道路通行等非法方式迫使被征收人搬迁,造成损失的,依法承担赔偿责任;对直接负责的主管人员和其他直接责任人员,构成犯罪的,依法追究刑事责任;尚不构成犯罪的,依法给予处分;构成违反治安管理行为的,依法给予治安管理处罚。②

具体应对方法:一是要在占地强拆时及时保存有利证据,比如土地承包经营权证、房屋产权证、地上附着物及房屋等现状的证明(拍照片、摄像等)。二是要强拆方主动出示相关的法律手续,以证明其占地及拆迁的合法性。三是占地拆迁补偿不合理,不能在相关材料及补偿协议上签字,即使土地被占、房屋被拆。

案例中,对违法强拆行为需要提起行政诉讼。政府部门2020年4月18日下达《限期拆除通知书》,同年4月19日便实施了强制拆除行为,没有给予当事人自行拆除和申请复议或者提起行政诉讼的时间,严重违反了法律规定,属于违法强拆。

五、征地拆迁中的社区工作

【案例】2013年6月30日,宁波市镇海区招宝山街道张鑑碶社区老王帮帮团成立,由50多名新镇海人组成,后发展为200人团队,分为多个特色小分队。2020年10月,张鑑碶老旧平房拆迁工作启动,涉及285户,居住2 000余人。该地块与蛟川街道毗连,租金低廉、结构简陋、隔间多、水电线杂乱,95%以上房屋出租,是外来务工人口聚居城中村,流动人口多、人员结构复杂。社区老旧平房

①　《国有土地上房屋征收与补偿条例》第27条。
②　《国有土地上房屋征收与补偿条例》第31条。

征收工作启动后,40天签约率破80%,提前60天完成目标,签约现场零聚集零闹事,搬迁秩序井然,是引导社会力量参与社会治理的成功探索,而老王帮帮团在其中发挥了积极作用。①

【问题】张鑑碶社区拆迁工作取得成功的原因是什么?

(一)征地拆迁中的社区工作者角色

社区工作者在征地拆迁中的工作是多方面的,需要具备法律知识、沟通协调能力、矛盾调解能力等,以确保征地拆迁工作的顺利进行。通过合法征地拆迁,可以促进城市的合理规划和发展,同时保障居民的合法权益,实现社会和谐稳定。(1)政策宣传员:向居民宣传征地拆迁的法律法规和政策,提高居民的法律意识。(2)信息沟通者:作为政府与居民之间的信息沟通桥梁,确保信息的准确传递。(3)权益维护者:协助居民维护其合法权益,参与补偿协商,监督补偿协议的执行。(4)矛盾调解者:在征地拆迁过程中,及时调解居民与政府、居民之间的矛盾和纠纷。(5)安置服务者:协助政府做好居民的安置工作,确保居民的居住和生活得到妥善安排。

(二)社区工作者在征地拆迁中的工作流程

社区工作者在征地拆迁前需要进行周密的准备工作,以确保整个过程的合法性、合理性和效率性。社区工作者要做好征地拆迁前准备工作的关键步骤。(1)法律法规学习:社区工作者首先需要深入学习国家关于征地拆迁的相关法律法规,包括但不限于《土地管理法》《城市房屋拆迁管理条例》等,确保对法律法规准确理解和掌握。(2)信息收集与分析:收集征地拆迁所涉及区域的详细资料,包括土地性质、土地使用情况、居民结构、房屋产权等信息,进行综合分析,为后续工作提供数据支持。(3)风险评估:对征地拆迁可能引发的社会稳定风险进行评估,包括居民的接受程度、可能引发的矛盾和冲突等,制定相应的风险防控措施。(4)沟通协调机制建立:建立与政府部门、房地产开发商、社区居民等各方的沟通协调机制,确保信息的畅通和问题的及时解决。(5)宣传动员:通过多种渠道和方式,向社区居民宣传征地拆迁的政策、意义和补偿标准,提高居民的法律意识和配合度,在与居民沟通时,社区工作者需要用通俗易懂的语言解释征地拆迁的法律和政策,避免使用过于专业的术语,确保居民能够充分理解。(6)居民意见征询:开展居民意见征询工作,了解居民的意愿和需求,尽可能收集居民的

---

① 《四两拨千斤,老王帮帮团按下拆迁"快进键"》,载"镇海社会组织"微信公众号,2022年1月23日发布。

意见和建议,为制定合理的拆迁方案提供参考。(7)了解拆迁方案的制定:根据法律法规、居民意见和实际情况,制定科学合理的拆迁方案,包括拆迁范围、补偿标准、安置方式等。(8)法律服务准备:联系专业法律服务机构,为征地拆迁过程中可能遇到的法律问题提供咨询和支持。(9)资金和资源保障:确保征地拆迁所需的资金和资源到位,包括补偿资金、安置房源等,为拆迁工作的顺利进行提供物质保障。(10)应急预案制定:针对可能出现的突发事件,制定详细的应急预案,包括人员疏散、矛盾调解等,确保能够迅速有效地应对各种情况。

通过上述准备工作,社区工作者可以为征地拆迁的顺利进行打下坚实的基础,同时也能够最大限度地保障居民的合法权益,维护社会稳定和谐。

(三)冲突的预防与解决

在征地拆迁过程中,冲突的预防和解决是社区工作者的重要职责。(1)建立预警机制:社区工作者应建立征地拆迁预警机制,通过定期收集居民的意见和反馈,及时发现可能导致冲突的苗头,并采取措施进行干预。(2)调解与协商:面对居民的不满和抗议,社区工作者应采取调解和协商的方式,寻求双方都能接受的解决方案。在协商过程中,社区工作者应保持中立,公正地传达双方的意见。(3)法律途径:在冲突无法通过协商解决时,社区工作者应引导居民通过法律途径解决问题,避免采取激进或非法的手段。(4)心理支持:对于因征地拆迁受到影响的居民,社区工作者应提供心理支持和安抚,帮助他们调整心态,减轻心理压力。(5)后续关怀:征地拆迁完成后,社区工作者应继续关注居民的生活状况,提供必要的帮助和支持,确保居民能够平稳过渡到新的生活环境。通过上述沟通技巧和冲突解决策略,社区工作者可以在征地拆迁过程中发挥积极作用,促进社区和谐稳定。

案例中,张鑑硬社区巧用"以外惠外、以客为主"亲情式基层治理模式。一是强化舆论引导,提前利用"老王帮帮团"影响力提前释放拆迁消息,减轻租房成本提高和搬迁时间紧的压力。二是借助"老王帮帮团"多省市人员组成特点,依托调解平台,打好亲情牌化解房东与租客矛盾。三是"老王帮帮团"以"老租客""老熟人"身份进行心理疏导。四是签约后自发组建"搬迁互助队",帮助租客、房东办理手续及搬运家具,助推搬迁进程。五是拆迁后期,将未搬离居民组建成巡逻志愿队,定期巡查保障生活安稳有序。通过这些举措,"老王帮帮团"在社区基层治理中发挥积极作用,让拆迁工作顺利推进,展现了社会力量参与基层治理的优势,实现从"忧"居到"优"居的转变。

主题6 信息保护——信息采集维护与个人信息保护

一、个人信息主体享有的权利

(一)个人信息的概念

【案例】物业公司未经允许,在发布的公告中披露业主姓名、婚姻状况、家庭住址、个人电话号码等个人信息,收房的业主被装修公司和培训机构反复电话骚扰。

【问题】物业公司的行为侵犯了业主的什么权益?

随着信息科技的高度发展,个人信息的范围与种类不断增加,如通信记录和内容、个人生物基因信息、网络交易信息、上网浏览痕迹、网络社交媒体留言、行踪轨迹等。各种网络平台通过分析和利用海量的个人信息,对目标群体做人格画像,实施精准营销,甚至行为操纵,严重危害自然人的人格尊严,妨害人格的自由发展。[1]依据《民法典》第1034条第2款的规定,所谓个人信息,是指以电子或者其他方式记录的能够单独或者与其他信息结合识别特定自然人身份的各种信息,包括自然人的姓名、出生日期、身份证件号码、生物识别信息、住址、电话号码、电子邮箱、健康信息、行踪信息等。

个人信息具有如下特征:(1)主体是自然人,不包括法人和非法人组织。(2)客体是一种重要的人格利益。为了避免妨碍数据的共享、利用以及大数据产业的发展,个人信息定位于民事权益,并没有被直接规定为一项具体人格权。(3)个人信息与个人身份具有关联性。个人信息应当能够直接或者间接识别个人的身份,否则其可能属于纯粹的数据,如姓名,身份证件号码的直接识别,以及电话号码、电子邮箱等间接识别性的个人信息。(4)个人信息的范围很广。法条一方面具体列举了个人信息的具体类型,即包括自然人的姓名、出生日期、身份证件号码、生物识别信息、住址、电话号码、电子邮箱、健康信息、行踪信息;另一方面,该款规定也采用了"等"这一兜底性规定,体现了个人信息范围的开放性。(5)个人信息具有精神利益与财产价值的复合性。个人信息包含精神利益,保护个人信息就是保护个人的人格尊严。如泄露个人信息、非法倒卖个人信息等,可

---

[1] 程啸:《民法典编纂视野下的个人信息保护》,载《中国法学》2019年第4期。

能使权利人遭受各种广告的精准骚扰,间接导致个人的生活安宁隐私权受到侵害,带来不堪其扰的精神痛苦。同时,个人信息中包含可以开发利用的巨大财产价值,对个人信息的有效利用,商家精准掌握消费者的消费倾向和消费兴趣,消费者在选择商品和服务时可以节省更多搜索成本;有良好信用记录的消费者可以更方便取得贷款。①

个人信息中包括敏感信息,需要特别保护。《个人信息保护法》第 28 条规定,敏感个人信息是一旦泄露或者非法使用,容易导致自然人的人格尊严受到侵害或者人身、财产安全受到危害的个人信息,包括生物识别、宗教信仰、特定身份、医疗健康、金融账户、行踪轨迹等信息,以及不满十四周岁未成年人的个人信息。只有在具有特定的目的和充分的必要性,并采取严格保护措施的情形下,个人信息处理者方可处理敏感个人信息。《个人信息安全规范》相关规定,将不满十四周岁未成年人的个人信息列入敏感个人信息。②

案例中物业公司的行为侵犯了业主的个人信息权益。

(二)个人信息主体享有的权利

【案例】2019 年 4 月 27 日,郭某购买野生动物世界双人年卡,留存相关个人身份信息,并录入指纹和拍照。后野生动物世界将年卡入园方式由指纹识别调整为人脸识别,并向郭某发送短信通知相关事宜,要求其进行人脸激活,郭某认为人脸信息属于高度敏感个人隐私,不同意接受人脸识别,要求园方退卡,双方协商未果,引发纠纷。③

【问题】野生动物世界有权要求消费者采用人脸识别入园方式吗?

《民法典》第 1037 条规定了个人信息主体的权利,自然人可以依法向信息处

---

① 黄薇主编:《中华人民共和国民法典释义及适用指南(下)》,法律出版社 2020 年版,第 1543 页。

② 按照《GBT35273-2017 信息安全技术个人信息安全规范》的解释,个人敏感信息包括:(1)个人财产信息:银行账号、鉴别信息(口令)、存款信息(包括资金数量、支付收款记录等)、房产信息、信贷记录、征信信息、交易和消费记录、流水记录等,以及虚拟货币、虚拟交易、游戏类兑换码等虚拟财产信息。(2)个人健康生理信息:个人因生病医治等产生的相关记录,如病症、住院志、医嘱单、检验报告、手术及麻醉记录、护理记录、用药记录、药物食物过敏信息、生育信息、以往病史、诊治情况、家族病史、现病史、传染病史等,以及与个人身体健康状况产生的相关信息等。(3)个人生物识别信息:个人基因、指纹、声纹、掌纹、耳廓、虹膜、面部识别特征等。(4)个人身份信息:身份证、军官证、护照、驾驶证、工作证、社保卡、居住证等。(5)网络身份标识信息:系统账号、邮箱地址及与前述有关的密码、口令、口令保护答案、用户个人数字证书等。(6)其他信息:个人电话号码、性取向、婚史、宗教信仰、未公开的违法犯罪记录、通信记录和内容、行踪轨迹、网页浏览记录、住宿信息、精准定位信息等。

③ 《删照片与指纹!"人脸识别第一案"终审判了》,载"人民法院报"微信公众号,2021 年 4 月 9 日发布。

理者查阅或者复制其个人信息;发现信息有错误的,有权提出异议并请求及时采取更正等必要措施。

自然人发现信息处理者违反法律、行政法规的规定或者双方的约定处理其个人信息的,有权请求信息处理者及时删除。《个人信息保护法》从法律层面赋予个人信息主体关于个人信息保护的相关权利,如个人对其个人信息的处理享有知情权、决定权,有权限制或者拒绝他人对其个人信息进行处理,有权查阅、复制其个人信息,有权请求将个人信息转移至其指定的个人信息处理者(可携带权),有权要求个人信息主体更正、补充、删除其个人信息。

《个人信息保护法》第47条在沿用《网络安全法》第43条的基础上,对个人信息的删除权进行了补充和完善,即个人信息处理者应当主动删除个人信息,个人信息处理者未删除的,个人有权在该条规定的五种情形下请求删除。同时,考虑到实践中可能存在无法完全、彻底删除特定个人信息主体的个人信息的技术障碍,《个人信息保护法》增加了个人信息处理者停止处理时的除外情形,即法律法规规定的保存期限未届满,或者删除个人信息从技术上难以实现的,个人信息处理者应当停止除存储和采取必要的安全保护措施之外的处理。上述规定在完善删除权的同时,也增强了对个人信息的安全保障,具有一定的可操作性。

此外,就自然人死亡的情形,《个人信息保护法》第49条规定保障了其近亲属的权利,即其近亲属为了自身的合法、正当利益,可以对死者的相关个人信息行使法律规定的查阅、复制、更正、删除等权利。

个人信息的收集要遵循"合法、正当、必要"的原则和征得当事人同意,在服务合同结束且无继续保存消费者个人信息必要的情形下,应当予以删除所收集的个人信息。

案例一审判决野生动物世界赔偿郭某合同利益损失及交通费共计1 038元;删除郭某办理指纹年卡时提交的包括照片在内的面部特征信息。二审新增判决:删除指纹识别信息。

(三) 个人信息和隐私权

【案例】李斯擅自使用张公平的笔记本电脑,并在笔记本电脑中发现了张公平的恋爱日记,在这日记中可获知张公平女友的家庭住址、银行账户、存款数额、电话号码、邮箱、血型、喜欢购买的化妆品品牌等。

【问题】李斯非法获知的恋爱日记和其中的内容哪些是隐私、哪些是个人信息呢?

有些个人信息属于私密信息,是个人信息与隐私权最大的交叉点,私密信息也构成隐私权的保护客体。

两者的相似之处有:(1)两者的权利主体和内容相同,都限于自然人,都体现了一种人格权益。(2)披露的方式是侵权的一种共同方式。(3)个人信息和隐私权的私密信息上存在交叉部分。许多个人信息都是自然人不愿让他人知晓的私密信息,例如未公开的银行账户、身份证号和家庭住址等,这些信息与姓名等组合直接或者间接指向特定主体,这样的信息具有个人信息和隐私两种性质。在隐私权保护规则没有具体规定,或者隐私权的规定无法实现对受害人有效救济的情况下,该受害人可以依法主张有关个人信息保护的规则,比如查阅、复制、更正个人信息或者采取匿名化处理等必要技术措施保护个人信息安全。①

两者的不同之处有:第一,权利客体不同。隐私除了表现为信息形态的私密信息外,还可以表现为个人的生活安宁、私人活动等形式,但个人信息则要求必须以固定化的信息方式记载下来。个人信息既包括私密信息,也包括非私密信息,有的已经在一定范围公开,例如姓名、手机号码、家庭住址、已经公开的裁判文书等。隐私信息只属于个人信息的一部分,隐私权人虽然有权决定隐私信息是否公开以及公开范围,但无法涉及所有的个人信息。②隐私一旦被披露就不再是隐私,只能通过个人信息或其他途径保护。

第二,从权利内容来看,隐私权的内容主要包括维护个人的私生活安宁、个人私密不被公开、个人私生活自主决定等;个人信息权益主要是指对个人信息的支配和自主决定。隐私权是一种消极的、防御性的权利,只有该权利遭受侵害,个人才可积极主动地行使权利要求排除妨碍或损害赔偿。隐私权重心在于防止个人私密信息不被泄露,以及隐藏个人隐私。③

第三,从权利保护方式来看,对个人信息的保护更侧重于预防,包含要求更新、更正等救济方式。而对隐私的保护则更注重事后救济,更多的是一种不受他人侵害的消极防御权利。基于上述个人信息与隐私的区别和联系,可以看到两者在保护范围与保护方式上虽有重叠,但仍有独立的功能。④

第四,侵犯主体不同,侵犯隐私的主体主要是媒体和个人。侵犯个人信息的

---

①　最高人民法院民法典贯彻实施工作领导小组主编:《中华人民共和国民法典人格权编理解与适用》,人民法院出版社 2020 年版,第 366 页。

②　谢远扬:《信息论视角下个人信息的价值》,载《清华法学》2015 年第 3 期。

③　张新宝:《从隐私到个人信息:利益再衡量的理论与制度安排》,载《中国法学》2015 年第 3 期。

④　王利明:《论个人信息权的法律保护——以个人信息权与隐私权的界分为中心》,载《现代法学》2013 年第 4 期。

主体则要更复杂,围绕个人信息已形成巨大的产业,主要以商业企业为主,行政机关也可能成为侵权主体。

案例中,恋爱日记作为整体属于张公平的隐私,日记中涉及的可以识别张公平女友个人身份的家庭住址、电话号码、邮箱和血型等属于个人信息,对于银行账户、存款数额等涉及当事人不愿公开的财产属于隐私。

二、个人信息处理的原则

【案例】2020 年 11 月,新增新冠肺炎确诊病例患者成都女孩赵某,在活动轨迹被通报后,姓名、身份证号码、家庭住址、照片等个人信息陆续被泄漏,遭到了一些网民关于其私生活和长相的言论攻击,有人还编造谣言对其进行污蔑,对此当地公安已介入调查。

【问题】有关部门和地方多次发布铁路、航班信息,急寻同程密切接触人员,为何不可以直接公布同程人的信息?

《民法典》第 1035 条规定个人信息的处理应当遵循合法、正当、必要原则,不得过度处理,并符合法律规定的条件。《个人信息保护法》增加了诚信原则,并禁止采取"误导、欺诈、胁迫"等方式处理个人信息。个人信息的处理的内涵包括个人信息的收集、存储、使用、加工、传输、提供、公开等。

所谓合法,是指个人信息的处理必须遵守法律规定的条件和程序,不得非法收集、存储、处理个人信息。合法既包括民法中的相关内容,也包括其他部门法对个人信息保护有所涉及的内容,特别是《电子商务法》《网络安全法》《数据安全法》《个人信息保护法》以及最高人民法院的相关司法解释等。例如在宾馆、商场、银行、车站、机场、体育场馆、娱乐场所等经营场所、公共场所违反法律、行政法规的规定使用人脸识别技术进行人脸验证、辨识或者分析就是不合法。[①]

所谓正当,是指目的正当,即个人信息的收集和处理的目的和手段要正当。《个人信息保护法》第 26 条对公共场所的视频监控和个人身份识别设备的安装规则、所收集个人信息的使用目的作了限制性规定。规定要求,在公共场所安装图像采集、个人身份识别设备,应当为维护公共安全所必需,遵守国家有关规定,

---

① 《最高人民法院关于审理使用人脸识别技术处理个人信息相关民事案件适用法律若干问题的规定》第 2 条。

并设置显著的提示标识。所收集的个人图像、身份识别信息只能用于维护公共安全的目的,不得用于其他目的;取得个人单独同意的除外。该条明确了目的正当,一方面要求信息收集者不能超越法律规定或者商业机构事先确定的目的收集其他信息。如房产登记机构可以收集与财产登记相关的个人信息,而不能收集与登记无关的其他个人信息。另一方面,不能将收集的信息作超出目的的利用。例如,房产登记机构收集产权人的财产信息只能用于公示的目的,而不能将此登记信息用于商业目的,如出售。手段正当则是要求信息处理者处理相关信息要符合诚信原则要求,同时要尽量满足透明的要求,以便当事人能够充分了解相关信息的收集、使用目的,行使相关权利。①

所谓必要,一方面是指个人信息的处理,采取对个人权益影响最小的方式,限制在最小范围内进行,而不能超出这个范围收集处理个人信息。例如,在网站注册账号时,除非有正当理由,否则不得要求用户提供家庭地址和手机号码等信息。在安装手机 App 时,不能收集不必要的信息。另一方面,在利用个人信息时,也应遵循必要原则。《传染病防治法》第 12 条第 1 款规定:"在中华人民共和国领域内的一切单位和个人,必须接受疾病预防控制机构、医疗机构有关传染病的调查、检验、采集样本、隔离治疗等预防、控制措施,如实提供有关情况。疾病预防控制机构、医疗机构不得泄露涉及个人隐私的有关信息、资料。"

除遵守上述原则外,信息处理者需遵守以"告知—同意"为核心的处理个人信息的行为规范。从《民法典》第 1035 条的规定来看,个人信息的处理还应当符合如下条件:

(1)相关主体尽到相关的告知义务。《个人信息保护法》第 17 条规定:"个人信息处理者在处理个人信息前,应当以显著方式、清晰易懂的语言真实、准确、完整地向个人告知下列事项:(一)个人信息处理者的名称或者姓名和联系方式;(二)个人信息的处理目的、处理方式,处理的个人信息种类、保存期限;(三)个人行使本法规定权利的方式和程序;(四)法律、行政法规规定应当告知的其他事项。前款规定事项发生变更的,应当将变更部分告知个人。个人信息处理者通过制定个人信息处理规则的方式告知第一款规定事项的,处理规则应当公开,并且便于查阅和保存。"

(2)在知情的基础上取得同意的规则。例如小区物业在使用人脸识别门禁

---

① 最高人民法院民法典贯彻实施工作领导小组主编:《中华人民共和国民法典人格权编理解与适用》,人民法院出版社 2020 年版,第 374—375 页。

系统录入人脸信息时,应当征得业主或者物业使用人的同意,对于不同意的,小区物业应当提供替代性验证方式,不得侵害业主或物业使用人的人格权益和其他合法权益。例外情况是在法律、行政法规另有规定的情形下,个人信息的处理并不需要取得该自然人或者其监护人的同意。如为应对突发公共卫生事件,或者紧急情况下为保护自然人的生命健康和财产安全所必需而处理人脸信息的。

(3)如果法律、行政法规对个人信息的处理作出了规定,或者当事人对个人信息的处理作出了约定,则相关主体在处理个人信息时,应当遵守《数据安全法》《网络安全法》《密码法》《个人信息保护法》等法律、行政法规的规定以及当事人的约定。

(4)《个人信息保护法》第15条增加规定了个人信息主体的撤回同意权,即基于个人同意处理个人信息的,个人有权撤回其同意,个人信息处理者应当提供便捷的撤回同意的方式;个人撤回同意的,不影响撤回前基于个人同意已进行的个人信息处理活动的效力。

"告知—同意"原则的例外。《个人信息保护法》第13条在延续《民法典》立法思路并借鉴欧盟《通用数据保护条例》相关规则的基础上,增加了处理个人信息的其他合法情形,将订立或履行合同所必需、保护自然人的重大利益以及公共利益等情形作为例外情况纳入合法性基础场景,并结合当时我国新冠疫情防控的情况,增加了突发公共卫生事件的例外情形,为疫情防控时期基础电信企业、地图平台等企业收集疫情信息提供法律依据。

案例中,有关部门和地方多次发布铁路、航班信息,急寻同程密切接触人员,相关部门不可以直接公布同程人的信息,是信息处理必要原则的要求。

三、个人信息的保护

(一)信息处理者的安全保护义务

【案例】王某与姜某于2006年登记结婚,2007年姜某跳楼自杀。姜某生前有个人博客"北飞的候鸟",其同学张某在姜某死后注册同名非经营性网站,称是祭奠和讨公道之处,亲友在该网站发表纪念文章,网站还与天涯网、新浪网链接。姜某博客日记被转发,其死亡原因及王某"婚外情"引发网民关注和评论。部分网民发起"人肉搜索",披露王某个人信息,还有人进行谩骂、人身攻击,到王某家骚扰、刷标语。大旗网由凌云公司注册管理,在姜某事件受关注后,于2008年1月14日制作专题网页,使用王某等人真实姓名及相关照片等。王某起诉张某、凌云公司、天涯在线,要求停止侵害、删除信息、消除影响、赔礼道歉并赔偿精神抚慰金。①

【问题】本案三被告侵犯了王某的权利吗? 侵犯了哪些权利?

信息处理者对个人信息安全保护义务是确保个人信息安全的重要法律保障。我国《网络安全法》《电子商务法》《消费权益保护法》《个人信息保护法》等法律和多部行政法规均对个人信息的安全保护义务作了规定。从《民法典》第1038条在现行法律法规的基础上,信息处理者应当从以下四个方面对履行安全保护义务:

一是信息处理者不得泄露、篡改个人信息的义务。信息处理者只要未经信息主体的同意向他人提供个人信息,就属于泄露个人信息的违法行为。信息处理者严重地违反安全保护义务,自己主动泄露、篡改或者非法提供个人信息的行为,不但要承担民事责任,造成严重后果的,还有可能承担刑事责任。

二是匿名化处理的义务。匿名化处理是指个人信息经过加工无法识别特定个人且不能复原,个人信息无法与具体的个人相对应。所以,经过匿名化处理后,信息处理者可以不经信息主体同意向他人提供。因为匿名化处理,可以避免个人信息泄露时信息主体被识别的可能性,降低个人信息使用、传输和共享时对信息主体造成损害的风险。②在大数据时代、人工智能时代,经过匿名化处理后,这些海量的个人信息数据成了具有重大价值的资产,若对这些信息资产利用得当,必将产生巨大的社会效益,必将有力地推动经济的发展。③

三是保护个人信息采取相应安全措施的义务。信息处理者应当采取技术措施和其他必要措施,确保其收集、存储的个人信息安全,防止信息泄露、篡改、丢失。信息收集者、控制者还要积极采取措施确保其收集、存储的个人信息安全,这就要求信息处理者要为个人信息的储存提供必要的安全环境。这些措施主要是技术手段,如设置防火墙、多重密码、以防止病毒入侵等。

《个人信息保护法》第51条规定:"个人信息处理者采取安全保障措施确保个人信息处理活动符合法律、行政法规的规定,并防止未经授权的访问以及个人信息泄露、篡改、丢失:(一)制定内部管理制度和操作规程;(二)对个人信息实行分类管理;(三)采取相应的加密、去标识化等安全技术措施;(四)合理确定个人

---

① 《王某与张某、北京凌云互动信息技术有限公司、海南天涯在线网络科技有限公司侵犯名誉权纠纷系列案》,选自《最高人民法院公布8起利用信息网络侵害人身权益典型案例》(2014年10月10日)。
② 张新宝:《从隐私到个人信息:利益衡量的理论与制度安排》,载《中国法学》2015年第3期。
③ 黄薇主编:《中华人民共和国民法典释义及适用指南(下)》,法律出版社2020年版,第1553页。

信息处理的操作权限,并定期对从业人员进行安全教育和培训;(五)制定并组织实施个人信息安全事件应急预案;(六)法律、行政法规规定的其他措施。"

四是及时采取补救措施,按照规定告知并报告的义务。根据《个人信息保护法》第57条规定,如发生或者可能发生个人信息泄露、篡改、丢失的,个人信息处理者应立即采取补救措施,并通知履行个人信息保护职责的部门和个人。"告知"和"报告"义务,必须是将相关的危险情况以可以理解的方式,清晰、明确、全面地告知当事人。①

案例中,法院判决认为:自然人个人感情生活属隐私。张某披露王某个人信息,侵害其隐私权和个人信息权益。凌云公司在大旗网专题网页报道未处理当事人个人信息和照片,侵害王某隐私权、个人信息权益和名誉权,应承担删除网页、赔礼道歉及赔偿精神损害责任。天涯公司履行了监管义务,制定规则、设监控审查措施并删除相关信息,不承担侵权责任。

(二)国家机关、承担行政职能的法定机构及其工作人员的保密义务

【案例】张某怀疑妻子梁某和其他男人曾某到酒店开房,他自己调不着监控,私下请警察朋友汤某去调取,结果证实了妻子和其他男子开房的事实,警察汤某还帮张某查到梁某多次的开房记录。最后因为矛盾激化,曾某自杀。结果私下帮忙调监控的汤某也被牵出来,被控滥用职权罪。

【问题】本案中的警察汤某私自调取监控,侵犯了梁某和曾某的什么权益?

为了提高国家治理能力的现代化,国家机关基于履职需要和工作上的便利,往往会大规模收集个人信息,其收集的个人信息数量庞大、精度很高。因此,如果国家机关及其工作人员出现泄露、出售或者非法提供个人信息的行为,将会造成非常严重的后果。有鉴于此,《全国人民代表大会常务委员会关于加强网络信息保护的决定》第10条第2款规定:"国家机关及其工作人员对在履行职责中知悉的公民个人电子信息应当予以保密,不得泄露、篡改、毁损,不得出售或者非法向他人提供。"《网络安全法》第45条规定:"依法负有网络安全监督管理职责的部门及其工作人员,必须对在履行职责中知悉的个人信息、隐私和商业秘密严格保密,不得泄露、出售或者非法向他人提供。"一些特别法也进行了规定,如《监察法》第18条第2款就规定了监察机关及工作人员的保密义务,即违反相关义务侵害公民、法人和其他组织的合法权益造成损害的,依照该法第67条应当适用国家赔偿的规定。

---

① 黄薇主编:《中华人民共和国民法典释义(下)》,法律出版社2020年版,第1553页。

对此,《民法典》第 1039 条规定将国家机关及其工作人员对于履行职责过程中知悉的自然人的隐私与个人信息的保密义务加以明确规定,"国家机关、承担行政职能的法定机构及其工作人员对于履行职责过程中知悉的自然人的隐私和个人信息,应当予以保密,不得泄露或者向他人非法提供"。例如,民政部门及其工作人员,在履职过程中会知悉他人的大量隐私和个人信息,甚至还有涉及核心隐私和敏感的个人信息,此时,根据《民法典》规定,其就负有保密义务,不得泄露或者向他人非法提供个人的隐私和个人信息,否则将构成对他人隐私权和个人信息的侵害。

国家机关及其工作人员违反保密义务需要法律责任的问题,根据行为时行为者的不同身份,区分不同情形分别对待:(1)在国家机关及其工作人员在履职过程中侵害他人个人信息的,应适用国家赔偿责任。(2)国家机关作为民事主体从事民事活动侵害个人信息的,应属于民事侵权行为,承担民事赔偿责任。(3)若国家机关及其工作人员侵害个人信息的行为并不属于行使职权,也不具有行使职权的外观,那么应当单独适用《民法典》侵权责任编的规定对国家机关及其工作人员的民事责任予以判断。(4)若存在国家机关的不作为与第三人作为行为导致共同侵害个人信息,例如他人侵入国家机关的个人信息存储系统,而国家机关并未及时尽到保障个人信息安全的义务之时,国家机关的不作为侵权与第三人的作为侵权结合导致侵权行为的发生,此时应考虑国家赔偿责任与民事侵权责任的并合。①

根据《个人信息保护法》第 60 条规定,履行个人信息保护职责的部门为国家网信部门、国务院有关部门以及县级以上地方人民政府有关部门。

案例中的警察汤某须对在履行职责中知悉的个人信息、隐私严格保密,不得泄露、出售或者非法向他人提供,汤某侵犯了梁某和曾某的个人信息权益。

四、侵害个人信息的责任认定

(一) 个人信息侵权责任的构成

【案例】庞某委托鲁某通过某信息技术公司网络平台订购了 10 月 14 日

_____

① 江必新:《国家赔偿与民事侵权赔偿关系之再认识——兼论国家赔偿中侵权责任法的适用》,载《法制与社会发展》2013 年第 1 期。

MU5492 泸州至北京的东航机票。订单详情页面显示该订单登记的乘机人信息包括庞某姓名及身份证号,联系人信息、报销信息均为鲁某及其尾号 1858 的手机号。10 月 13 日,庞某尾号 9949 的手机号收到尾号为 0529 的发件人发来短信:"……您预订的 MU5492 次航班由于机械故障已取消,请收到短信后及时联系客服办理改签业务……"鲁某知晓此事后,拨打某航空公司客服予以核实,客服人员确认该次航班正常,并提示庞某收到的短信应属诈骗短信。①

【问题】庞某有权追究某信息技术公司和某航空公司侵害个人信息权益的法律责任吗?

个人信息属于独立的民事权益类型,不能归入隐私权纠纷案由之下,但也有别于其他具体人格权,其应作为一种新型人格权益而存在。最高人民法院在《民法典》颁布实施后,在人格权纠纷的二级案由下,增加了个人信息保护纠纷。关于侵害个人信息侵权责任构成,由主观过错、违法行为、损害后果、因果关系四要件组成。

侵害个人信息过错要件要采取客观化标准,对相应注意义务的违反,就应当认定为有过错。

关于违法行为。侵害个人信息的行为必须具有违法性,即违反法律、行政法规的规定,并不限于《民法典》人格权编的规定。以行为表征的不同为标准划分,侵害个人信息的具体行为类型主要包括:非法获取个人电子信息、非法出售个人电子信息、非法向他人提供个人电子信息、非法泄露个人电子信息、非法篡改个人电子信息、非法毁损个人电子信息、丢失个人电子信息和违法发送电子信息侵扰生活安宁、对泄露公民个人电子信息或侵扰他人的电子信息未采取补救措施的行为。②

关于损害后果。对侵害个人信息的损害事实如何认定是一个难点问题。对敏感信息的泄露以及敏感信息被他人恶意利用,会对信息主体个人因其敏感信息被泄露而产生的恐惧、焦虑等精神损害。因此,确认敏感信息的泄露本身即构成权益侵害,无疑是法律顺应信息科技和大数据社会到来的一种有效选择。③侵害个人信息侵权可以分为财产损失和个人信息权受到侵害但没有财产损失或者

---

① 参见北京市海淀区人民法院(2015)海民初字第 10634 号、北京市第一中级人民法院(2017)京 01 民终 509 号判决书。

② 杨立新:《侵害公民个人电子信息的侵权行为及其责任》,载《法律科学(西北政法大学学报)》2013 年第 3 期。

③ 丁宇翔:《个人信息民事司法保护的若干难点及破解路径》,载《中国审判》2019 年第 19 期。

156

难以证明财产损失两种情况。①具体包括：(1)侵害个人信息权益导致财产损失，即利用非法取得的个人信息实施电信诈骗等侵害受害人的财产权益，分为直接财产损害和间接财产损害，如受害人因个人信息被泄露，被诈骗导致的财产损失属于直接的财产损害；个人信息进行交易买卖或被非法使用，为了维护个人信息权益而花费的维权费用属于间接成本。对于精神利益方面的损害，可按照《最高人民法院关于确定民事侵权精神损害赔偿责任若干问题的解释》第5条的确定的六个因素来确定赔偿数额。

案例中，庞某作为普通人不具备对某航空公司和某信息技术公司内部数据管理漏洞举证能力，法律不应要求其证明信息是两公司泄露。两公司未证明涉案信息泄露归因他人、黑客攻击或庞某本人。法院排除其他泄露可能性后，认定两公司有过错，庞某有权追究其侵害个人信息权益的法律责任。法院二审判决：两被告十日内在官网首页以公告形式向庞某赔礼道歉，持续三天。

（二）个人信息民事责任的免责事由

【案例】某体检中心在征求王女士同意的前提下将王女士体检时填写的作废表格当作模板展示。模板中所示的信息包括会员号、真实姓名、出生年月、手机号码以及家庭住址。

【问题】体检中心有没有侵犯王女士的个人信息权益？

在行为人处理他人个人信息时存在免责事由的情形下，则行为人无须承担民事责任。依据《民法典》第1036条的规定，处理个人信息的免责事由包括如下几种：

一是权利人的同意。权利人的同意是信息利用的基本依据，若权利人属于无民事行为能力人或限制民事行为能力人，在得到其监护人同意的情况下也可以处理权利人的个人信息。在经权利人或者其监护人同意的情形下，行为人处理相关的个人信息在性质上属于合法处理个人信息的行为，行为人无须承担民事责任。

二是合法公开的信息。已经合法公开的信息通常为权利人自行向社会公众公开，已经经过权利人对个人信息利益的权衡，或是由于涉及公共利益而为特定机构或组织公开，例如通过合法的新闻媒体报道、政府信息公开、刑事侦查、司法判决等渠道产生的个人信息。由于互联网的发展，人们获取信息的能力大大提高，通过互联网搜索等渠道获得他人的个人信息，或者通过其他渠道获取的个人

---

① 程啸、阮神裕：《论侵害个人信息权益的民事责任》，载《人民司法》2020年第4期。

信息,例如依据网络报道、企事业单位依法公示等方式获得的个人信息,再次传播或公开原则上不能认为侵害个人权益。[①]

三是为了维护公共利益或者该自然人的合法权益。行为人为了维护公共利益,在必要范围内可以合理处理自然人的个人信息。如为了制定国家经济"十四五"发展规划政策的需要而处理有关公民的个人信息,或是为了国家安全、公共安全、公共卫生等处理相关个人信息,以及与刑事侦查、起诉、审判和判决执行相关等事务而需要处理的个人信息。

案例中,在王女士同意的前提下,体检中心没有侵犯其个人信息权益。

五、社区工作和信息保护

【案例】疫情期间张女士作为武汉返乡人员,回到四川省蒲江县老家后立即主动上报社区并在家隔离14天。但几天后张女士发现自己的姓名、电话、身份证号、家庭住址等个人信息在朋友圈和微信群广泛传播,甚至有陌生电话打来质问自己的行踪。随后蒲江县委宣传部对外发布情况通告显示,包括张女士在内的接触人员名单,是一名工作人员传至村民小组群众微信群,随后被多次转发和传播导致信息失真。有关部门已对相关责任人员进行调查处理。[②]

【问题】个人信息的不当泄露会对当事人造成哪些损害?

社区工作者在信息采集与维护方面扮演着关键角色。社区工作者通过日常的走访、调查等方式,收集居民的基本信息、需求和意见,为政府决策提供第一手资料。他们通过及时的信息更新,能够发现并上报社区中的潜在问题,如安全隐患、矛盾纠纷等,有助于维护社区的和谐稳定。准确的信息采集有助于社区工作者提供更加精准和高效的服务,满足居民多样化的需求。

社区工作者的职责不仅包括信息的采集与维护,还涉及个人信息的保护。根据国家相关法律法规和政策要求,社区工作者需对居民的基本信息进行采集,包括但不限于居民的姓名、性别、年龄、职业、联系方式等。社区工作者需定期更新居民信息,确保信息的准确性和时效性,同时对信息进行分类管理,便于查询

---

① 最高人民法院民事审判第一庭编:《最高人民法院利用网络侵害人身权益司法解释理解与适用》,人民法院出版社2014年版,第185页。

② 《公共卫生事件中的个人信息保护——以新冠肺炎疫情为例》,载"果洛司法"微信公众号,2022年9月8日发布。

和使用。在信息采集和使用过程中,社区工作者必须严格遵守个人信息保护的相关规定,防止信息泄露,确保居民隐私权不受侵犯。社区工作者在信息采集与维护过程中,需遵循《个人信息保护法》等法律法规,合法合规地开展工作。

信息采集作为社区工作的重要组成部分,需要遵循以下基本原则以确保信息的有效性和安全性。(1)合法性:信息采集必须在法律法规允许的范围内进行,不得侵犯居民的合法权益。(2)必要性:只收集完成社区工作所必需的信息,避免过度收集。(3)准确性:确保采集的信息真实可靠,避免错误或虚假信息的传播。(4)及时性:信息更新要及时,以反映社区的最新状态。(5)保密性:对采集到的个人信息进行严格保密,防止泄露。社区工作者应尊重每个人的隐私权,不在不必要的情况下收集个人信息,不泄露、不滥用已收集的信息。

社区工作者作为数据处理者,有义务保障信息安全,采取必要措施防止信息泄露、篡改和丢失。在信息采集和维护过程中,需要采取一系列具体措施来确保个人信息的安全和隐私保护。(1)数据加密:所有收集的个人信息均通过强加密算法进行加密存储,确保数据在传输和存储过程中的安全性。(2)访问控制:实施严格的访问控制策略,确保只有授权的社区工作者才能访问敏感信息,并且访问行为被详细记录和监控。(3)数据最小化原则:遵循数据最小化原则,只收集完成工作所必需的最少信息,减少数据泄露的风险。(4)信息安全培训:定期对社区工作者进行信息安全意识培训,提高他们对个人信息保护的认识和技能。(5)技术防护措施:部署防火墙、入侵检测系统等网络安全设备,以防止未经授权的访问和各种网络攻击。(6)物理安全:确保所有存储介质和设备都存放在安全的环境中,防止物理盗窃或损坏。

案例中,防疫期间的个人信息不当泄露、非法提供或者滥用会给当事人带来很多问题,可能危害人身和财产安全,导致个人名誉、身心健康受到损害或遭遇歧视性待遇,也会导致个人信息成为网络诈骗活动的"金矿"。

第三专题　民生安全·社会治理

主题1　协商议事——社区协商议事的机制和实施

一、社区协商议事的背景与意义

【案例】南京市栖霞区外沙村借助"外婆桥"微幸福项目,自2019年通过栖霞区民政"社区微幸福"平台持续申报。初期以"助老带小、邻里互助"为出发点,打造主题休闲娱乐场所满足村民需求,展现自然与人文之美。为"外婆"赋能,向民宿输送"外婆管家",推出特色餐饮和产品作为民宿"金字招牌"。注册"外沙村""洲尚外婆"LOGO图文商标,固化议事协商品牌。外沙村先后获多项荣誉,被评为民政部试点单位、"淘宝村"等,是南京市职工疗休养基地,被评为"特别推荐乡村"。该项目培育了"洲尚外婆"议事协商团队,在改革创新中不断发展,为乡村建设注入新活力,提升了村民的生活品质和乡村的知名度。①

【问题】"洲尚外婆"议事协商团队对共治共享的社区治理有什么意义?

(一)政策背景

社区协商议事是指在社区党组织的引导下,社区居民、社区工作者及其他利益相关方共同参与,针对社区公共事务、问题或需求进行讨论、协商,并寻求共识和解决方案的过程。社区协商议事作为基层治理的重要组成部分,在国家治理体系中占据重要位置。近年来,随着社会的发展和居民需求的多样化,中共中央办公厅、国务院办公厅相继颁布《关于加强城乡社区协商的意见》和《关于加强和

---

① 《南京市栖霞区八卦洲街道外沙村:协商共治,共建新时代和美乡村》,载"老年周报"微信公众号,2023年11月20日发布。

完善城乡社区治理的意见》，明确提出加强社区协商议事的制度建设，推动城乡社区治理体系和治理能力现代化。

这些政策文件强调了社区协商议事在解决社区公共问题、促进居民参与、维护社区和谐稳定中的作用，为社区协商议事提供了政策依据和制度保障。政策的出台，不仅提升了社区协商议事的法律地位，也为社区协商议事的实践提供了明确的指导和规范。

（二）社区协商议事的必要性

社区协商议事作为一种民主治理形式，对于构建共建共治共享的社区治理格局具有重要意义。社区协商议事的必要性体现在以下几个方面：（1）促进居民参与，社区协商议事为居民提供了参与社区事务的平台，使居民能够直接参与到社区决策中，增强了居民的归属感和责任感。（2）解决社区问题，通过协商议事，可以集中居民的智慧和力量，共同探讨和解决社区存在的问题，如垃圾分类、小区安全、公共设施等，提高问题解决的效率和质量。（3）维护社区和谐，协商议事有助于平衡不同居民的利益，减少社区矛盾和冲突，促进社区的和谐稳定。（4）推动社区发展，社区协商议事可以激发居民的创造力和主动性，为社区发展提供新的思路和动力，推动社区持续发展和进步。总之，通过协商议事，可以更好地实现居民自治，提升社区治理的科学性和有效性。

（三）基本原则

社区协商议事的基本原则是为了确保议事过程的公正、透明和有效。这些基本原则包括：（1）公正性，确保所有参与者在议事过程中的权利和机会平等，避免任何形式的歧视和偏见。（2）透明性，议事过程和结果应对所有社区成员公开，确保信息的畅通无阻。（3）包容性，鼓励社区内不同背景和利益的成员参与议事，以获得多元化的视角和意见，尊重不同居民的意见和需求，寻求最大公约数。（4）参与性，通过有效的动员和参与机制，让更多社区居民能够参与到议事中来，提高议事的代表性。（5）持续性，议事不仅限于一次性的活动，而是一个持续的过程，需要定期回顾和更新。

案例中，外沙村以"外婆＋品牌""外婆＋宣传"为切入点，持续打造"洲尚外婆"议事协商团，发挥品牌效应，构建议事协商新格局，通过有重点、有声音、有结果的议事协商，既反映村情又引导民意，让村民真正感到议事协商于民、议事协商为民。通过推进议事协商工作，有效促进振兴乡村产业、营造乡村宜居生活环境、提高乡村治理水平、提升农民精神风貌，不断增强村民的幸福感和获得感。

二、社区协商议事的组织结构、主体、内容和形式①

【案例】南京市桥北商圈的桥北社区秉持共建共治共享原则,开展"商圈有约"议事会,社区党委、商圈党组织、商圈管理公司、商家、物业"五方参与",加强"社企"交流互通,让原本不相往来的商企从竞争对手变合作伙伴。议事会搭建后,开展助企帮扶活动 40 余场,培育"陶陶煎饼""脆皮五花肉""桥北小冰墩"等本地网红打卡点 20 家,涉企工单满意率达 100%,商业体商铺空置率低且无撤场情况,提升了劳动就业率。全方位激活商企活力,释放良好效应,打造出"以企促社、以社带企、互利共赢"的双向赋能治理模式,让商企从竞争变合作,共同推动桥北商圈发展。②

【问题】社区协商议事的组织结构与成员构成有何要求?

(一)社区协商议事的组织结构与成员构成

社区协商议事的组织架构是确保议事效率和质量的关键。一个合理的组织架构设计能够明确各成员的职责和权利,促进议事过程的有序进行。(1)架构原则:组织架构设计应遵循民主、透明、高效的原则,确保广泛的代表性和包容性。(2)层级设置:通常包括社区议事大会、议事小组、执行委员会等层级,每个层级有明确的职能和责任。(3)职能划分:议事大会负责制定议事规则和重大决策;议事小组负责议题的初步讨论和意见征集;执行委员会负责日常管理和议事执行。

社区成员的选拔和培养是提高议事质量的基础。通过严格的选拔机制和系统的培养计划,可以确保成员具备必要的能力和素质。(1)选拔标准:成员应具备良好的道德品质、较强的议事能力和一定的社区影响力。(2)选拔程序:通过社区居民推荐、自荐、组织审查等环节,确保选拔过程的公正性和透明性。(3)培养机制:通过定期培训、实践指导、经验交流等方式,不断提升成员的议事技巧和社区服务能力。(4)激励措施:建立有效的激励机制,如荣誉表彰、物质奖励等,提高成员的参与热情和议事积极性。

---

① 协商议事的内容、形式和流程部分参考了山东省地方标准《村(社区)议事协商工作指南》(2023 年 12 月 14 日施行)和温州市场监管局制定的《温州城乡社区协商操作规程》(2022 年 4 月 4 日施行)。

② 《江北新区党工委:有请当事人议事,面对面议难事,点对点办实事》,载"南京党建"微信公众号,2023 年 12 月 20 日发布。

通过以上组织架构设计和成员选拔培养,社区协商议事能够更加规范化、制度化,为构建和谐社区提供坚实的组织保障。

(二) 协商议事的主体

议事协商工作在村(社区)党组织主导下开展,其他议事协商主体包括但不限于:(1)村(居)民委员会成员、村(居)民代表、村(居)民小组组长;(2)村(居)务监督委员会、基层群团组织、社区社会组织;(3)涉及利益的党员、村(居)民、外来人员、驻村(社区)单位(组织);(4)村(社区)集体经济组织、合作组织;(5)基层政府及其派出机构;(6)涉及利益的其他个体、群体或组织;(7)根据议题需要,可邀请党代表、人大代表、政协委员、群团组织负责人、群众代表、社会工作者、老党员、老干部等列席;(8)对于专业性较强的协商议题,可邀请专业人士、第三方机构提供参考意见。

表 3-1　协商参与人员表

人员类别	协商参与人员
群体	村(居)民、党员、党代表、人大、政协、妇女、老年人、业主委员会、物业、新居民、特殊群体等人员
辖区单位	市直单位、乡镇、街道等政府部门人员,执法部门、驻村(社区)企事业单位、共建单位等单位人员
专业人士	与协商事项相关的各类专业人员
自主参与协商	对协商议题感兴趣、热心于村(社区)公共事务的村(居)民群众等人员

根据协商议题确定协商主体:(1)涉及村(居)民个体之间、村(居)民小组内部的事项,村(社区)党组织、村(居)民委员会[以下简称村(社区)两委]、村(居)民小组长共同选择确定协商主体;(2)涉及两个以上村(居)民小组的事项,由村(社区)两委选择确定协商主体;(3)涉及两个以上村(社区)或超出村(社区)两委协调范围的事项,由乡镇(街道)选择确定协商主体。

表 3-2　提出协商主体及协商议题所对应的协商事项表

序号	提出协商主体	协商事项
1	村(社区)或村(居)民	村(社区)与村(居)民之间的协商事项
2	村(居)民、村民小组组长、业主委员会或楼宇长	村(社区)与自然村(村民小组)、小区、楼宇之间的协商事项

续表

序号	提出协商主体	协商事项
3	村(社区)、业主委员会、物业公司、辖区企事业单位、机关单位或社区社会组织等	村(社区)与其他组织之间的协商事项
4	村(社区)或政府部门	村(社区)与政府部门之间的协商事项
5	村(社区)党组织或村(居)民委员会成员	村(社区)内部之间的协商事项

（三）协商议事的内容

城乡社区协商事项大体包括：(1)村(社区)与村(居)民之间的协商事项,涉及部分村(居)民某种特殊需求的规约等制定或修订事项。涉及村(社区)治安、消防、食品安全,建立纠纷调解制度等安全建设事项。涉及村(社区)党员发展和教育管理、文化礼堂建设、村(居)务档案管理、妇女和未成年人合法权利保障等党群建设事项。涉及传染病预防与控制、村(社区)群众性文化体育、村(居)民民事纠纷、利益冲突等事项。涉及保护和改善生态环境、河道清淤疏浚和保洁、劝阻和报告违法装修行为等生态建设事项。涉及辖区内多数村(居)民利益的重要公共事务和公益事业,村(居)民意见较为集中的重点难点热点等事项。(2)村(社区)与自然村(村民小组)、小区、楼宇之间的协商事项,涉及自然村(村民小组)的财务开支、公益建设、集体经济、产业发展、村容村貌管理。涉及小区垃圾污水管理、宠物豢养管理、公共绿化管理、公共设施管理、噪音环境管理等事项。涉及社区文明楼道管理、天井管理、车辆停放管理等事项。(3)村(社区)与其他组织之间的协商事项,村(社区)与业主委员会、物业公司等就物业管理与服务相关的协商事项。村(社区)与辖区企事业单位、机关单位就共驻共建、资源共享等相关的协商事项。村(社区)与村(社区)社会组织就公共设施使用管理维护、公益事业建设、公益活动举办等相关的协商事项。(4)村(社区)与政府部门之间的协商事项,政府部门委托的事项。各级各类项目涉及村(社区)拆建、搬迁的事项。其他需要协商的事项。(5)村(社区)内部之间的协商事项,村(社区)党组织、村(居)民委员会内部管理制度、任务分工、管理监督以及其他需要协商的事项。

涉及下列事项的,需进入"五议两公开"民主决策程序：①(1)村(社区)发展

---

① "五议"即党员群众建议、村(社区)党组织提议、村(社区)务联席会议商议、党员大会审议、村民或居民(代表)会议决议；"两公开"即决议结果公开、实施结果公开。

规划和年度工作计划;(2)自治章程、居民公约、村规民约等制定或修订;(3)村(社区)财务预决算,集体经济大额资金的使用;(4)村(社区)集体资产和经济项目发包出租、集体资产处置和收益分配等方案;(5)二三产留用地开发利用,宅基地安排使用,村民承包土地、征用征收补偿分配及使用等方案;(6)村(社区)基础设施项目建设立项、承包、招投标等;(7)社会救助、保障性住房分配、危房改造、社会养老、残疾人保障等公共福利事项;(8)村(社区)公益事业的兴办和筹资筹劳方案及建设承包方案;(9)"一事一议"的事项。

(四)协商议事的形式

线下协商:对具备集中议事条件的,通过议事会、座谈会等进行会议协商;对于需查看协商议题关联现场的,组织现场协商。

表 3-3　协商方式适用情形

序号	协商方式	具体形式	适用情形
1	互联网协商	"智慧社区"平台、微信、QQ 等	宜适用于下列情形的协商议题: (1)人员居住分散,在一个规定时间内难以集中协商; (2)协商参与人员自愿通过互联网参与协商; (3)协商参与人员具有一定的文化水平和能力,能借用现代信息技术开展有效沟通和正确表达自己的意见
2	现场协商	座谈式协商	宜适用于下列情形的协商议题: (1)涉及村(社区)公共事务、公共矛盾、公共秩序管理、公共设施建管用以及村(社区)组织管理权限内应"还权于民"的其他事务等; (2)涉及面窄的议题,主要是涉及面较窄的矛盾纠纷
3		论证协商	宜适用于专业性技术性强的议题
4		入户走访协商	宜适用于下列情形的协商议题: (1)拆迁等涉及村(居)民公共利益的; (2)涉及村(居)民民事纠纷调处的
5		书面征询协商	适用于所有协商议题
6	互联网＋现场协商	"智慧社区"平台、微信、QQ、视频形式与现场协商相结合	宜适用于下列情形的协商议题: (1)协商人员无法统一协商方式; (2)部分人员无法参与现场协商

注:座谈式协商可在互联网平台上进行,作为互联网协商。论证协商由村(居)民委员会牵头召开民主评议会、决策听证会、村民论坛等方式,邀请相关专家学者、专业技术人员、第三方机构等参与协商并进行论证评估。

社区协商议事正逐步融入数字技术,如在线会议、电子投票等,以提高效率和参与度。线上协商:对开展集中议事协商较为困难,通过线上形式能达到广泛协商效果的,可通过村(社区)信息平台、视频会议、社交软件等方式进行线上协商。

利用互联网技术,结合线上讨论平台和线下会议,提高议事的参与度和便捷性。线下、线上相结合的协商:结合议事协商参与主体的情况和具体协商事项,采用线上、线下相结合的协商形式开展议事协商。

三、社区协商议事的流程与方法

【案例】浙江桐乡市杨家门社区积极探索基层治理新格局。以社区为"主心骨"、业委会为"当家人"、物业为"大管家",推出伙伴议事协商机制,坚持"事情共商、资源共享、难事共办"原则。(1)需求多方提,理清"议什么"。通过多种方式拓宽民情征集渠道,网格长开展民情夜访,依托"社情民意气象站"和小区睦邻站"回音壁"收集居民需求,三方协同分析后按轻重缓急进入议事程序。(2)过程三方议,规范"怎么议"。利用"1+2+N"党群服务阵地布局搭建"伙伴会客厅"议事平台,每月或不定期召开三方协同议事会,建立议事流程和规则,当场商讨解决措施,明确责任人,对阶段性推进措施列出方案并确定责任主体,社区给予指导。(3)事项闭环办,落实"如何做"。明确闭环机制,公示方案并答疑,三方共同监督项目进度和经费使用,确保方案顺利实施、问题有效解决。(4)成效伙伴评,强化"群众督"。项目落地后,"红杨伙伴"评判团进行满意度测评,加强对业委会和物业公司监督。三方每年对项目"回头看",不合理处进入新议事循环。社区已开展议事协商会议30余场,解决民生议题40余个。[①]

【问题】社区协商议事有哪几个环节?具体有哪些要求?

(一)提出协商议题

提出协商议题:(1)不同协商议题需由不同协商主体向村(社区)党组织或村(居)民委员会提出,村(社区)党组织、村(居)民委员会成员也可提出协商议题,提出协商主体及协商议题所对应的协商事项。(2)村(社区)党组织、村(居)民委

---

① 《杨家门社区创新"三方协同伙伴共治"议事协商机制》,载"桐乡社会工作"微信公众号,2024年8月6日发布。

员会需通过走访询问、"智慧社区"平台、热线电话、微信公众号等方式向协商主体征集议题。议题需由村(居)民委员会统一收集登记,并形成《协商议题建议和审核表》。

(二)审核协商内容

村(社区)两委需在1个月内通过两委联席会议按下列要求对协商议题进行审核:属于城乡社区协商事项目录中规定的;影响村(社区)、村(居)民公众利益相关的;具备合法性、合理性、可行性的。协商议题不属于"五议两公开"民主决策程序的事项。

通过议题审核时,村(社区)两委需确定该议题协商的召集人、记录员、指导员及监督员,其要求与职责如下:(1)召集人,宜由议题提出人或村(社区)两委或在群众中具有一定代表性、影响力及较强召集组织能力的村(居)民担任,负责确定协商方案、拟订协商规则、主持开展民主协商活动等;(2)记录员,宜由专职村(社区)工作人员或者村(社区)干部担任,也可由协商主体推选一名能记录协商内容及过程的人员担任,负责协商全过程的记录;(3)指导员,宜由村(社区)干部或驻村(社区)干部担任,负责指导协商工作,并在协商过程中帮助对接和联络有关部门;(4)监督员,宜由村(居)务监督委员会成员担任,负责协商过程及落实过程的全程监督,并记录、公布落实情况。

协商议题审核通过后3日内,由村(居)民委员会将协商议题审核结果告知议题提出主体。

只准许符合城乡社区协商事项目录中要求的协商议题进入确定协商方案阶段。

(三)确定协商方案

协商召集人需通过电话、走访、微信、QQ或会议等方式与各利益相关方沟通联系,并拟订协商方案中的下列内容:(1)时间。需在协商议题确定后15日内进行民主协商。(2)参与人员。人员的确定需充分考虑议题事项的内容、利益关系、复杂程度和影响范围等因素,还需体现自主参与、辖区职能部门及专业人士参与指导等原则,协商参与人员见表3-1。(3)形式。针对不同类型协商议题选择适宜的协商方式。(4)主持人。宜由协商召集人担任。

协商召集人需在协商方案拟订后2日内将其传达至各利益相关方,各利益相关方如有异议需在2日内反馈,协商召集人根据反馈意见可对协商方案内容作适当的调整,并将调整后的协商方案及时传达至各利益相关方。

当采用入户走访协商或书面征询协商形式时,应转移至组织开展协商阶段。

当采用互联网协商、现场协商(座谈式协商、论证协商),以及互联网＋现场协商方式时,应转移至拟订协商规则阶段。只准许有形成协商方案的协商议题进入公告协商方案阶段。

(四)公告协商方案

村(居)民委员会需通过表3-4中规定的一种或多种公告方式,在组织召开民主协商活动3日前发布公告,公告的内容需包括协商议题、形式、协商参与人员、召集人(主持人)、协商记录员、协商指导员、协商监督员、时间、地点等相关信息,并将《协商议题建议和审核表》作为附件进行公示,为协商做好准备。

表3-4　公告类别表

序号	公告类别	具体形式
1	互联网公告	"智慧社区"平台、微信公众号、短信平台等
2	现场公告	入户告知、村(居)务公开栏、宣传画廊、电子屏、板报等

协商规则由协商召集人在进行民主协商前拟订,拟订的协商规则需包括发言规则与表决规则。(1)发言规则需至少包括(但不限于)以下内容:由议题提出主体(人)对议题进行说明;利益相关方举手发言,得到主持人允许后方可发言。先举手者优先,但尚未对当前议题发过言者,优先于已发过言者。同时,主持人需尽量让意见相反的双方轮流得到发言机会,以保持平衡;发言人需首先表明对当前待协商事项决议题的立场是赞成还是反对,然后说明理由;参会者之间不可直接辩论,且不能在其他人的发言过程中插话发言,如有该情况出现,主持人应进行制止;参会者发言时需注意用语文明,不得进行人身攻击、质疑动机、扣帽子、贴标签等;每人每次发言时间不宜超过3分钟,次数不宜超过2次。(2)表决规则需至少包括(但不限于)以下内容:当约定的发言次数都已用尽,或者虽然还没有用尽,但没人再要求发言,主持人可发起表决;主持人需先请赞成方举手,再请反对方举手,最后请弃权方举手,记录人做好统计;参与表决人员为各利益相关方,表决比例需遵循赞成方过半数或以上为通过原则,法律法规及政策有规定表决比例的事项除外。

(五)组织开展协商

互联网协商、座谈式协商、论证协商以及互联网＋现场协商采用以下的协商过程:(1)会议签到,其中互联网协商签到可通过互联网平台的签到设置、文字输入签到或记录人统计到会人员并截图等方式进行;(2)会议开始,主持人公布拟订的协商规则,并发起表决,参与表决人员为各利益相关方,表决比例需遵循赞成方过半数或以上为通过原则；(3)协商规则表决通过后，主持人宣布协商正式开始；(4)议题提出人对议题进行简要说明；(5)利益相关方发言，发言规则按已表决通过的议事规则要求；(6)针对专业性技术性强的议题，由专家学者、专业技术人员、第三方机构对涉及专业性、技术性的内容进行论证、分析、评估，并在会议过程中解答利益相关方的疑问；(7)各利益相关方充分发言后，主持人发起表决，表决规则按已表决通过的协商规则要求；(8)主持人公布协商结果；(9)协商记录员做好相关记录，形成《城乡社区协商记录表》。

是否需要进行入户走访协商、书面征询协商以及具体协商要求视协商议题和实际需求而定。入户走访协商、书面征询协商主要在互联网协商、座谈式协商、论证协商议事活动的前期或后期进行，在前期进行入户走访协商或书面征询协商主要是调研、征求意见、协调沟通等，在后期进行入户走访协商或书面征询协商主要是回访、跟踪协商落实情况等。协商过程的记录可用书面、图文、音频或视频。村(居)务监督委员会对议题协商过程实施全程监督，协商过程违反法律法规、与有关政策冲突的，需予以纠正，并做好宣传教育工作。

(六) 形成并公布协商意见

只准许符合城乡社区协商事项目录中规定的协商事项进入表决，按下列要求形成表决结果：(1)符合协商表决规则的视为协商主体达成一致意见，并提出可落实的协商意见；(2)表决未达到通过比例的且表决赞成人数少于三分之一的，终止协商；(3)表决未达到通过比例的但表决赞成人数达到三分之一的，时机成熟后再次组织开展协商。

告知协商结果。形成协商结果后 3 日内，按下列要求进行报送和告知：(1)协商记录员需将《城乡社区协商记录表》报送至村(居)务监督委员会，也可同时报送相关部门单位或其他组织；(2)受政府或有关部门委托的协商事项，受委托单位仅需向委托单位告知协商结果；(3)村(居)民委员会需通过电话、微信、QQ、"智慧社区"平台等方式向利益相关方告知，并通过一种或多种方式发布公告。

四、社区协商议事的落实、监督与评估机制

【案例】常熟市虞山街道北门大街社区通过"妇联执委＋铁脚板"的妇女议事会模式，议事人员越来越活跃、议事方式越来越灵活、议事主题越来越鲜活，使得妇女议事更有温度、更接地气，一大批议事成果转化为基层治理效能。"华丰园3幢2单元加装电梯议事会"通过了该楼道电梯采用"连廊"式设计的方案，并确定各层的出资方案等内容；同时，社区妇联还利用楼道长的优势，成立了由5名妇女骨干组成的自治小组，负责征求意见、确定方案、监管施工、后期维护等事宜，明确楼道门前"三包"方案等管理制度。①

【问题】北门大街社区在加装电梯的方案形成后是如何落实实施的？

协商召集人需及时做好对协商结果持不同意见群众的解释与说明。

协商事项需通过下列方式落实：(1)村(社区)落实的事项：由村(社区)党组织、村(居)民委员会组织实施；(2)其他利益相关方落实的事项：由村(社区)党组织、村(居)民委员会与其他利益相关方加强协调沟通，督促其尽快组织实施。落实单位宜在收到协商结果告知后30日内完成落实并办结。对涉及面广、较为复杂的事项，村(居)务监督委员会向利益相关方说明原因，协定办结期限，并及时反馈协商事项的落实情况。

村(居)务监督委员会对协商结果落实过程实施全程监督并记录落实情况，形成《城乡社区协商结果监督落实记录表》，并及时向社会公布，包括结果落实的进度、落实过程中的问题、结果落实所产生的影响等，涉及筹资筹劳的需及时公布筹资筹劳情况。

在执行协商各个阶段的程序指示过程中，村(居)民委员会需保留至少(但不限于)以下记录，并通过记录实现可追溯：《协商议题建议和审核表》《协商方案公告》《城乡社区协商活动签到表》《城乡社区协商记录表》《城乡社区协商结果监督落实记录表》《协商结果公告》，协商中的图文、音频或视频记录。村(居)务监督委员会需对保留的协商记录完整性进行审核，审核通过后由村(居)民委员会将其上传至"智慧社区"等信息化平台，并对各类形式的记录进行归档。

通过上述措施，社区协商议事的监督机制能够确保议事过程的公开、透明和高效，促进社区治理的科学化、规范化和民主化。

案例中，北门大街社区通过"妇女议事会"模式推动基层民主协商，形成"自治"工作机制：每加装一部电梯都会组建自管会，动员街道、居委会、小区的巾帼志愿者加入其中，落实分工、形成合力；推选居民骨干成立自治小组和电梯自治基金会，负责征求意见、确定方案、监管施工等工作，调动居民积极性，按下加装电梯"快进键"。

---

① 《议事协商定方案，加装电梯解民忧》，载"苏州女性"微信公众号，2023年8月15日发布。

主题 2 受保护权——未成年人保护法律制度解读

一、未成年人的受保护权

【案例】5 岁的巫某某在某艺术传播公司开办的舞蹈班学习舞蹈,在下腰训练时巫某某向后仰摔倒在瑜伽垫上,其自行起立,用手捂住后背坐下并哭泣,随后巫某某双下肢疼痛,逐渐出现下肢无力、不能站立、伴下腹疼痛等症状,舞蹈老师赵某某未发现。另一工作人员发现巫某某在哭泣,对其进行简单安抚后,巫某某自行回家,于当日被家人紧急送往医院治疗,入院诊断为:松弛性截瘫。巫某某前后入院治疗 4 次,后经鉴定:巫某某的损伤为一级伤残,巫某某"脊髓损伤"与舞蹈学习行为之间存在完全因果关系。后双方对赔偿问题协商无果,巫某某遂诉至法院请求艺术传播公司等赔偿损失 250 余万元。[①]

【问题】某艺术传播公司需要承担赔偿责任吗?

未成年人的受保护权就是未成年人有免遭侵害的权利。未成年人受保护权的内容主要针对那些重要的、易受到侵害的权利。

(一)身体健康受保护权

身体健康受保护权,是指未成年人的生命和身体健康免受侵害和威胁的权利。主要包括免受不法行为侵害权和免受不法物品侵害权。

免受不法行为侵害权。免受不法行为侵害权是未成年人的身心健康免受各类不法行为侵害的权利,不法侵害行为是该权利的危险来源,同时也是威胁未成年人受保护权的主要来源。在实践中,侵害未成年人身心健康的不法行为侵害主要来源于以下几类主体:(1)未成年人的父母和其他监护人。(2)儿童照料机构。(3)学校及其他教育机构。(4)除了父母、教师、同学等日常生活、学习中的熟人外,未成年人的身体健康与人身安全有时会受到来自社会与陌生人的威胁。

免受不法物品侵害权。未成年人的身体健康不仅面临着来自家庭、学校、社会的不法侵害行为的威胁,还会受到各类物品的损害,其中最具代表性的有两类,一是毒品与精神麻醉药品;二是烟酒。其他如不安全的儿童食品、玩具用品

---

① 《广安中院发布八起未成年人权益保护典型案例》,载"广安中院"微信公众号,2024 年 5 月 30 日发布。

等。吸食毒品的危害众所周知,目前,吸毒现象在我国的未成年人群体中并不常见,但还有一些虽然没有被明确列入毒品目录,但是具有强烈成瘾性的麻醉品被滥用的情况存在,需要引起警惕。

案例中,法院审理认为,艺术传播公司作为舞蹈培训机构,对幼儿亚某某进行培训时,未充分考虑站下腰动作风险,缺乏预防措施,亚某某下腰倒地受伤后又忽视伤情,致其急性脊髓损伤、遗留截瘫。公司未尽教育、管理义务,应承担赔偿责任,判决赔偿210余万元。此案既维护了亚某某健康权,也警醒专业培训机构,面对未成年学员应更规范、谨慎、细心,严格遵守"五不要",避免此类惨痛事件再次发生,切实保障未成年人在教学活动中的安全。

(二)心理健康受保护权

心理健康受保护权,是指未成年人的思维意志与精神性格免受不良信息与外部侵害行为的影响,从而保持健康、积极的心理状态的权利。

1. 人格尊严免受侵害权

侵害未成年人人格尊严的形式主要包括以下几种:(1)侮辱、诽谤。所谓侮辱,是指使用暴力或者以其他方法,公然贬损他人人格,破坏他人名誉的行为。诽谤,是指故意捏造并散布虚构的事实,从而贬损他人人格,破坏他人名誉的行为。(2)虐待。虐待,是指以伤害或贬损人格为目的,长期、持续地以残暴狠毒的手段对待受害者,往往表现为殴打、冻饿、有病不给予治疗等,虐待的对象一般为家庭成员。

2. 免受性侵害权

性侵害是一种同时损害未成年人身体健康和心理健康的复合型侵害行为,尤其对未成年人的心理健康造成极为恶劣的影响,甚至会给受害的未成年留下一生都无法消除的可怕阴影。狭义的性侵特指强奸,广义的性侵包括强奸、猥亵、强迫性交易、未经同意拍摄色情图片或视频等。

随着移动互联网的全面覆盖和通信软件的快速发展,利用网络空间实施的非接触型猥亵儿童犯罪行为逐渐增多。由于网络空间的跨地域性和虚拟性,使得网络猥亵儿童行为具有较强的隐蔽性,特别是青少年心智发育不成熟,识别风险、自我保护的意识和能力相对薄弱,更容易成为网络违法犯罪的侵害对象。

家庭、学校和有关部门要在教育、关爱、保护未成年人方面各司其职,在网络安全教育和性教育体系等方面做好协同,为未成年人的身心健康发展营造安全的线上线下空间。

3. 免受不良信息侵害权

免受不良信息侵害权,是指未成年人作为信息受众,有权不受到淫秽、暴力、恐怖、邪教、诈骗等信息的侵扰与毒害。(1)色情淫秽信息。"淫秽信息"是指具体描绘性行为或者露骨宣扬色情的诲淫性的各类文字、图片、视频等信息,但有关人体生理、医学知识的科学信息以及虽然包含色情内容但具有重要艺术价值的文学、艺术作品不属于淫秽信息。典型的色情淫秽物品有黄色小说、色情图片、色情电影或包含色情淫秽情节的电影、电视剧,色情音频与色情物品(如雕塑、情趣物品等)等。色情淫秽信息是对未成年人心理健康危害最大的一类有害信息。长期接触色情淫秽信息,不仅会对未成年人的心理健康产生负面影响,诱发强烈的性冲动与性幻想,还会引发手淫、自慰、早恋等行为,甚至会催生性行为尝试、怀孕乃至性犯罪等严重问题。(2)恐怖信息。恐怖信息一是指恐怖主义、极端主义信息,二是指恐怖惊骇信息。恐怖惊骇信息包括恐怖电影、恐怖漫画、恐怖小说、灵异故事以及带有恐怖惊骇情节的文学作品、纪录片等。无论何种意义上的恐怖信息均会严重侵害未成年人的心理健康,应成为免受不良信息侵害权的排除对象。(3)暴力信息。包含暴力、血腥元素的信息也会对未成年人的心理健康产生消极影响。这种消极影响包括两个方面,一是会使接触这些信息的未成年人产生恐惧、惊吓、恶心等心理,瓦解其对社会安全感以及对公平、正义、法治的信赖;二是会诱导未成年人的暴力倾向,引发校园欺凌、打架斗殴甚至严重的暴力犯罪问题。

4. 隐私、名誉、荣誉受保护权

除人格侮辱、性侵害与不良信息外,对未成年人隐私、名誉和荣誉的侵害也会在一定程度上影响未成年人的心理健康。私密性和不愿为他人知晓,是隐私的两个特征。未成年人有不愿公开的隐私,是未成年人独立意识和自尊意识的体现,暴露未成年人的隐私,是对未成年人自尊心的践踏,亦是对其人格的不尊重,会对未成年人心理产生消极影响。名誉,是对民事主体的品德、声望、才能、信用等的社会评价。荣誉,是指公民或法人所享有的,因自己的突出贡献或特殊劳动成果而获得的光荣称号或其他肯定性评价。侵犯未成年人的名誉或荣誉,同样会对未成年人心理健康造成危害。①

---

① 宋纪连、金富平、吴翠玲:《法治阳光,伴我成长——初中阶段的法治教育锦囊》,上海人民出版社 2023 年版,第 168—172 页。

二、未成年人权益的家庭和学校保护

【案例】2020 年 8 月,胡某和陈某协议离婚,约定女儿胡小某由其母即陈某抚养,胡某每月支付抚养费。一个月后,因陈某再婚,有两三个星期未送胡小某去上学。自 2020 年 12 月 10 日起,胡某为胡小某找来全托保姆单独居住,胡某自己住在距胡小某住处 20 公里的乡下别墅内,由保姆单独照护胡小某,陈某每周末去接孩子。胡某认为离婚后,陈某未能按约定履行抚养女儿的义务,遂将陈某诉至法院,请求法院判令将女儿胡小某的抚养权变更给胡某。经法庭询问,胡小某表示更愿意和妈妈陈某在一起生活。①

【问题】陈某在无正当理由的情况下让胡某委托保姆单独照护年幼的女儿需要承担什么法律责任?

(一)未成年人权益的家庭保护

良好的家庭监护最有利于未成年人的健康成长。家庭监护的状况直接影响着未成年人的身心发展质量。《未成年人保护法》第二章全章从第 15 条到第 24 条共 10 条,围绕未成年人的父母或者其他监护人如何履职尽责作出了全面规定。

第 15 条规定:"未成年人的父母或者其他监护人应当学习家庭教育知识,接受家庭教育指导,创造良好、和睦、文明的家庭环境。共同生活的其他成年家庭成员应当协助未成年人的父母或者其他监护人抚养、教育和保护未成年人。"该条是关于家庭保护职责的总括性规定。家庭教育需要知识和能力,也需要智慧和技巧,为人父母者不一定懂教育、会教育,因此,父母或者其他监护人要自觉学习家庭教育知识,主动接受家庭教育指导,尽快使自己成为一个合格的家庭教育者。子女是家庭环境的写照,未成年人的健康成长,离不开良好、和睦、文明的家庭环境,因此,创造良好、和睦、文明的家庭环境是未成年人的父母或者其他监护人的基础性工作,也是做好家庭教育的基本要求。该条第 2 款特别指出,共同生活的其他成年家庭成员如祖父母、外祖父母,不属于监护人,没有监护权。这些成年成员应当尊重监护人的监护权,不应当干涉和影响监护人依法履行监护职责,但应当协助对未成年人进行教育、照料和抚养。

①《最高法发布九起未成年人保护典型案例》,载"最高人民法院"微信公众号,2022 年 3 月 1 日发布。

第 16 条规定:"未成年人的父母或者其他监护人应当履行下列监护职责:(一)为未成年人提供生活、健康、安全等方面的保障;(二)关注未成年人的生理、心理状况和情感需求;(三)教育和引导未成年人遵纪守法、勤俭节约,养成良好的思想品德和行为习惯;(四)对未成年人进行安全教育,提高未成年人的自我保护意识和能力;(五)尊重未成年人受教育的权利,保障适龄未成年人依法接受并完成义务教育;(六)保障未成年人休息、娱乐和体育锻炼的时间,引导未成年人进行有益身心健康的活动;(七)妥善管理和保护未成年人的财产;(八)依法代理未成年人实施民事法律行为;(九)预防和制止未成年人的不良行为和违法犯罪行为,并进行合理管教;(十)其他应当履行的监护职责。"

第 17 条规定:"未成年人的父母或者其他监护人不得实施下列行为:(一)虐待、遗弃、非法送养未成年人或者对未成年人实施家庭暴力;(二)放任、教唆或者利用未成年人实施违法犯罪行为;(三)放任、唆使未成年人参与邪教、迷信活动或者接受恐怖主义、分裂主义、极端主义等侵害;(四)放任、唆使未成年人吸烟(含电子烟,下同)、饮酒、赌博、流浪乞讨或者欺凌他人;(五)放任或者迫使应当接受义务教育的未成年人失学、辍学;(六)放任未成年人沉迷网络,接触危害或者可能影响其身心健康的图书、报刊、电影、广播电视节目、音像制品、电子出版物和网络信息等;(七)放任未成年人进入营业性娱乐场所、酒吧、互联网上网服务营业场所等不适宜未成年人活动的场所;(八)允许或者迫使未成年人从事国家规定以外的劳动;(九)允许、迫使未成年人结婚或者为未成年人订立婚约;(十)违法处分、侵吞未成年人的财产或者利用未成年人牟取不正当利益;(十一)其他侵犯未成年人身心健康、财产权益或者不依法履行未成年人保护义务的行为。"

上述两条分别从正、反两方面详细规定了未成年人的父母或者其他监护人履行监护职责的积极作为和禁止行为。监护人的监护职责到底有哪些,很多监护人实际上并不清楚,这导致监护人有随意监护的错误认识。比如,很多监护人认为给子女提供丰富的物质生活就是尽了监护职责,只照顾起居生活,关注身体健康、人身安全等问题,较少关注孩子的学习、思想道德教育、心理健康等方面的情况,忽视了对子女进行精神上的关心和指引。因此,将监护人的监护职责具体化十分有必要。上述两条将日常中的情况都考虑到了,非常详细。还设定了兜底项,以保障其发展性、开放性。

第 18 条规定:"未成年人的父母或者其他监护人应当为未成年人提供安全的家庭生活环境,及时排除引发触电、烫伤、跌落等伤害的安全隐患;采取配备儿童安全座椅、教育未成年人遵守交通规则等措施,防止未成年人受到交通事故的伤害;提高户外安全保护意识,避免未成年人发生溺水、动物伤害等事故。"未成年人的人身安全问题是需要高度关注的重大、突出问题。中国疾控中心慢性非传染性疾病预防控制中心于 2017 年 12 月 22 日发布的《中国青少年儿童伤害现状回顾报告》指出:每年有超过 5 万 4 千多名儿童死于伤害;平均每天 148 人。我国 0—19 岁青少年儿童伤害死亡率呈波动下降,但伤害一直是我国 0—19 岁青少年儿童死亡的首要原因,占所有死亡的 40%—50%,溺水、道路交通伤害和跌倒/坠落是前三位伤害死因。[①]因此,《未成年人保护法》在第 16 条第 1 款、第 4 款概括性规定监护人履行安全保障和安全教育的义务后,又于第 18 条专门就未成年人的安全问题予以细化和强化。根据该条的规定,父母或者其他监护人对未成年人的安全保障义务主要在以下三个方面:一是家庭环境安全;二是交通安全;三是户外活动安全。

第 19 条规定:"未成年人的父母或者其他监护人应当根据未成年人的年龄和智力发展状况,在作出与未成年人权益有关的决定前,听取未成年人的意见,充分考虑其真实意愿。"该条是保障未成年人家庭领域参与权的规定。未成年人参与权的权益落脚点在于未成年人能够在一定程度上影响决策与选择的内容。因此,未成年人真实意愿应得到监护人的充分考虑。

第 20 条规定:"未成年人的父母或者其他监护人发现未成年人身心健康受到侵害、疑似受到侵害或者其他合法权益受到侵犯的,应当及时了解情况并采取保护措施;情况严重的,应当立即向公安、民政、教育等部门报告。"该条是关于监护人及时采取保护措施和强制报告义务的规定。该条用了"及时""立即"等词语,旨在要求监护人第一时间去发现、处理未成年人的伤害事件。未成年人受侵害的案例表明,未成年人受到侵害后,往往选择沉默,不愿跟家长说明情况,这就使得侵害持续很长时间或者反复发生,最终常造成更为严重的后果。针对这些突出问题,该条作出针对性规定,主要包含以下三方面内容:一是监护人应当密切关注未成年人的身心状况和变化,保持良好的沟通,以便第一时间能够发现未成年人身心健康受到侵害、疑似受到侵害或者其他合法权益受到侵犯的情况。比如,未成年人遭受性侵害、欺凌时,往往都会表现出变得沉默寡言、学习成绩下滑、注意力不集中、精神恍惚、性格大变等迹象。父母或者其他监护人发现这些

---

① 《〈中国青少年儿童伤害现状回顾报告〉最新发布》,载"安徽省现代心理学研究院"微信公众号,2018 年 1 月 31 日发布。

苗头时,应当多加观察和注意。二是监护人应当及时了解情况并采取后续保护措施。父母或者其他监护人发现相关情况时,应当采取适当的方式及时向未成年人或者所在学校了解情况,细致倾听未成年人的陈述和想法。当未成年人不愿意交流时,应当耐心等待和疏解。了解情况后,发现有身体受到伤害的,应当及时采取救助措施,必要时应当进行身体检查和就医。此外,侵害往往会给未成年人的心理造成不同程度的创伤,父母或者其他监护人应当留意未成年人的心理变化,帮助其接受心理辅导。三是敢于、善于运用法律武器维护未成年人的合法权益,侵害情况严重的应当立即报告,不得隐瞒、不报。

针对农村留守儿童等特殊群体,新修订的《未成年人保护法》增加了特别保护措施,以解决因父母外出务工等原因导致的监护缺失问题。具体措施包括:(1)强化父母的监护责任,要求父母在外出期间委托具有照护能力的成年人代为照护,并明确委托照护的条件和程序。(2)规定无正当理由不得委托他人代为照护,确保留守儿童得到适当的监护和照顾。(3)完善委托照护制度,明确委托人和被委托人的权利与义务,以及在委托照护过程中应特别注意的问题。(4)加强对留守儿童的关爱和帮扶,村委会、居委会等基层组织应协助政府监督被委托人的照护情况,确保留守儿童的权益得到有效保护。通过这些措施,新修订的《未成年人保护法》旨在加强对家庭内未成年人的保护,特别是对留守儿童等弱势群体的特别关怀,确保他们能够在一个安全、健康、有利于成长的环境中茁壮成长。

《家庭教育促进法》规定,父母应当加强亲子陪伴,即使未成年人的父母分居或者离异,也应当相互配合履行家庭教育责任,任何一方不得拒绝或者怠于履行。《家庭教育促进法》明确规定,"父母或者其他监护人应当树立家庭是第一个课堂、家长是第一任老师的责任意识,承担对未成年人实施家庭教育的主体责任,用正确思想、方法和行为教育未成年人养成良好思想、品行和习惯"。

案例中,陈某无正当理由让保姆单独照护年幼女儿,属怠于履行家庭教育责任。人民法院考虑胡小某意愿后依法判决,并发出全国首份家庭教育令。裁定陈某关注孩子生理、心理和情感需求,与学校沟通了解状况,与胡小某同住,亲自养育陪伴,切实履行监护职责,承担家庭教育主体责任,不得让孩子单独与保姆居住生活,以纠正其不当行为。①

---

① 宋纪连、金富平、吴翠玲:《法治阳光,伴我成长——初中阶段的法治教育锦囊》,上海人民出版社 2023 年版,第 175—178 页。

（二）未成年人权益的学校保护

学校是未成年人重要的成长场所。未成年人在学校学习文化知识，接受素质教育，是其从家庭走向社会的过渡阶段。一方面，学校教育不仅影响着未成年人未来的发展，而且对其人格塑造具有不可替代的作用。另一方面，校园安全状况直接关系着未成年人在校期间的人身安全和健康。为充分保障未成年人在学校这一场域内的各项权利，《未成年人保护法》设专章围绕育人、安全保障这两个基本点规定了学校保护未成年人的职责。

1. 育人方面的规定

中小学的教育职责：(1)促进未成年学生全面发展。中小学应当全面贯彻国家的教育方针，实施素质教育，提高教育质量，坚持以学生为中心，注重培养未成年学生独立思考能力、创新能力和实践能力，促进未成年学生全面发展。(2)注重思想道德与法治教育。学校应当按照国家课程标准和地方课程设置要求，根据学生群体和年龄特点，开展思想道德教育、法治教育、生命教育、劳动教育、勤俭节约教育、安全教育、健康教育、青春期教育，进行社会生活指导、心理健康辅导。(3)平等关爱有困难学生。学校应当关心、爱护未成年学生，不得因家庭、身体、心理、学习能力等情况歧视学生。对家庭困难、身心有障碍的学生，应当提供关爱；对行为异常、学习有困难的学生，应当耐心帮助。(4)落实控辍保学职责。学校应当建立和完善辍学学生劝返复学工作。(5)保障学生休息娱乐锻炼时间。学校应当与未成年学生的父母或者其他监护人互相配合，保证未成年学生的睡眠、娱乐和体育锻炼时间，不得加重其学习负担。学校应当在教育行政部门的指导下对不同季节中小学、幼儿园早晨上课时间作出合理安排，保证未成年学生充足的睡眠时间。具备条件的中小学校应当结合实际建立健全课后服务制度。课后服务工作要遵循教育规律和学生成长规律，安排学生做作业、自主阅读、体育、艺术、科普活动，以及娱乐游戏、拓展训练，开展社团及兴趣小组活动，观看适宜未成年人的影片，等等。

幼儿园的保教职责。幼儿园应当科学开展保育、教育工作，遵循幼儿身心发展规律，面向全体幼儿，尊重个体差异，坚持以游戏为基本活动，保教结合，寓教于乐，促进幼儿在体质、智力、品德等方面和谐发展。防止和纠正幼儿园教育"小学化"倾向。

2. 安全保障方面的规定

建立校园安全管理制度。学校安全是办学的底线。学校要切实承担起校内安全管理的主体责任，依法健全安全管理制度，保障未成年人的人身和财产安全。具体包括：健全门卫制度，建立校外人员入校的登记或者验证制度。校内安全定期检查制度和危房报告制度。落实消防安全制度和消防工作责任制。建立用水、用电、用气等相关设施设备的安全管理制度。建立食堂物资定点采购和索证、登记制度与饭菜留验和记录制度。建立实验室安全管理制度，并将安全管理制度和操作规程置于实验室显著位置。建立危险化学品、放射物质的购买、保管、使用、登记、注销等制度。建立学生安全信息通报制度，将学校规定的学生到校和放学时间、学生非正常缺席或者擅自离校情况以及学生身体和心理的异常状况等关系学生安全的信息，及时告知其监护人。有寄宿生的学校应建立住宿学生安全管理制度，配备专人负责住宿学生的生活管理和安全保卫工作。建立安全工作档案，记录日常安全工作、安全责任落实、安全检查、安全隐患消除等情况。

对未成年人进行安全教育。健全学校安全教育机制，将提高学生的安全意识和自我防护能力作为素质教育的重要内容。在教育中要增加反欺凌、反暴力、反恐怖行为，防范针对未成年人的犯罪行为等内容。根据学生群体和年龄特点，有针对性地开展安全专题教育，定期组织应对地震、火灾等情况的应急疏散演练。积极联系相关部门和单位参与学校安全教育，广泛开展"安全防范进校园"等活动。

完善安保设施，建立学校安保队伍。学校应当设置高度不低于2米的围墙，或其他实体屏障，出入口设置门卫值班室，配备必要的防卫性器械和报警、通信设备，并建立使用保管制度。学校应当按照相关规定，根据实际需要，配备必要的安全保卫力量。学校要与社区、家长合作，有条件的可以建立学校安全保卫志愿者队伍，在上下学时段维护学校及校门口秩序。

禁止使用危险校舍和设施。学校应当建立健全校舍安全保障长效机制，保证学校的校舍、场地、教学及生活设施等符合安全质量和标准。发现存在安全隐患的，应当停止使用，及时维修或者更换；维修、更换前应当采取必要的防护措施或者设置警示标志。对于学校无力解决或者无法排除的重大安全隐患，应当及时书面报告主管部门和其他相关部门。禁止在危及未成年人人身安全、身心健康的校舍和其他设施、场所中进行教育教学活动。

防范集体活动可能导致的人身伤害。学校组织学生参加的集体劳动、教学实习或者社会实践活动，应当符合学生的心理、生理特点和身体健康状况。学校以及接受学生参加教育教学活动的单位必须采取有效措施，为学生活动提供安全保障。学生组织学生参加大型集体活动，应当采取下列安全措施：成立临时的安全管理组织机构;有针对性地对学生进行安全教育;安排必要的管理人员,明确所负担的安全职责;制定安全应急预案,配备相应设施。

建立校车安全管理制度。校车是指依照《校车安全管理条例》取得使用许可,用于接送接受义务教育的学生上下学的七座以上的载客汽车。校车安全管理制度具体包括以下制度:(1)校车安全管理责任书制度。学校应当与校车服务提供者签订校车安全管理责任书,明确各自的安全管理责任,落实校车运行安全管理措施;(2)校车使用许可制度;(3)校车设施配备和维修制度;(4)校车驾驶人管理制度;(5)校车通行安全制度;(6)校车乘车安全制度;(7)校车安全教育制度。

建立学生欺凌与性侵防控制度。学校作为未成年人成长的重要场所,对于学生欺凌与性侵的防控具有不可推卸的责任。根据《未成年人保护法》及《未成年人学校保护规定》,学校需建立完善的防控机制,确保学生的身心健康。防控制度的建立:学校应依据法律规定,制定具体的欺凌与性侵防控工作制度,明确界定欺凌和性侵行为,确立预防、识别、报告和处理流程。教育与培训:定期对教职员工进行防治学生欺凌和性侵的教育培训,提升他们的识别和应对能力。结合实际案例,分析欺凌与性侵行为的成因和特点,制定针对性的预防措施。学生教育:通过班会、心理健康教育等途径,增强学生自我保护意识和能力,让学生了解如何预防和应对欺凌与性侵行为。家长参与:加强与家长的沟通,让家长了解学校的相关制度和教育内容,共同参与学生的保护工作。

三、未成年人权益的社会和网络保护

【案例】2023年1月,曾某的孙子钟某某(9岁)用曾某手机下载了某科技有限公司运营的游戏软件。在玩游戏中,钟某某曾多次点击"钻石充值"框,导致该科技公司依据系统自动扣划曾某社保卡中钱款。曾某向法院起诉,诉请该科技公司退还不当取得的财产2万余元。①

【问题】钟某某的充值行为有效吗?

未成年人的成长是一个不断社会化的过程。随着年龄的增长,未成年人与

---

① 《江西高院发布未成年人权益保护典型案例》,载"江西法院"微信公众号,2024年5月31日发布。

社会的接触越来越多,参与和开展的社会活动越来越深入。为保障未成年人的合法权益,社会各主体都应当为其创造有益的社会条件和环境,使他们在社会中实现更好地成长和发展,有机会参与社会事务。《未成年人保护法》主要从发挥社会积极因素和消除社会消极因素两个方面规定了社会各主体的职责。

(一)未成年人权益的社会保护

1.基层群众性自治组织设专人专岗负责未成年人保护工作

居民委员会、村民委员会应当设置专人专岗负责未成年人保护工作,协助政府有关部门宣传未成年人保护方面的法律法规,指导、帮助和监督未成年人的父母或者其他监护人依法履行监护职责,建立留守未成年人、困境未成年人的信息档案并给予关爱帮扶。居民委员会、村民委员会应当协助政府有关部门监督未成年人委托照护情况,发现被委托人缺乏照护能力、怠于履行照护职责等情况,应当及时向政府有关部门报告,并告知未成年人的父母或者其他监护人,帮助、督促被委托人履行照护职责。

2.对未成年人的社会照顾和优惠

爱国主义教育基地、图书馆、青少年宫、儿童活动中心、儿童之家应当对未成年人免费开放;博物馆、纪念馆、科技馆、展览馆、美术馆、文化馆、社区公益性互联网上网服务场所以及影剧院、体育场馆、动物园、植物园、公园等场所,应当按照有关规定对未成年人免费或者优惠开放。未成年人集中活动的公共场所必须符合国家或行业安全标准,并采取相应的安全保护措施。例如,商场、公园、学校等场所应配备必要的安全设施,如监控摄像头、紧急报警系统等,以预防和减少对未成年人的潜在威胁。

3.鼓励创作有益未成年人的文化产品

国家鼓励创作、出版、制作和传播有利于未成年人健康成长的图书、报刊、电影、广播电视节目、舞台艺术作品、音像制品、电子出版物和网络信息等。新闻媒体应当加强未成年人保护方面的宣传,对侵犯未成年人合法权益的行为进行舆论监督。新闻媒体采访报道涉及未成年人事件应当客观、审慎和适度,不得侵犯未成年人的名誉、隐私和其他合法权益。

4.未成年人用品质量须安全可靠

生产、销售用于未成年人的食品、药品、玩具、用具和游戏游艺设备、游乐设施等,应当符合国家或者行业标准,不得危害未成年人的人身安全和身心健康。上述产品的生产者应当在显著位置标明注意事项,未标明注意事项的不得销售。

（二）消除社会消极因素

1. 禁止违法信息

禁止制作、复制、出版、发布、传播含有宣扬淫秽、色情、暴力、邪教、迷信、赌博、引诱自杀、恐怖主义、分裂主义、极端主义等危害未成年人身心健康内容的图书、报刊、电影、广播电视节目、舞台艺术作品、音像制品、电子出版物和网络信息等。任何组织或者个人出版、发布、传播的图书、报刊、电影、广播电视节目、舞台艺术作品、音像制品、电子出版物或者网络信息，包含可能影响未成年人身心健康内容的，应当以显著方式作出提示。禁止制作、复制、发布、传播或者持有有关未成年人的淫秽色情物品和网络信息。

2. 禁止不利于未成年人的广告和广告行为

任何组织或者个人不得刊登、播放、张贴或者散发含有危害未成年人身心健康内容的广告；不得在学校、幼儿园播放、张贴或者散发商业广告；不得利用校服、教材等发布或者变相发布商业广告。

3. 禁止涉未成年人违法犯罪

禁止拐卖、绑架、虐待、非法收养未成年人，禁止对未成年人实施性侵害、性骚扰。禁止胁迫、引诱、教唆未成年人参加黑社会性质组织或者从事违法犯罪活动。禁止胁迫、诱骗、利用未成年人乞讨。

4. 不适宜未成年人场所限制和注意义务

学校、幼儿园周边不得设置营业性娱乐场所、酒吧、互联网上网服务营业场所等不适宜未成年人活动的场所。营业性歌舞娱乐场所、酒吧、互联网上网服务营业场所等不适宜未成年人活动场所的经营者，不得允许未成年人进入；游艺娱乐场所设置的电子游戏设备，除国家法定节假日外，不得向未成年人提供。经营者应当在显著位置设置未成年人禁入、限入标志；对难以判明是不是未成年人的，应当要求其出示身份证件。

5. 宾馆接待未成年人住宿须核实身份

旅馆、宾馆、酒店等住宿经营者接待未成年人入住，或者接待未成年人和成年人共同入住时，应当询问其父母或者其他监护人的联系方式、入住人员的身份关系等有关情况；发现有违法犯罪嫌疑的，应当立即向公安机关报告，并及时联系未成年人的父母或者其他监护人。

6. 烟、酒、彩票限制措施

学校、幼儿园周边不得设置烟、酒、彩票销售网点。禁止向未成年人销售烟、酒、彩票或者兑付彩票奖金。烟、酒和彩票经营者应当在显著位置设置不向未成年人销售烟、酒或者彩票的标志；对难以判明是不是未成年人的，应当要求其出示身份证件。任何人不得在学校、幼儿园和其他未成年人集中活动的公共场所吸烟、饮酒。

7. 刀具等危险器具限制措施

禁止向未成年人提供、销售管制刀具或者其他可能致人严重伤害的器具等物品。经营者难以判明购买者是不是未成年人的，应当要求其出示身份证件。

8. 不得侵犯未成年人通信自由和通信秘密

任何组织或者个人不得隐匿、毁弃、非法删除未成年人的信件、日记、电子邮件或者其他网络通信内容。除下列情形外，任何组织或者个人不得开拆、查阅未成年人的信件、日记、电子邮件或者其他网络通信内容：（1）无民事行为能力未成年人的父母或者其他监护人代未成年人开拆、查阅；（2）因国家安全或者追查刑事犯罪依法进行检查；（3）紧急情况下为了保护未成年人本人的人身安全。

（三）未成年人权益的网络保护

随着网络时代和信息时代的到来，未成年人生活、学习、娱乐的方式越来越多地依靠网络进行。据共青团中央、中国互联网络信息中心《2020 年全国未成年人互联网使用情况研究报告》显示，2020 年，我国未成年网民达 1.83 亿人，互联网普及率为 94.9％，小学生在学龄前就接触互联网的比例达 33.7％。保障未成年人的网络权益，在整个未成年人保护体系中日益重要。保障未成年人的网络权益，从内因看，需要各方不断努力提高未成年人的网络素养，增强未成年人科学、文明、安全、合理使用网络的意识和能力，使其不断提高在网络空间的防御能力和自我保护能力。从外因看，未成年人网络保护需要政府、学校、家庭和社会各方面共同负责，协同发力，尤其是网络产品和服务提供者，要发挥其直接的作用和独特的优势。《未成年人保护法》主要从培养和提高未成年人网络素养、预防和干预未成年人沉迷网络、未成年人个人信息保护、网络欺凌防治等方面规定了各方主体的责任。

1. 培养和提高未成年人网络素养

网络素养，指的是人的基本素养中应具备的网络素质及道德规范，未成年人也应具备网络信息辨别能力和网络规范及道德修养等网络素养教育的整体规划和知识。应教会未成年人理性地运用网络信息为自身的发展服务，利用网络开展健康有益的活动，以满足其学习、生活之需。

国家、社会、学校和家庭应当加强未成年人网络素养宣传教育，培养和提高未成年人的网络素养，增强未成年人科学、文明、安全、合理使用网络的意识和能力,保障未成年人在网络空间的合法权益。国家鼓励和支持有利于未成年人健康成长的网络内容的创作与传播,鼓励和支持专门以未成年人为服务对象、适合未成年人身心健康特点的网络技术、产品、服务的研发、生产和使用。网信部门及其他有关部门应当加强对未成年人网络保护工作的监督检查,依法惩处利用网络从事危害未成年人身心健康的活动,为未成年人提供安全、健康的网络环境。网信部门会同公安、文化和旅游、新闻出版、电影、广播电视等部门根据保护不同年龄阶段未成年人的需要,确定可能影响未成年人身心健康网络信息的种类、范围和判断标准。

2. 预防和干预未成年人沉迷网络

沉迷网络指的是对网络具有强迫性的、不受控制的依赖,并且达到了一旦中断就会产生严重的情感、精神或心理反应的程度。网络沉迷表现为过度或无节制地投入网络使用,对网络使用有强烈的渴求,以及由于某些网络使用行为带来的损伤和痛苦。相对于成年人群体,未成年人身心处于成长发育的关键时期,网络沉迷所带来的负面影响对于他们的伤害更大、更深远。研究发现,网络沉迷的未成年人对于很多不良行为表现出更高的容忍度,如逃学、抽烟、喝酒和各种暴力行为。网络沉迷的未成年人在与他人相处方面也更加困难,更加不愿意与他人接触交往,造成一些中小学生沉迷游戏、行为失范、价值观混乱等问题。未成年人长时间沉溺于游戏通常会逐渐忽略学习,变得与现实生活中的人际关系相疏离,甚至完全沉浸在网上的虚拟世界,严重影响了他们的学习进步和身心健康,甚至出现人身伤亡、违法犯罪等恶性事件。

(1)政府的职责。新闻出版、教育、卫生健康、文化和旅游、网信等部门应当定期开展预防未成年人沉迷网络的宣传教育,监督网络产品和服务提供者履行预防未成年人沉迷网络的义务,指导家庭、学校、社会组织互相配合,采取科学、合理的方式对未成年人沉迷网络进行预防和干预。

(2)社会的职责。学校、社区、图书馆、文化馆、青少年宫等场所为未成年人提供的互联网上网服务设施,应当安装未成年人网络保护软件或者采取其他安全保护技术措施。智能终端产品的制造者、销售者应当在产品上安装未成年人网络保护软件,或者以显著方式告知用户未成年人网络保护软件的安装渠道和方法。

(3)学校的职责。学校应当合理使用网络开展教学活动。未经学校允许,未成年学生不得将手机等智能终端产品带入课堂,带入学校的应当统一管理。学校发现未成年学生沉迷网络的,应当及时告知其父母或者其他监护人,共同对未成年学生进行教育和引导,帮助其恢复正常的学习生活。

（4）家庭的职责。未成年人的父母或者其他监护人应当提高网络素养,规范自身使用网络的行为,加强对未成年人使用网络行为的引导和监督。未成年人的父母或者其他监护人应当通过在智能终端产品上安装未成年人网络保护软件、选择适合未成年人的服务模式和管理功能等方式,避免未成年人接触危害或者可能影响其身心健康的网络信息,合理安排未成年人使用网络的时间,有效预防未成年人沉迷网络。

（5）网络产品和服务提供者的职责。网络产品和服务提供者不得向未成年人提供诱导其沉迷的产品和服务。网络游戏、网络直播、网络音视频、网络社交等网络服务提供者应当针对未成年人使用其服务设置相应的时间管理、权限管理、消费管理等功能。网络游戏经依法审批后方可运营。国家建立统一的未成年人网络游戏电子身份认证系统。网络游戏服务提供者应当要求未成年人以真实身份信息注册并登录网络游戏。网络游戏服务提供者应当按照国家有关规定和标准,对游戏产品进行分类,作出适龄提示,并采取技术措施,不得让未成年人接触不适宜的游戏或者游戏功能。网络游戏服务提供者不得在每日 22 时至次日 8 时向未成年人提供网络游戏服务。网络直播服务提供者不得为未满 16 周岁的未成年人提供网络直播发布者账号注册服务;为年满 16 周岁的未成年人提供网络直播发布者账号注册服务时,应当对其身份信息进行认证,并征得其父母或者其他监护人同意。

多角度、全方位为未成年人营造清朗网络空间是全社会的共同责任。随着智能手机和移动支付方式的广泛应用,青少年儿童沉迷网络游戏、网络直播,超出其年龄、智力进行的非理性高额充值、打赏等问题需要高度重视。根据国务院《未成年人网络保护条例》、国家新闻出版署《关于进一步严格管理切实防止未成年人沉迷网络游戏的通知》等规定,网络游戏企业须采取有效措施,限制未成年人使用与其民事行为能力不符的付费服务。2020 年修订的《未成年人保护法》设有网络保护的专门章节,对网络环境管理、网络沉迷防治等作出具体规范,明确规定网络服务提供者应针对未成年人使用其服务设置相应时间管理、权限管理、消费管理等功能。

案例中,钟某某系限制民事行为能力人,多次在网络游戏内充值,累计充值款 2 万余元,该行为既不属于纯获利益的行为,也不属于与其智力、年龄相适应的行为,且事后未获得法定代理人的同意或追认,故该行为无效,运行游戏的该科技有限公司并对未成年人付费服务作出限制性设置,其应将充值返还。

3. 未成年人个人信息保护

未成年人个人信息被非法处理通常是当前未成年人个人信息面临各种安全隐患的风险源。一方面,未成年人个人信息蕴含着巨大的商业利益,这诱发使用各种手段收集、窃取未成年人个人信息,导致海量的未成年人个人信息流入公民个人信息黑灰产业链,面临被二次加工和非法买卖,使得大规模的信息滥用和信息犯罪成为可能。另一方面,未成年人的面部信息、生活习惯、个人喜好、行踪轨迹等隐私内容暴露在网络之下后,很容易诱发利用未成年人个人信息的违法犯罪,直接威胁未成年人及其监护人的人身和财产安全,对未成年人的心理健康和成长发育造成潜在的负面影响。故《未成年人保护法》对加强未成年人个人信息保护作出了具体要求。

(1)合法、正当和必要的原则。信息处理者通过网络处理未成年人个人信息的,应当遵循合法、正当和必要的原则。个人信息的处理包括个人信息的收集、存储、使用、加工、传输、提供、公开等。遵循合法、正当和必要的原则,就是要求在合法、正当的前提下不得过度处理个人信息。比如,不得收集与其提供的服务无关的未成年人个人信息;不得超过实现其收集、使用目的所必需的期限;应当以最小授权为原则,严格设定信息访问权限,控制未成年人个人信息知悉范围;等等。

(2)知情同意补全规则。处理不满14周岁未成年人个人信息的,应当征得未成年人的父母或者其他监护人同意,但法律、行政法规另有规定的除外。网络运营者收集、使用、转移、披露未满14周岁未成年人个人信息的,应当以显著、清晰的方式告知其监护人,并应当征得监护人的同意。同时,当特定的告知事项发生实质性变化时,应当再次征得未满14周岁未成年人监护人的同意。

(3)通知更正删除个人信息规则。未成年人、父母或者其他监护人要求信息处理者更正、删除未成年人个人信息的,信息处理者应当及时采取措施予以更正、删除,但法律、行政法规另有规定的除外。即未成年人、父母或者其他监护人通知删除个人信息时不用解释和提供任何理由,只要未成年人或其监护人认为确有必要时,即可要求信息处理者更正、删除未成年人个人信息。

(4)未成年人私密信息提示和保护。隐私权的一项重要功能就是保护自然人的私密信息。自然人的私密信息的范围十分广泛,凡是自然人不愿意为他人知晓的信息,无论是婚姻信息、财产信息、健康信息、家庭住址、病历资料、犯罪记录、个人人生经历、嗜好、日记、私人信件以及其他个人不愿公开的信息等,都可以纳入私密信息的范围。由于未成年人对私密信息自我保护意识较弱,缺乏必要的敏感和警觉,而且一旦泄露或者公开后,会对其造成不可弥补的负面影响。因此,对未成年人私密信息保护应作出更高的要求。《未成年人保护法》规定:当未成年人通过网络发布私密信息,网络服务提供者发现后应当及时提示,告知这些私密信息可能给其带来的影响,请其慎重考虑,并采取必要的保护措施,如通过技术手段暂缓发布、暂时屏蔽或者隐匿、通知其监护人,等等。

4. 网络欺凌防治

任何组织或者个人不得通过网络以文字、图片、音视频等形式,对未成年人实施侮辱、诽谤、威胁或者恶意损害形象等网络欺凌行为。遭受网络欺凌的未成年人及其父母或者其他监护人有权通知网络服务提供者采取删除、屏蔽、断开链接等措施。网络服务提供者接到通知后,应当及时采取必要的措施制止网络欺凌行为,防止信息扩散。①

四、未成年人权益的政府保护和司法保护

【案例】梁某某(2017 年 11 月出生)出生后即患有先天性心脏病,于 2018 年 5 月在某儿童医院住院治疗,产生医疗费 7 万余元。梁某某的亲属于 2017 年 11 月向某县医疗保险事业管理局为梁某某一次性缴纳了 2017 年、2018 年参保费用。因某县医疗保险事业管理局在医疗系统中未有效录入梁某某 2018 年的连续参保信息,导致梁某某无法报销住院费用。梁某某于 2018 年 7 月诉至法院,请求报销住院期间产生的医疗费。法院在查明梁某某缴纳 2017 年、2018 年医保参保费情况属实后,向某县医疗保险事业管理局发出《司法建议书》,建议会同相关单位采取补救措施,维护当事人梁某某的合法权益。某县医疗保险事业管理局根据《司法建议书》召开局务会,认定梁某某续保关系成立,对梁某某 2018 年上半年就医费用进行补报销。领取到报销费用后,梁某某向法院提出撤诉申请,法院裁定准许撤诉。②

【问题】在对未成年人的司法保护方面,法院的判决体现了什么司法理念?

① 宋纪连、金富平、吴翠玲:《法治阳光,伴我成长——初中阶段的法治教育锦囊》,上海人民出版社 2023 年版,第 179—190 页。
② 《最高法发布的九起未成年人权益司法保护典型案例,四川法院这起案件入选》,载"四川高院"微信公众号,2022 年 3 月 2 日发布。

政府保护是指政府及其有关部门应当保障和促进未成年人在家庭、学校、社会等领域享有的权利。《未成年人保护法》在"政府保护"一章,分别规定了政府保护的工作机制、家庭教育促进、义务教育保障、学前教育和婴幼儿照护服务发展、职业教育和特殊教育促进、校园安全及周边治安保障、适合未成年人活动场所的促进、卫生保健服务、困境未成年人分类保障、民政监护、未成年人保护热线、社会支持服务等措施。

司法保护是指当未成年人涉入各类诉讼活动时,公安机关、人民检察院、人民法院和司法行政部门应当采取措施给予特殊保护、优先保护。《未成年人保护法》"司法保护"一章,根据全面综合未成年人司法保护的理念,按照我国未成年人司法的全貌,规定了四大类内容:(1)所有诉讼活动中保护未成年人的一般性要求和制度,包括办案专门化、办案方式特殊性、个人作息和隐私保护、法律援助、司法救助、检察机关的法律监督、检察机关督促支持起诉和提起公益诉讼。(2)特定家事案件中对未成年人的保护措施。(3)刑事案件中对未成年人的保护措施,包括询问讯问的特殊规则、被害人综合保护措施、违法犯罪未成年人的处理方针与原则等。(4)办理涉及未成年人案件的特殊性,需要以提出建议的方式督促改进未成年人保护社会治理,开展未成年人法治宣传教育工作,引导和规范社会专业力量提升办案质效。限于本书篇幅,"政府保护"和"司法保护"的具体内容从略。

案例为涉未成年人社会保障行政给付典型案例。幼儿梁某某患先天性心脏病,医疗费高且后续仍需费用。若按常规程序将贻误治疗,本案实质化解体现法院行政审判坚持将非诉讼纠纷解决机制挺在前面,满足多元解纷需求。同时彰显法院通过监督行政行为,维护未成年人合法权益的担当,筑牢对未成年人的立体司法保护网,在分清是非、保护当事人合法权益基础上,为未成年人权益保护提供有力司法保障。

五、社区未成年人保护工作的实践策略

【案例】长沙市雨花区的"乐享湖畔"项目依托"教育共同体联盟",实现了社区、社会组织、志愿者、社工和教育资源的共建共享,全面关注未成年人的各个层面需求。通过"党建引领、五社联动"的工作模式,该项目促进了家庭、学校、社会、网络、政府和司法等领域的协同服务,形成了"六大保护"的连锁反应,有效保

障了未成年人的合法权益。①

【问题】在社区未成年人保护工作中,有哪些可供选择的策略?

(一) 建立完善的社区保护机制

1. 社区应建立一套完善的保护机制

包括预警系统、报告机制和应急响应流程。(1)预警系统:通过社区调查和数据分析,识别可能存在风险的未成年人群体。(2)报告机制:鼓励社区居民和工作人员积极报告可疑的未成年人受害情况。强制报告制度有助于及早发现问题,实现对未成年人权益侵害的预防和干预。该制度要求国家机关、居民委员会、村民委员会、密切接触未成年人的单位及其工作人员,在发现未成年人身心健康受到侵害或疑似受到侵害时,必须立即向有关部门报告。未履行报告义务的个人或单位,将依法受到处罚,从而增强制度的约束力。(3)应急响应:建立快速反应团队,对报告的事件进行及时处理。

2. 加强社区教育和宣传

提高社区居民对未成年人保护的认识是预防问题的关键。教育活动:(1)法律知识普及,组织法律知识讲座和研讨会和工作坊,邀请法律专家为未成年人讲解基础法律知识,包括但不限于《未成年人保护法》《预防未成年人犯罪法》等。(2)案例分析,通过分析真实案例,让未成年人认识到违法行为的后果,提高他们的法律意识。(3)模拟法庭,开展模拟法庭活动,让未成年人亲身参与到法律实践中,增强法律实践能力。宣传材料制作与分发:制作易于理解的法律宣传手册、海报等材料,在社区内广泛分发,提高法律知识普及率。

3. 提供专业服务和支持

社区工作者应提供或链接专业服务,以满足未成年人的特定需求。(1)心理咨询:为受到创伤的未成年人提供心理咨询和治疗服务。(2)法律援助:链接法律资源,为未成年人提供必要的法律支持和保护。(3)社会服务:提供或引导至社会服务,如教育支持、职业培训和健康服务。

4. 促进家庭和社区的参与

家庭和社区成员的积极参与对于未成年人保护至关重要。鼓励家长参与孩子的教育和成长过程,提供亲职教育和支持。动员社区居民参与志愿服务,为未成年人提供更多的关注和支持。

---

① 《五社联动,打通社区未成年人服务工作的"最后一米"》,载"飞梦雨花"微信公众号,2023年7月29日发布。

5. 加强跨部门合作

与政府部门、教育机构、非政府组织和商业机构等建立合作关系,共同为未成年人提供全面的保护。与政府部门合作,确保社区保护工作与国家政策保持一致。与教育机构和非政府组织共享资源,提高服务效率和质量。

6. 利用技术手段提升保护能力

利用信息技术提高未成年人保护工作的效率和覆盖范围。建立未成年人信息数据库,实现风险评估和管理。开发在线报告和咨询平台,方便居民及时获取帮助和支持。

7. 持续监测和评估

定期监测和评估社区保护工作的成效,确保持续改进。通过问卷调查、访谈和数据分析等方法,评估保护措施的效果。建立反馈渠道,收集社区居民、工作者和未成年人的意见和建议。

8. 应对特殊群体的保护需求

针对留守儿童、残疾儿童和其他特殊群体,制定特别的保护计划。特殊关注识别社区内的特殊未成年人群体,了解他们的需求和挑战。为特殊群体提供定制化的保护和服务,确保他们得到足够的关注和支持。

(二) 社区工作者的角色与职责

社区工作者在未成年人保护工作中扮演着至关重要的角色。他们的基本职责涵盖以下几个方面:(1)需求调研,社区工作者需要深入了解社区内未成年人的需求,包括教育、安全、健康、娱乐等方面,通过调研和家访等方式收集信息。(2)资源链接,负责将社区内的资源与未成年人的需求进行有效对接,包括教育资源、医疗资源、法律援助等。(3)活动组织,组织和策划适合未成年人参与的各类活动,如文体活动、安全教育讲座、心理健康工作坊等,以促进未成年人的全面发展。(4)危机干预,在未成年人面临家庭暴力、校园欺凌等问题时,社区工作者需要及时介入,提供必要的支持和帮助。(5)权益维护,保护未成年人的合法权益,包括受教育权、参与权等,确保他们的声音被听到并得到尊重。

社区工作者的专业素养对于做好未成年人保护工作至关重要,具体包括:(1)专业知识,掌握儿童发展、心理学、社会工作等方面的专业知识,能够科学地评估和满足未成年人的需求。(2)沟通能力,具备良好的沟通技巧,能够与未成年人及其家庭建立信任关系,有效传达信息和提供支持。(3)法律意识,了解与未成年人相关的法律法规,能够在保护工作中依法行事,维护未成年人的合法权益。(4)团队协作,能够与社区内其他工作者、志愿者、社会组织等协同工作,形成保护未成年人的合力。(5)持续学习,保持对新知识、新技能的学习态度,不断提升自身的专业能力和服务质量。未成年人保护工作中的专业性不仅体现在知识和技能上,更体现在对未成年人的深切关怀和对社会责任的承担上。

案例表明,在社区未成年人保护工作中,策略的选择至关重要。以雨花区的"乐享湖畔"项目为例,其策略包括:强化党建引领,通过党组织的引领和示范作用,推进未成年人服务工作的高质量发展。深化五社联动,建立教育共同体联盟,实现资源共享,全面解决未成年人的实际问题。细化工作目标,通过需求调研,明确服务目标,开展针对性的主题活动,如"防溺水大讲堂""交通安全训练营"等。

主题3　劳动纠纷——劳动者权益保护的法律制度解读

一、劳动争议的种类和劳动纠纷的特点

【案例】王某入职某公司后任商务总监,双方劳动合同约定了竞业限制条款和经济补偿标准,双方劳动合同于 2022 年 6 月 30 日期满终止。王某离职后履行了竞业限制义务,并请求某公司支付竞业限制补偿。2022 年 9 月 8 日,某公司向王某发送《关于竞业限制事宜的函》的电子邮件,载明:双方劳动关系终止时,某公司未通知王某履行竞业限制义务,无需支付竞业限制补偿。王某遂申请劳动仲裁,请求支付竞业限制期间经济补偿。[①]

【问题】王某离职后实际履行了竞业限制义务可否获得经济补偿?

劳动争议通常可以分为以下几种类型,每种类型都有其特定的争议焦点和解决途径:(1)因确认劳动关系发生的争议。(2)因订立、履行、变更、解除和终止劳动合同发生的争议。(3)因除名、辞退和辞职、离职发生的争议。(4)因工作时间、休息休假、社会保险、福利、培训以及劳动保护发生的争议。(5)因劳动报酬、工伤医疗费、经济补偿或者赔偿金等发生的争议等。

劳动纠纷具有以下特点,这些特点对预防和调解工作提出了相应的要求:(1)普遍性,劳动争议普遍存在于各类企业和行业中,是劳动者与用人单位之间

---

①　《省法院、省人社厅首次联合发布劳动争议典型案例》,载"广东人社"微信公众号,2024 年 4 月 30 日发布。

常见的矛盾。(2)复杂性,劳动争议往往涉及多方面的法律关系和利益诉求,需要综合考虑法律法规、企业规定和员工个人情况。(3)时效性,劳动争议的解决通常需要在一定时限内完成,以减少对双方的影响。(4)情感性,劳动争议往往伴随着员工的情绪波动,调解过程中需要关注员工的情感需求和心理状态。(5)可预防性,通过加强劳动法律法规的宣传教育、完善企业内部管理机制等措施,可以有效预防劳动争议的发生。(6)多样性解决途径,劳动争议可以通过协商、调解、仲裁和诉讼等多种途径解决,不同途径有其适用条件和优势。(7)法律性,劳动争议的解决必须依法进行,遵循法律规定的程序和要求,保障双方的合法权益。

案例中双方在劳动合同中约定了竞业限制条款,劳动合同终止时某公司并未明确告知王某解除竞业限制义务,而王某离职后实际履行了竞业限制义务。某公司随后向王某发送的电子邮件内容,应视为某公司自 2022 年 9 月 8 日解除王某的竞业限制义务,但该意思表示并不能追溯至劳动合同终止时。仲裁遂裁决某公司支付王某 2022 年 7 月 1 日至 2022 年 9 月 8 日期间的竞业限制补偿。

二、劳动关系的成立和劳动合同的签订

【案例】某玻璃经营部于 2016 年 5 月 11 日注册,系个体工商户,华某某系其经营者。2017 年 7 月 1 日,王某经人介绍到某玻璃经营部工作,双方约定月工资 4 200 元,未签订书面劳动合同。2018 年 9 月 2 日,王某在华某某的安排下前往某物流公司接货,装车过程中王某从车上坠落摔伤。某玻璃经营部未为王某缴纳社会保险,仅缴纳了"团体险"的商业险。王某银行账户显示:自 2017 年 7 月 18 日至 2018 年 7 月 21 日,华某某每月向该账户上汇款 4 200 元。2019 年 1 月 22 日,王某向仲裁委员会提起仲裁,请求确认其与某玻璃经营部自 2017 年 7 月起存在劳动关系。仲裁委裁决王某与某玻璃经营部自 2017 年 7 月起持续存在劳动关系。某玻璃经营部不服,诉至法院。

【问题】王某与某玻璃经营部是劳动关系吗?[1]

---

[1] 《济南市中级人民法院发布"劳动争议 10 大典型案例"》,载"济南中院"微信公众号,2020 年 11 月 12 日发布。

（一）劳动关系的成立

劳动关系即用人单位招用劳动者为其成员,劳动者在用人单位的管理下提供有报酬的劳动而产生的权利义务关系。劳动者和用人单位是否建立劳动关系是以劳动者是否为用人单位提供劳动,以及用人单位是否向劳动者支付劳动报酬为标志的。用人单位自用工之日起即与劳动者建立劳动关系。用人单位与劳动者建立劳动关系应当订立劳动合同。劳动关系的确立并不以是否订立书面劳动合同为标准,而是以是否实际用工为前提。劳动者与用人单位之间的劳动关系自用工之日起建立。

用人单位招用劳动者未订立书面劳动合同,但只要同时具备以下三个情形,劳动关系成立:(1)用人单位和劳动者符合法律、法规规定的主体资格;(2)用人单位依法制定的各种劳动规章制度适用于劳动者,劳动者受用人单位的劳动管理,从事用人单位安排的有报酬的劳动;(3)劳动者提供的劳动是用人单位业务的组成部分。用人单位未与劳动者签订劳动合同,认定双方存在劳动关系时可参照下列凭证:(1)工资支付凭证或记录(职工工资发放花名册)、缴纳各项社会保险费的记录;(2)用人单位向劳动者发放的工作证、服务证等能够证明身份的证件;(3)劳动者填写的用人单位招工招聘登记表、报名表等招用记录;(4)考勤记录;(5)其他劳动者的证言等。如果用人单位和劳动者均符合法律规定的主体资格,劳动者受用人单位的劳动管理,从事用人单位安排的有报酬的劳动,双方之间实际存在着管理与被管理、指挥与被指挥、监督与被监督的关系。另参照劳动者的工资发放情况,工作证、服务证,劳动者填写的用人单位招工招聘的登记表、报名表、考勤、证人证言等,可以认定劳动者与用人单位之间系劳动关系,而非劳务关系。

案例中某玻璃经营部系依法注册成立的个体工商户,是适格的用人单位,且其认可每月按4 200元给王某发放劳动报酬;另根据王某受伤时情形,王某系因接受某玻璃经营部经营者华某某指派从事工作。故根据原劳动和社会保障部《关于确立劳动关系有关事项的通知》的规定,王某接受某玻璃经营部的用工管理,其间工作时间、地点固定,劳动报酬亦稳定发放,应当认定双方自2017年7月起即存在劳动关系。

（二）劳动合同的签订

劳动合同签订。(1)与应聘劳动者签订劳动合同,应当及时订立,并采用书面形式。(2)依法设置劳动合同条款。设置劳动合同条款应当包括必备条款和约定条款。劳动合同应当具备以下条款:用人单位的名称、住所和法定代表人或者主要负责人,劳动者的姓名、住址和居民身份证或者其他有效身份证件号码,劳动合同期限,工作内容和工作地点,工作时间和休息休假,劳动报酬,社会保险,劳动保护、劳动条件和职业危害防护,法律、法规规定应当纳入劳动合同的其他事项。上述九个必备条款是用人单位与劳动者签订劳动合同时必须载明的条款,缺一不可。用人单位为更好地维护自身权益,可以与劳动者明确约定试用期、保守秘密、竞业限制、违约责任等其他条款,以减少因约定不明带来的损失。其中,对劳动报酬和劳动条件等标准更应明确约定。用人单位应当善于使用保密协议与竞业禁止协议,保护自己的商业机密,保留自己的核心资源。

劳动合同应当经双方签字或盖章并交付劳动者一份。返聘退休劳动者属于雇佣合同不是劳动关系,可以与退休劳动者约定与工作质量相匹配的违约责任。

用人单位自用工之日起超过一个月不满一年未与劳动者订立书面劳动合同的,应当向劳动者每月支付二倍的工资,并与劳动者补订书面劳动合同。用人单位自用工之日起满一年不与劳动者订立书面劳动合同的,视为用人单位与劳动者已订立无固定期限劳动合同。劳动者不与用人单位订立书面劳动合同的,用人单位应当书面通知劳动者终止劳动关系,并依照《劳动合同法》第47条的规定支付经济补偿。用人单位向劳动者每月支付两倍工资的起算时间为用工之日起满一个月的次日,截止时间为补订书面劳动合同的前一日。

(三)平台经济的兴起对传统劳动关系构成冲击

平台经济的兴起对传统劳动关系构成显著的冲击。首先,平台用工模式的灵活性使得劳动关系的界定变得模糊,劳动者往往难以与传统意义上的雇主确立稳定的劳动关系。例如,根据中国法院网的数据,平台用工可分为三种类型:符合确定劳动关系的情形、个人依托平台自主开展经营活动的自由职业情形,以及不完全符合确立劳动关系特征但企业对劳动者进行劳动管理的情形。这种分类体现了平台经济下劳动关系的复杂性。

其次,平台经济下劳动者的工作自主性虽然得到了提升,但同时也使得他们的权益保护面临新的挑战。劳动者在平台上的自主接单行为,往往缺乏足够的法律保障,如社会保险、职业伤害保障等。据《光明日报》报道,新就业形态劳动者在参保问题上存在诸多困难,如不愿参、参不起等问题。

此外,平台算法对劳动者的控制日益增强,劳动者的工作时间和强度受到算法的严格管理,这种"算法控制"在一定程度上削弱了劳动者的自主权,增加了劳动强度,对劳动者的身心健康构成威胁。

（四）新就业形态劳动者权益保护的政策与实践

为了应对平台经济带来的挑战,政府已经出台了一系列政策措施,以加强对新就业形态劳动者权益的保护。《关于维护新就业形态劳动者劳动保障权益的指导意见》的发布,标志着政策层面对新就业形态劳动者权益保护的重视。

在政策层面,政府提出了放开灵活就业人员在就业地参加基本养老保险的户籍限制,组织未参加职工养老保险的灵活就业人员参加城乡居民基本养老保险,确保应保尽保。同时,督促企业依法参加社会保险,引导和支持不完全符合劳动关系情形的新就业形态劳动者根据自身情况参加相应的社会保险。

在实践层面,一些地方政府和企业已经开始探索新就业形态劳动者权益保护的具体做法。例如,浙江省人大常委会公布的《浙江省数字经济促进条例》中提出了平台经营者可通过单险种参加工伤保险的形式为从业者提供工伤保险待遇。此外,一些平台企业也开始制定修订平台进入退出、订单分配、奖惩等直接涉及劳动者权益的制度规则和平台算法,充分听取工会或劳动者代表的意见建议。

然而,新就业形态劳动者权益保护的实践仍面临诸多挑战。例如,如何确保政策的有效实施、如何平衡企业利益和劳动者权益、如何适应数字化转型过程中劳动形态的变化等。这些问题需要政府、企业、工会和劳动者共同探索解决方案。

总体来看,新就业形态下的劳动者权益保护是一个复杂的系统工程,需要法律、政策、社会和市场等多方的共同努力和智慧,以实现劳动者权益的有效保护和社会经济的健康发展。

三、劳动合同的期限、试用期、服务期限和劳动报酬

【案例】某制造公司因经营困难,拖欠李某等48名劳动者工资,并与部分劳动者协商解除劳动合同,导致双方矛盾激化。李某等人向劳动人事争议仲裁委员会申请仲裁,要求某制造公司支付工资、经济补偿等。案件所在地劳动人事争议仲裁委员会、法院、工会、司法、信访等部门立足法定职能,建立"五方联调机制",常态化开展矛盾纠纷预防化解工作。区总工会征求劳动者意见,协调提供多个匹配工作岗位,率先促成12名申请人撤诉。劳动人事争议仲裁委员会坚持调解优先,与双方当事人多轮沟通、对争议焦点解疑释惑;司法局选派律师参与

调解,了解劳动者需求、提供专业咨询。最终32名劳动者与某制造公司签订调解协议,劳动人事争议仲裁委员会现场制作调解书,某制造公司当场支付工资、经济补偿等共计183万余元。[①]

【问题】劳动争议多元处理机制有何解决纠纷的优势?

劳动合同分为固定期限劳动合同、无固定期限劳动合同和以完成一定工作任务为期限的劳动合同。固定期限劳动合同,是指用人单位与劳动者约定合同终止时间的劳动合同。无固定期限劳动合同,是指用人单位与劳动者约定无确定终止时间的劳动合同。劳动者在用人单位连续工作满10年,或连续订立二次固定期限劳动合同,且劳动者没有《劳动合同法》第39条和第40条第1项、第2项规定的情形的,则劳动者提出或者同意续订、订立劳动合同的,除劳动者提出订立固定期限劳动合同外,应当订立无固定期限劳动合同。

试用期包含在劳动合同期限内。劳动合同仅约定试用期的,试用期不成立,该期限为劳动合同期限依法约定服务期。

表 3-5　劳动合同类型和试用期

劳动合同类型		试用期长短
无固定期限劳动合同		不超过 6 个月[②]
固定期限劳动合同	不满 3 个月	不得约定试用期
	3 个月(含)以上不满 1 年的	不得超过 1 个月
	1 年(含)以上不满 3 年的	不得超过 2 个月
	3 年(含)以上	不得超过 6 个月
以完成一定任务为期限的劳动合同		不得约定试用期

如果用人单位为劳动者提供专项培训并支付相关费用,可以与劳动者签订协议约定服务期限。如果劳动者违反服务期限的约定,就需要按照约定向用人单位支付违约金,但违约金的金额不得超过用人单位提供的培训费用。然而,在试用期内,用人单位不得要求劳动者支付培训费用,即使劳动者在试用期内解除劳动合同。如果用人单位不愿意浪费专项培训费用,那么在试用期内就不应该为劳动者提供专项培训。需要注意的是,如果用人单位与劳动者约定了服务期

---

① 《发挥多元处理机制作用化解集体劳动争议》,载"广东劳动学会"微信公众号,2024 年 4 月 26 日发布。

② 《民法典》第 1259 条规定:民法所称的"以上"、"以下"、"以内"、"届满",包括本数;所称的"不满"、"超过"、"以外",不包括本数。

限,这并不影响按照正常的工资调整机制提高劳动者在服务期间的劳动报酬。

用人单位应及时足额支付劳动报酬。用人单位聘用编外劳动者,如果当地未出台编外劳动者与在编劳动者同工同酬制度的,用人单位可以通过劳动合同条款来明确编外劳动者的劳动报酬问题。用人单位拖欠或者未足额支付劳动报酬的,劳动者可以依法向当地人民法院申请支付令,人民法院应当依法发出支付令。用人单位未及时足额支付劳动报酬的,劳动者可以解除劳动合同。可由劳动行政部门责令限期支付劳动报酬、加班费或者经济补偿;劳动报酬低于当地最低工资标准的,应当支付其差额部分;逾期不支付的,责令用人单位按应付金额50%以上100%以下的标准向劳动者加付赔偿金。

案例中集体劳动争议涉及劳动者人数多、社会影响大,办理效果直接关系劳动关系和谐与社会稳定。近年来,各地积极探索,不断完善党委领导、政府负责、人力资源社会保障部门牵头和有关部门参与、司法保障、科技支撑的劳动争议多元处理机制,发挥部门优势、形成调处合力。各部门通过劳动争议多元处理机制,第一时间了解当事人诉求、问题,减少重复沟通和部门衔接环节,对于防范化解劳动关系风险、维护劳动者合法权益发挥积极作用,推动矛盾纠纷得到快速柔性化解。

四、用人单位解除劳动合同纠纷

【案例】张某是某钢管公司员工。2020年11月15日(周日),张某以岳母去世为由致电钢管公司请假回家奔丧,公司要求张某提交书面申请。张某于当天晚上离开广州并于2020年11月21日(周六)下午返回。张某火车票显示的路途时间为4天,返回广州时已为周六下午,周日并非工作时间。张某周一上班时,公司直接以张某旷工三天为由解除与张某的劳动关系,开除决定时间是2020年11月23日。张某遂向法院起诉要求公司支付违法解除劳动合同赔偿金。①

【问题】公司以张某旷工三天为由解除与张某的劳动关系是否违法?

(一)用人单位解除劳动合同和劳动合同终止

用人单位单方解除劳动合同即用人单位单方面提出与劳动者解除劳动合同

① 《广东高院发布劳动争议十大典型案例》,载"广东省高级人民法院"微信公众号,2022年4月28日发布。

即发生解除劳动合同的后果。根据用人单位解除劳动合同原因的不同,其又可以分为三种。

1. 过失性解除

是指因劳动者存在过失行为,用人单位无须向其预告就可以随时通知劳动者解除劳动合同的方式。过失性解除的理由包括:(1)劳动者在试用期间被证明不符合录用条件,在试用期届满前提出解除。(2)劳动者违反用人单位的规章制度,并且必须达到严重的程度。(3)劳动者严重失职,营私舞弊,给用人单位造成重大损害。重大损害的认定标准可以由用人单位在劳动合同、规章制度中规定,也可以在发生争议时请求劳动仲裁部门或者人民法院对损害程度进行认定。(4)劳动者同时与其他用人单位建立劳动关系,对完成本单位的工作任务造成严重影响,或者经用人单位提出,劳动者拒不改正。"严重影响"的情形用人单位应当在规章制度中对作出明确规定。(5)劳动者以欺诈、胁迫的手段或者乘人之危,使用人单位在违背真实意思的情况下订立或者变更劳动合同,致使劳动合同无效。劳动合同的无效须经劳动仲裁部门或者人民法院认定。(6)劳动者被依法追究刑事责任。

2. 非过失性解除

是指劳动者不存在过错,但基于某些外部环境或者自身的客观原因,用人单位在提前通知或者支付一定代通知金后,单方解除劳动合同的方式。非过失性解除的三种情形:(1)劳动者患病或者非因工负伤,在规定的医疗期满后不能从事原工作,也不能从事由用人单位另行安排的工作。(2)劳动者不能胜任工作,经过培训或者调整工作岗位,仍不能胜任工作。(3)劳动合同订立时所依据的客观情况发生重大变化,致使劳动合同无法履行,经用人单位与劳动者协商,未能就变更劳动合同内容达成协议。"客观情况发生变化",是指发生不可抗力或出现用人单位迁移、被兼并、被上级主管部门撤销等致使劳动合同无法履行或无法完全履行的情况。用人单位必须首先与劳动者协商变更劳动合同内容,协商不成的,用人单位才能解除劳动合同。

用人单位不得适用非过失性解除的情形:第一,从事接触职业病危害作业的劳动者未进行离岗前职业健康检查,或者疑似职业病病人在诊断或者医学观察期间的;第二,在本单位患职业病或者因工负伤并被确认丧失或者部分丧失劳动能力的;第三,患病或者非因工负伤,在规定的医疗期内的;第四,女职工在孕期、产期、哺乳期的;第五,在本单位连续工作满十五年,且距法定退休年龄不足五年的;第六,法律、行政法规规定的其他情形。

3. 经济性裁员

是指由于用人单位发生营运困难,为摆脱困境而较大规模裁减员工的行为。用人单位需要裁减人员 20 人以上或者裁减不足 20 人但占用人单位职工总数 10％以上的,应当提前 30 日向工会或者全体职工说明情况,听取工会或者职工的意见后并将裁减人员方案向劳动行政部门报告后,方可实施裁员。用人单位裁减人员时,应当优先留用下列人员:一是与本单位订立较长期限的固定期限劳动合同的人员;二是与本单位订立无固定期限劳动合同的人员;三是家庭无其他就业人员,有需要扶养的老人或者未成年人的人员。用人单位裁员后,在六个月内重新招用人员的,应当通知被裁减的人员,并在同等条件下优先招用被裁减的人员。用人单位实施经济性裁员后,应当向被裁减人员支付经济补偿。

劳动合同终止是指法定终止,即出现法定情形时,劳动者与用人单位之间劳动合同的法律效力消灭。劳动合同终止的法定情形有以下几种:(1)劳动合同期满。(2)劳动者开始依法享受基本养老保险待遇。(3)劳动者死亡,或者被人民法院宣告死亡或者宣告失踪。(4)用人单位被依法宣告破产,用人单位应当向劳动者支付经济补偿。(5)用人单位被吊销营业执照、责令关闭、撤销或者用人单位决定提前解散,用人单位应当向劳动者支付经济补偿。(6)法律、行政法规规定的其他情形。

(二) 经济补偿金、代通知金和赔偿金

用人单位只有在具备法律规定的情形下才能与劳动者解除或者终止劳动合同,否则将构成违法,应当承担相应责任。

1. 经济补偿金

是指劳动合同解除或终止后用人单位依据法律规定或协议约定向劳动者支付的款项。用人单位需支付经济补偿金的具体情形:(1)用人单位提出,与劳动者协商一致解除劳动合同;(2)用人单位执行无过错解除劳动合同;(3)用人单位执行经济性裁员;(4)用人单位以合同期满为由终止劳动合同;(5)用人单位决定提前解散终止劳动合同;(6)劳动者因用人单位严重侵权、严重违约行为提前解除劳动合同。

经济补偿金在"劳动者办结工作交接时"支付,如果劳动者未办结工作交接,用人单位可以暂缓支付经济补偿金。经济补偿金的支付标准则结合劳动者离职前 12 个月的月平均工资、在本单位工作年限综合确定。经济补偿金的支付条件、支付时间、支付标准司法实践中仍允许用人单位与劳动者经协商一致,高于或低于法定标准支付经济补偿金。如果没有重大误解、显失公平等情形,劳动者自愿放弃经济补偿金或者接受较低标准的经济补偿金,经双方协商一致达成协议,该协议仍然具有法律约束力。

经济补偿金以应发工资为统计口径。①如果劳动者离职前月工资超过本地区上年度职工月平均工资三倍的,按照三倍封顶值计算。此外,因劳动者患病等导致月收入降低甚至低于最低工资标准的,则应按照本地区当年度最低工资标准"托底"计算。

2. 代通知金

法律规定的用人单位可以一个月工资代替履行提前30日通知义务的情形,用人单位普遍将该一个月工资称为"代通知金"。代通知金并非按照合同约定工资标准确定,而是按照离职前上个月工资标准确定,且无上年度职工社会平均工资三倍的限制。

3. 赔偿金

用人单位若系合法解除或终止劳动合同,无须向劳动者支付赔偿金。赔偿金具有惩罚和遏制用人单位违法行为的功能。用人单位违法解除或者终止劳动合同时,因其存在过错,劳动者可以选择要求继续履行劳动合同,也可以向用人单位要求支付赔偿金,赔偿金数额为经济补偿标准的二倍。赔偿金的计算年限自用工之日起计算,即包含《劳动合同法》实施以前劳动者的工作年限。如果劳动者选择要求继续履行劳动合同,且劳动合同能够继续履行的,用人单位无须向劳动者支付赔偿金,但应当与劳动者恢复劳动关系并赔偿违法解除或终止劳动关系期间的工资损失。

表3-6　违法解除赔偿金计算公式

全国多数地区	赔偿金计算
月工资高于社会平均工资三倍	当地职工社会月平均工资三倍×工作年限(自用工日起算但≤12)
月工资低于社会平均工资三倍	离职前12个月月平均工资×工作年限(自用工日起据实计)×2倍(6个月以上不满一年的,按一年计算,不满6个月的,支付半个月工资)

———————————

① 经济补偿金以月工资为计算单位。例如《江苏省工资支付条例》第62条亦规定:"本条例所称工资是指用人单位根据国家规定或者劳动合同的约定,依法以货币形式支付给劳动者的劳动报酬,包括计时工资、计件工资、奖金、津贴和补贴、加班加点工资以及特殊情况下支付的工资等,不包括用人单位承担的社会保险费、住房公积金、劳动保护、职工福利和职工教育费用。"关于经济补偿金是否应剔除加班费,各地做法存在一定差异,如上海市、福建省等地在司法实践中将加班费予以剔除。

案例中,张某因回老家参加岳母丧事而请假,符合中华民族传统人伦道德和善良风俗,且其已通过电话方式向钢管公司履行了请假手续,公司电话中并未明确表示不准张某请假,而仅是表示需要履行书面请假手续。张某火车票显示的路途时间为4天,返回广州时已为周六下午,周日并非工作时间。张某周一上班时,公司直接作出开除决定,未给予张某补办书面请假手续的机会,缺乏合理性。故法院判令公司向张某支付违法解除劳动关系赔偿金。

五、社区工作和劳动者权益保护

【案例】姜某某通过公开招聘到绵阳市游仙区忠兴镇某社区居民委员会从事场镇车辆秩序维护、卫生清洁、夜间巡逻等工作,按月领取报酬和值班补助,但未签订书面劳动合同。2021年2月,姜某某从该居委会离职。因确认劳动关系、违法解除劳动关系赔偿金等问题发生争议,姜某某向绵阳市游仙区劳动人事争议仲裁委员会申请劳动仲裁。仲裁委员会于2021年5月17日裁决:确认某居委会与姜某某劳动关系存续期间为2017年10月1日至2021年2月28日;由某居委会向姜某某支付违法解除劳动关系赔偿金12 600元。该居委会不服该裁决,向绵阳市游仙区人民法院提起诉讼,主张社区居委会是"自我管理、自我教育、自我服务"的基层群众性自治组织,不属于劳动法上的用人单位,请求撤销仲裁裁决,驳回姜某某的全部请求。①

【问题】社区居委会属于劳动法上的用人单位吗?

劳动者权益是指劳动者在法律上享有的权利和利益,包括但不限于工作权、报酬权、休息休假权、安全健康权、职业培训权等。劳动者权益保护对于构建和谐劳动关系、促进社会稳定与经济发展具有重要意义。首先,权益保护能够激发劳动者的积极性和创造性,提高劳动生产率。其次,权益保护有助于减少劳动争议,维护劳动者和用人单位之间的平衡关系。再次,权益保护是实现社会公平正义的基本要求,保障劳动者特别是弱势群体的基本生活和发展需求。劳动者权益保护是一个复杂的社会系统工程,需要政府、企业、工会、社区以及劳动者自身共同努力,形成全方位、多层次的保护机制。

---

① 《最高人民法院发布提级管辖典型案例》,载"最高人民法院"微信公众号,2024年6月2日发布。

社区工作者在劳动者权益保护工作中扮演着至关重要的角色。首先,他们需要通过教育培训提升自身的专业能力,以更好地理解劳动者权益保护的相关法律法规和政策。(1)法律法规培训:社区工作者应定期参加关于劳动法、劳动合同法、社会保险法等的培训,确保对劳动者权益有全面而深入的理解。(2)案例分析:通过分析劳动者权益保护的典型案例,社区工作者可以学习如何在实际工作中识别和处理权益侵害问题。(3)沟通技巧:提升与劳动者沟通的能力,使他们能够更有效地收集信息、了解需求,并提供适当的指导和帮助。

社区工作者是连接劳动者与法律援助、社会保障体系的桥梁,也是普及劳动法律知识、提升劳动者自我保护意识的关键力量。其作用体现在多个层面:(1)普及法律知识,利用社区公告栏、微信群、社区活动等多种方式进行法律法规的宣传。同时,定期举办法律知识讲座和咨询活动,邀请法律专家为劳动者解答疑惑。根据不同劳动者的特点和需求,社区工作者应提供针对性的法律宣传教育。例如,针对农民工、劳务派遣工等特殊群体,重点宣传劳动合同法、工伤保险条例等与其权益密切相关的法律法规。(2)提供咨询服务,为劳动者提供法律咨询和援助,帮助他们了解自己的权利,并指导如何通过法律途径维护自己的权益。(3)协助获取法律援助,引导劳动者通过法律途径维护自身权益,包括但不限于协助申请法律援助、联系律师等。(4)监测与报告,监测社区内劳动条件和劳动关系,及时发现并报告侵犯劳动者权益的行为。(5)协调与沟通,作为劳动者与雇主、政府机构之间的协调者,促进劳动争议的和平解决。

政策的支持对社区劳动权益保护纠纷调解工作至关重要,它为社区工作者提供行动指南和资源保障。(1)政策导向:国家和地方政府出台一系列政策,旨在加强劳动权益保护和纠纷调解工作,如《关于进一步加强劳动人事争议协商调解工作的意见》等。(2)组织建设:政策鼓励在社区层面建立劳动争议调解组织,建立健全以乡镇(街道)、工会、行业商(协)会、区域性等调解组织为支撑、调解员(信息员)为落点的小微型企业劳动争议协商调解机制。乡镇(街道)劳动人事争议调解组织发挥专业性优势,积极推进标准化、规范化、智能化建设,帮助辖区内用人单位做好劳动人事争议预防化解工作。依托司法行政、工会、企业代表组织等,形成基层调解网络。(3)人员培训:政府提供专业培训,提高社区工作者的法律素养和调解技能,确保他们能够有效地进行劳动权益保护纠纷的预防和调解工作。(4)资源整合:政策支持社区调解组织与法律服务机构、社会工作服务机构等进行合作,整合资源,形成工作合力。(5)经费保障:确保社区调解工作有足够的经费支持,包括调解员的工作补贴、调解场地的租赁费用、宣传培训等费用。

社区工作者在劳动权益保护纠纷调解中扮演着重要角色,他们不仅是法律法规的执行者,更是社区和谐的守护者。通过不断学习和实践,社区工作者能够更好地理解法律精神,掌握调解技巧,有效预防和解决劳动权益保护纠纷,促进社会的稳定与发展。

案例是最高人民法院 2024 年 6 月 2 日发布的提级管辖典型案例,绵阳市中级人民法院通过提级审理统一了类案裁判尺度,明确基层群众性自治组织的"自治"属性在于强调群众直接行使民主权利,不意味着其不能参与私法活动。居民委员会具备用人单位主体资格,可以对劳动者承担相应的义务。

主题 4　安全生产——小场所安全法律风险和法律责任

一、小场所安全法律风险概述

【案例】2020 年 3 月 7 日 19 时 14 分,福建省泉州市鲤城区欣佳酒店所在建筑物发生坍塌事故,造成 29 人死亡、42 人受伤,直接经济损失 5 794 万元。发生原因是,事故单位将欣佳酒店建筑物由原四层违法增加夹层改建成七层,达到极限承载能力并处于坍塌临界状态,加之事发前对底层支承钢柱违规加固焊接作业引发钢柱失稳破坏,导致建筑物整体坍塌。①

【问题】上述灾难为何会发生?

近年来,随着经济的快速发展和城市化进程的加快,"小场所"如小餐馆、小商店等在城市中迅速增多,成为城市生活的重要组成部分。然而,由于规模小、管理不规范等问题,这些小场所在安全管理上存在诸多隐患,火灾、触电等安全事故频发,严重威胁人民群众的生命财产安全。因此,深入研究小场所的安全法律风险和法律责任,对于提高小场所的安全管理水平,预防和减少安全事故的发生,具有重要的现实意义。

小场所通常指的是规模较小、功能相对单一的经营场所或公共设施。这些场所由于其规模较小,往往在安全管理上存在一定的漏洞和风险。根据相关法律法规,小场所的定义通常与消防安全紧密相关,涵盖购物、餐饮、住宿、娱乐等

---

① 《泉州欣佳酒店坍塌致 29 人死亡,事故内幕曝光,违规细节触目惊心》,载"央视新闻"微信公众号,2021 年 1 月 24 日发布。

多个领域。小场所的类型划分有助于针对性地制定安全措施和管理策略。以下是根据使用性质和功能进行的分类：(1)购物场所，如小型商场、商店、市场等，建筑面积在 300 平方米以下。(2)餐饮场所，包括小饭店、快餐店等，额定就餐人数 100 人以下。(3)住宿场所，如小旅馆、招待所等，床位数 50 张以下。(4)公共娱乐场所，例如小电影院、网吧、酒吧等，设置在建筑物首层、二层、三层且建筑面积 200 平方米以下。(5)休闲健身场所，建筑面积 200 平方米以下的洗浴、足疗、美容美发美体、酒吧、茶社、棋牌室、咖啡厅、健身俱乐部等。(6)医疗场所，包括小诊所、卫生室等，床位数在 30 张以下。(7)教学场所，床位数 50 张以下的寄宿制学校和托儿所、幼儿园，500 人以下的非寄宿制学校，100 人以下的非寄宿制托儿所、幼儿园。(8)生产加工企业，小型工厂或手工作坊，职工人数 50 人以下或者设有 30 人以下员工集体宿舍。(9)易燃易爆危险品销售、储存场所，建筑面积在 300 平方米以下。①

安全生产法规构成小场所安全管理的法律基础，其目的是通过法律手段预防和减少生产安全事故的发生。我国现行的安全生产法律体系以《安全生产法》为核心，辅以《矿山安全法》《劳动法》《消防法》《职业病防治法》《工会法》《道路交通安全法》《海上交通安全法》《矿产资源法》《煤炭法》《建筑法》《铁路法》《电力法》《民用航空法》等专门法规，以及相关的行政法规、地方性法规、规章和标准，形成较为完整的安全生产法律框架。

小场所安全法律风险主要指在社区内小规模公共场所(如社区活动中心、小商铺等)可能遇到的与安全相关的法律问题。这些风险类型多样，包括但不限于：(1)消防安全风险。小场所可能因违规堆放物品、消防设施不完善或维护不当而存在火灾隐患。(2)设备操作安全风险。小场所可能使用一些陈旧或不符合安全标准的设备，员工操作不当或设备故障均可能导致事故。(3)建筑安全风险。老旧建筑可能存在结构安全问题，如墙体开裂、屋顶漏水等。(4)化学品管理风险。部分小场所可能涉及危险化学品的使用和储存，不当管理可能引发泄漏、爆炸等严重后果。(5)公共卫生风险。小场所在食品卫生、传染病防控等方面可能不符合相关法律法规要求。(6)人身安全风险。小场所可能因安全管理不到位，导致居民在使用过程中遭受人身伤害。这些风险的特点通常表现为隐蔽性、突发性和连带性。隐蔽性指风险不易被及时发现；突发性指一旦风险爆发，往往迅速造成影响；连带性则指一个问题可能引发多个法律问题。

---

① 《警惕"小场所"，避免"大事故"！》，载"江苏消防"微信公众号，2024 年 8 月 27 日发布。

案例中欣佳酒店违法违规肆意妄为导致灾难发生。欣佳酒店的不法业主在未取得建设相关许可手续,且未组织勘察、设计的情况下,多次违法将工程发包给无资质施工人员,在明知楼上有大量人员住宿的情况下违规冒险蛮干,最终导致建筑物坍塌;相关中介服务机构违规承接业务甚至出具虚假报告。

二、《安全生产法》压实企业安全生产主体责任

【案例】2024 年 5 月,黄岛区应急管理局依法对危险化学品生产企业青岛某新材料有限公司进行执法检查时发现:企业实有人数 130 余人,2024 年安全生产责任保险投保人数仅 10 余人。该行为违反《安全生产法》第 51 条第 2 款和《山东省安全生产条例》第 24 条第 2 款的规定,依据《安全生产法》第 109 条"高危行业、领域的生产经营单位未按照国家规定投保安全生产责任保险的,责令限期改正,处五万元以上十万元以下的罚款;逾期未改正的,处十万元以上二十万元以下的罚款"的规定,对青岛某新材料有限公司作出处人民币玖万元的行政处罚。①

【问题】安全生产责任保险是一种什么性质的保险?

安全生产至关重要。2021 年修订的《安全生产法》一大亮点便是进一步压实生产经营单位的安全生产主体责任,主要建立了以下重要法律制度。

1. 生产经营单位全员安全责任制

生产经营单位的每个部门、岗位和员工都与安全生产息息相关。全员安全生产责任制包括多方面内容:各级生产经营管理人员在完成任务同时对保证生产安全负责;各职能部门人员对业务范围内安全生产负责;班组长和特种作业人员对岗位安全生产工作负责;所有从业人员在本职工作中做到安全生产;还有各类安全责任的考核标准及奖惩措施。该责任制应内容全面、要求清晰、操作方便,让各岗位责任人员、范围及考核标准一目了然。当管理架构、岗位设置或从业人员变动时,生产经营单位需及时修改,以适应安全生产需求。

2. 安全风险分级管控和隐患排查治理双重预防机制

(1)确定风险等级:生产单位全面辨识排查安全生产风险,确定风险类别后,

---

① 《未按规定投保安全生产责任保险,罚!》,载"青岛应急管理"微信公众号,2024 年 8 月 2 日发布。

按危险程度及可能后果严重性,将风险划分为"红橙黄蓝"四个等级,并绘制安全风险电子分布图。(2)明确管控措施:针对风险类别和等级,明确管控层级,建立"两个清单"。一是管控责任清单,明确车间、班组、岗位等管控责任及责任人;二是管控措施清单,制定工程技术、物理工程、管理、教育和个体防护等具体措施。(3)风险公告警示:公示车间主要风险点、类别、等级、管控措施和应急措施,让员工了解风险情况及防范对策。存在风险岗位设置告知卡,标明危险危害因素、后果、预防及应急措施等。可能导致事故的场所和岗位设置报警装置、配备应急设备设施和撤离通道。(4)排查消除隐患:制定隐患分级和排查治理标准,建立闭环管理机制,实现隐患自查自改自报程序化、科学化、信息化、标准化、常态化。监管部门定期检查,对重大事故隐患下达整改通知单。(5)加强应急管理:在风险评估基础上编制应急预案,与公司预案衔接,建立专(兼)职应急救援队伍或与邻近专职救援队签订协议。隐患排除前无法保证安全时,撤出作业人员和疏散可能危及人员。重点岗位制定应急处置卡,每年至少组织一次应急演练,开展岗位应急知识教育和技能培训并定期考核。(6)防控职业病危害:对可能产生职业病危害的岗位设置警示标识和说明,明示危害种类、后果、预防及救治措施。配备防护装备并定期检查更新,为从业人员配备合格防护用品并监督正确佩戴使用,加强作业场所职业危害防治,定期检测和评价,保障职工安全健康权益。

3. 高危行业领域强制实施安全生产责任保险制度

国家鼓励生产经营单位投保安全生产责任保险,而矿山、危险化学品、烟花爆竹、交通运输、建筑施工、民用爆炸物品、金属冶炼、渔业生产等八类高危行业领域生产经营单位必须投保。

案例中的安全生产责任保险是保险机构对投保单位发生生产安全事故造成的人员伤亡和有关经济损失等予以赔偿,并且为投保单位提供生产安全事故预防服务的商业保险。在政策上,安全生产责任保险是一种带有公益性质的强制性商业保险,国家规定的高危行业领域的生产经营单位必须投保,同时在保险费率、保险条款、预防服务等方面必须加以严格规范。

三、《安全生产法》明确的"三个必须"

【案例】2019 年 2 月 26 日,江苏如东某公司在废水装置作业时,发生爆燃事故,导致两名员工死亡,经济损失三百万元。经调查了解,身为该公司工程部副经理的犯罪嫌疑人张某某,未严格执行公司设备设施拆除移位等管理制度,施工前也未组织编制施工方案,且未落实好现场管理工作;犯罪嫌疑人李某某违规使用了电焊枪对法兰与短接进行点焊,而犯罪嫌疑人王某某作为监火人,并未到场对李某某的违规动火作业进行监督,因此引发事故。"安全责任不是我的职责,我只负责工程部业务。"在接手该起重大责任事故案件之初,张某某对公安机关指控其承担事故领导责任很不服气。①

【问题】只负责业务不管安全的工程部副经理张某某需要承担安全责任吗?

《安全生产法》将"管行业必须管安全、管业务必须管安全、管生产经营必须管安全"的"三个必须"原则写入法律,明确了各方面安全生产责任,建立起完善责任体系。此原则由习近平总书记在 2013 年考察中石化黄岛经济开发区输油管线泄漏引发爆燃事故现场时首先提出。

首先,明确部门安全监管职责。管行业必须管安全,各负有安全监管职责的部门在职责范围内对负责的行业和领域实行监督管理。如交通运输、住房和城乡建设等部门对各自行业监管,应急管理部门既负责综合安全监督管理,也直接监管冶金、有色等八大行业及危化品、烟花爆竹等。

其次,明确新兴行业安全监管职责。新兴行业领域安全监管职责不明确时,由县级以上地方人民政府按业务相近原则确定监督管理部门,防止出现监管"盲区"。如"农家乐"可由地方政府指定部门监督经营行为。

最后,明确企业决策层和管理层安全管理职责。企业中除主要负责人是第一责任人外,其他副职根据分管业务对安全生产负责。

全面加强责任制落实是推动责任落实的重要抓手。一是处理好职责与责任制关系,完善责任制体系。职责是责任制的重要部分但不能替代,负有安全生产管理职责的部门及企业要建立全员岗位责任制,明确各岗位责任人员、范围、清单及考核标准和奖惩制度,及时修订以适应变化,定期完善。二是实行责任制公示制度。在适当位置长期公示全员全岗位责任制内容,包括安全生产职责、责任范围、考核标准等。三是强化责任制教育培训。纳入年度培训计划,开展岗位培训,指定专人实施,记录培训情况。四是加强责任制考核管理。建立由主要负责人牵头的考核制度,每半年对各层级、部门、人员岗位责任制落实情况考核,健全奖惩机制,激发积极性。上级部门或负有安全生产管理职责的部门在检查、考评

---

① 《爆燃致 2 死 1 伤:只管业务不管安全,发生重大事故分管领导也有罪》,载"大同应急"微信公众号,2020 年 7 月 6 日发布。

企业安全生产工作时,将责任制落实情况作为重要内容。总之,落实"三个必须"原则和加强责任制落实是安全生产的基础工作,需持续推进。

案例中,按法律及公司制度,工程部应负责设备拆除等工作,包括制定方案、风险评价及报经批准执行等。然而在此次安全事故中,工程部未制定预案,仅口头交代且无施工方案,加上施工人员违规操作致事故发生。工程部副经理张某某作为负责人,因疏于履职被控涉嫌重大责任事故罪。其应承担事故相应责任,这也提醒企业管理者要严格履行职责,确保安全生产,保障员工及公共安全。

四、2021 年新修订《安全生产法》修改的主要内容

【案例】2022 年 4 月 29 日,湖南省长沙市望城区金山桥街道金坪社区盘树湾组发生特别重大居民自建房倒塌事故,造成 54 人死亡、9 人受伤,直接经济损失 9 077.86 万元。国务院常务会议审议通过事故调查报告。事故直接原因是原五层房屋质量差等,违法加层扩建后荷载大增,致使二层东侧柱和墙受压破坏,最终房屋整体倒塌。事发前,房主拒不听从劝告,未采取避险疏散措施,导致伤亡惨重。经认定,该事故是因房主违法建设、加层扩建用于出租经营,地方党委政府及有关部门整治违法建筑、排查治理风险隐患不认真负责,甚至推卸责任、放任不管,致使重大安全隐患长期未整治而导致的特别重大生产安全责任事故。这起事故为各地加强自建房管理、落实安全责任敲响了警钟。①

【问题】本次事故有哪些值得吸取的教训?

《安全生产法》修改决定共 42 条,约占原条款的三分之一,主要涵盖以下内容:

1. 贯彻新思想新理念

要以习近平新时代中国特色社会主义思想为指导,满足人民对平安的需求。将习近平总书记关于安全生产工作的重要指示批示精神转化为法律规定,增加安全生产工作坚持人民至上、生命至上,树牢安全发展理念,从源头上防范化解重大安全风险等内容,为统筹发展和安全提供法治保障。

---

① 《54 死 9 伤塌楼事故,调查报告公布!》,载"中华人民共和国应急管理部"微信公众号,2023 年 5 月 21 日发布。

2. 落实中央决策部署

深入贯彻《中共中央、国务院关于推进安全生产领域改革发展的意见》,增加重大事故隐患排查治理情况报告、高危行业领域强制实施安全生产责任保险、安全生产公益诉讼等重要制度。

3. 健全安全生产责任体系

(1)强化党委和政府领导责任。明确安全生产工作坚持党的领导,各级人民政府加强安全生产基础设施和监管能力建设,经费列入本级预算。(2)明确各部门监管职责。实行"管行业必须管安全、管业务必须管安全、管生产经营必须管安全"。对新兴行业领域监管职责不明确的,由县级以上地方政府按业务相近原则确定监管部门。(3)压实生产经营单位主体责任。明确主要负责人是第一责任人,其他负责人对职责范围内安全生产工作负责。要求健全全员安全生产责任制、双重预防机制,加强标准化和信息化建设,加大投入保障力度,提高安全生产水平。

4. 强化新问题新风险防范应对

汲取事故教训,针对新问题作规定。如餐饮行业使用燃气的单位安装可燃气体报警装置;矿山等高危行业施工单位不得非法转让资质、违法分包转包;安全评价机构实施报告公开制度,不得租借资质等。对新业态新风险,建立健全全员安全生产责任制,加强从业人员教育培训,履行法定义务。

5. 加大对违法行为惩处力度

(1)罚款金额更高。事故罚款由 20 万元至 2 000 万元提高至 30 万元至 1 亿元;单位主要负责人事故罚款数额由年收入的 30% 至 80% 提高至 40% 至 100%,特别重大事故最高可罚 1 亿元。(2)处罚方式更严。一经发现违法行为即责令整改并处罚款,拒不整改的停产停业整顿且可按日连续计罚。(3)惩戒力度更大。采取联合惩戒,最严重的进行行业或职业禁入等措施,打击震慑违法企业,保障守法企业权益。

案例中,事故调查组总结了五个方面的主要教训:对习近平总书记关于防范化解重大风险论述领会不认真深刻,风险意识弱;责任落实不紧不实,不担当不作为;发展理念有偏差,政绩观错位;立法滞后执法不严,监管宽松软;基层能力建设受忽视。同时,提出五项改进措施建议:增强领导干部风险意识和安全发展能力;防控经营性自建房安全风险;标本兼治加强城乡自建房安全管理;压实各级领导干部防范化解重大风险责任;提高基层安全治理能力。

五、社区安全的法律风险防控措施

【案例】成都市龙泉驿区柏合街道长远社区属于典型的"安置区＋商品楼盘＋居民自建点"混合社区。由于辖区幅员面积广、建筑结构多元、人员数量多，存在着辖区安全宣传教育覆盖不全面、安全理念推广不深入和普通居民的认识不透彻等问题，居民用电、用气、高空抛物等社区安全隐患时有发生。2021年，社区针对此类问题，围绕安全类基础理论知识、基本技能和法律法规等内容成功培育了一支102人的社区应急先锋响应队。2022年，为持续提高居民安全意识，降低安全事故发生率，促进全民学安全、讲安全，社区依托社区保障资金，实施安全护航计划2.0版本，全面推动辖区居民安全意识提升，营造安全、和谐、稳定的社区氛围。①

【问题】针对社区安全法律风险，社区工作者可以采取哪些有效的预防和控制措施？

在社区管理中，社区工作者作为重要执行者和推动者，其法律知识水平至关重要。掌握法律知识不仅能提高社区安全防范的有效性，还能规避法律责任。

以下是针对社区工作者安全法律知识教育与培训的具体措施。（1）定期法律知识培训：组织社区工作者参与定期的法律知识培训，重点学习与社区安全相关的法律法规，如《安全生产法》《消防法》等，确保他们对相关法律有清晰认识和理解。（2）案例分析教学：通过分析真实的社区安全事故案例，让社区工作者了解法律责任的判定标准和风险点，提升风险识别和应对能力。（3）法律顾问团队支持：成立或联络专业法律顾问团队，为社区工作者提供法律咨询和指导服务，使其在遇到法律问题时能得到及时、专业的支持。（4）法律知识竞赛和活动：举办法律知识竞赛、研讨会等活动，激发社区工作者学习法律知识的兴趣，增强法律意识。（5）在线法律教育资源利用：借助网络平台和远程教育资源，为社区工作者提供灵活的学习途径，方便他们根据自己的时间安排进行学习。（6）跨部门协作培训：与公安、消防、卫生等相关部门合作，开展跨部门法律和安全知识培训，促进资源共享与知识整合。（7）法规更新及时传达：建立法规更新快速传达机制，确保社区工作者及时了解法律法规的最新变化，避免因不熟悉法规而导致

---

① 《全民参与共筑社区安全"路"——长远社区安全护航小区项目》，载"美好柏合"微信公众号，2023年12月4日发布。

法律责任。(8)模拟演练和角色扮演：通过模拟演练和角色扮演，让社区工作者在模拟法律环境中实践操作，增强实际操作能力和临场应变能力。(9)持续教育和职业发展：鼓励社区工作者参与持续教育，提升专业水平。在职业发展中加入法律知识要求，提高整体社区工作的法律素养。通过这些措施，可有效提高社区工作者的法律知识水平，增强其在社区安全管理中的法律责任意识，更好地防范小场所安全法律风险和法律责任。

在风险识别与评估的基础上，社区工作者需采取有效预防和控制措施，降低安全法律风险。(1)安全教育与培训：定期对小场所经营者和居民进行安全教育和培训，提高他们的安全意识和自救互救能力。举办安全知识讲座、发放宣传手册、播放安全教育视频，普及安全知识，提高居民对安全风险的认识。组织消防演练、急救技能培训等活动，让居民掌握必要的自救和互救技能。(2)制定应急预案：针对可能发生的安全事故，制定详细应急预案，包括事故报告、应急响应、人员疏散等流程。(3)安全设施投入：确保小场所配备必要的安全设施，如消防器材、监控设备、警示标志等，并定期检查和维护。改善社区基础设施，增设安全标志、改善照明、维护消防设施等，营造安全居住环境。(4)联合监管：与公安、消防、卫生等部门建立联合监管机制，形成监管合力，提高监管效率和效果。(5)技术应用：利用现代信息技术，如物联网、大数据等，对小场所安全状况进行实时监控和分析，及时发现并处理安全隐患。(6)居民参与：鼓励居民参与安全管理，建立居民安全委员会等形式，收集居民意见和建议，增强社区安全工作的透明度和公众参与度。(7)法律服务：提供法律咨询服务，帮助小场所经营者和居民了解法律责任，避免因不了解法律而产生风险。(8)案例分析：定期对社区内发生的安全事故进行案例分析，总结经验教训，不断优化风险预防和控制措施。通过上述措施，社区工作者能有效地防范小场所的安全法律风险，保护居民生命财产安全，同时也保护自身的法律责任。

案例中长远社区主要有以下做法：一是用积分激励制度，引导队员参与安全督查巡查等服务千余人次，覆盖居民两千余人。二是强化理论宣传提升安全意识，引导队员围绕消防安全等方面开展线上线下宣传10场次，设置文化角更新安全常识和逃生技能。三是主动排查促整改，应急先锋响应队开展社区安全曝光活动十余场，调动200余名居民发现安全隐患，线下收集80余条，现场排查解决率达55%。四是在微信公众号开设"安全隐患上报"专栏，进行线上"以案说法"10场次，刊发隐患报10期，深度分析解读治理隐患，激发居民内在力量，减少社区安全问题，让居民重视安全、守护平安社区。这些做法有效提升了社区安全水平。

主题5 食品安全——消费者健康权益保护的法律制度解读

一、食品安全法律制度概述

【案例】2021年11月17日,郭某向某经营部购买某品牌白酒2件12瓶,并支付货款11 160元。2021年11月23日,郭某再次向某经营部购买某品牌白酒2件12瓶,并支付货款10 937元。后郭某怀疑其购买的白酒为假酒,遂向当地市场监督管理部门举报。某白酒公司出具《鉴定证明书》,表明上述某品牌白酒并非该公司生产,属于假冒注册商标的产品。郭某起诉某经营部,要求退还购酒款并支付购酒款十倍的赔偿金。①

【问题】某经营部需要承担什么责任?

(一)立法目的、原则和适用范围

食品安全事关人民群众的身体健康和生命安全,是重大的民生问题。随着经济社会的发展和人民生活水平的提高,食品安全问题受到社会各界的广泛关注。为了从法律制度上更好地保障人民群众食品安全,促进食品行业的健康发展,《食品安全法》以预防为主、风险管理、全程控制、社会共治为原则,通过建立科学、严格的监督管理制度,提高食品安全监管的整体水平。

《食品安全法》适用于在中华人民共和国境内从事食品生产和加工、食品销售和餐饮服务等活动。它包括食品添加剂的生产经营、食品相关产品的生产经营、食品的贮存和运输等多个环节,确保从农田到餐桌的每一个环节都能得到有效监管。

(二)食品安全标准和风险监测与评估体系

食品安全标准的制定是确保食品从生产到消费各个环节安全的重要手段。《食品安全法》明确规定了食品安全标准应包含的内容,这些内容涉及食品、食品添加剂、食品相关产品中的致病性微生物、农药残留、兽药残留、生物毒素、重金属等污染物质的限量规定,以及食品添加剂的品种、使用范围、用量等。

---

① 《重庆市南岸区人民法院消费者权益保护典型案例》,载"重庆南岸法院"微信公众号,2024年3月15日发布。

国家标准的制定通常由国务院卫生行政部门负责,同时会同国务院食品药品监督管理部门共同完成。这些标准旨在为食品的生产、加工、储存、运输和销售等环节提供具体的操作规范和要求,确保食品的安全性和卫生性。此外,食品安全标准还包括对标签、标志、说明书的要求,以及食品生产经营过程的卫生要求等。

风险监测与评估体系是食品安全管理的重要组成部分,其目的是及时发现食品安全问题并采取预防和控制措施。《食品安全法》规定,国务院卫生行政部门负责组织开展食品安全风险监测和风险评估工作。风险监测主要通过对食品、食品添加剂、食品相关产品的定期或不定期检查,收集和分析相关数据,以识别和验证可能存在的食品安全问题。风险评估则是对监测得到的数据进行科学分析,评估食品中的危害因素对人体健康可能造成的影响,并确定风险的严重程度。此外,风险评估还包括为食品安全标准的制定和修订提供科学依据,以及确定监督管理的重点领域和重点品种。在发现新的可能危害食品安全的因素或需要判断某一因素是否构成食品安全隐患时,也应当进行食品安全风险评估。

风险监测与评估的结果将为政府制定相关政策和措施提供依据,同时也是食品安全事故预警和应急处理的重要参考。通过这一体系,可以有效地预防和控制食品安全风险,保护消费者的健康权益。

案例中,郭某基于生活消费需要购买案涉白酒,法院严格落实习近平总书记对食品安全工作提出的"四个最严"要求,不仅判决经营者向消费者退还货款,还判决经营者向消费者支付价款十倍的惩罚性赔偿金 220 970 元。

二、食品生产经营规范和食品安全监管体系

【案例】2023 年 2 月 21 日,浏阳市市场监督管理局执法人员根据《企业落实食品安全主体责任监督管理规定》开展专项监督检查,发现关口街道某幼儿园未按要求落实食品安全主任责任,食品安全员无证上岗,未按规定建立食品安全日管控、周排查、月调度工作机制。浏阳市市场监督管理局执法人员当场下达了《责令改正通知书》和《当场行政处罚决定书》,责令其改正违法行为,并给予警告。2023 年 5 月 8 日,执法人员再次对该幼儿园进行检查时,当事人虽然有日管控、周排查、月调度工作台账,但记录中未反映实际问题,流于形式,且未下文

任命食品安全员,未对食品安全总监及食品安全管理员进行相关知识培训、考核。①

【问题】关口街道某幼儿园的上述行为违反了什么规定?

(一) 生产经营过程控制规范

食品安全的保证是《食品安全法》的核心内容之一。根据法律规定,食品生产经营者必须遵守一系列的生产经营过程控制规范,以确保食品的安全。国家对食品生产经营和食品添加剂生产实行许可制度。从事食品生产、食品销售、餐饮服务,应当依法取得许可。但是销售食用农产品,不需要取得许可。

生产经营过程控制规范包括:(1)原料控制,食品生产者必须确保所使用的原料符合食品安全标准,不得使用过期、变质或者受到污染的原料。(2)生产环境,生产环境应保持清洁卫生,避免食品受到污染。这包括对生产设施、设备的定期清洗和消毒。(3)工艺流程,必须制定严格的工艺流程,确保食品在生产过程中的每个环节都能达到食品安全的要求。(4)产品检验,所有出厂食品都应经过严格的检验,确保符合食品安全标准。不合格的产品不得流入市场。(5)追溯体系,建立完善的食品追溯体系,确保一旦发现问题,能够迅速定位并采取措施。

食品添加剂的使用和食品标签的管理是食品安全法中特别强调的两个方面。(1)食品添加剂使用。食品添加剂的使用必须严格遵守国家标准,不得超范围、超限量使用。所有添加剂都必须在产品标签上明确标注。(2)标签信息。食品标签应包含食品名称、规格、净含量、生产日期、成分或者配料表、生产者的名称、地址、联系方式、保质期、产品标准代号以及贮存条件等信息。食品标签上不得有虚假或者误导性的内容,对于特殊食品,如婴幼儿配方食品,其标签还应符合特定的要求。进口食品的标签除了要符合上述要求外,还应当有中文标签,并符合我国的食品安全国家标准。

(二) 特殊食品管理

婴幼儿配方食品和保健食品作为特殊食品的两大类别,在《食品安全法》中有着严格的规定和监管要求。

根据《食品安全法》,婴幼儿配方食品的生产和销售必须符合特定的国家标准,确保其营养成分能够满足婴幼儿成长的需求,同时保证食品的安全性。婴幼儿配方食品的生产过程需要在国家相关部门的严格监管下进行,从原料采购到

---

① 《长沙市市场监管局公布9起未落实食品安全主体责任典型案例》,载"长沙市场监管"微信公众号,2023年12月21日发布。

成品出厂,每一个环节都必须符合《食品安全法》的相关规定。

保健食品作为特殊食品的另一类别,声称具有特定保健功能的食品,其生产和标签也需要符合《食品安全法》的要求。保健食品的生产必须基于科学的评价和验证,确保其声称的保健功能真实可靠,并且不会对消费者造成误导。

进口食品作为特殊食品的重要组成部分,在《食品安全法》中同样受到严格的监管。进口食品在进入中国市场前,必须经过出入境检验检疫机构的检查和评估,确保其符合中国的食品安全标准。进口商需要提供完整的产品信息和合格证明材料,包括原产地证明、产品检验报告等。此外,进口食品在销售过程中也需要遵守食品安全法的相关规定,包括标签、说明书的准确性,以及不得进行虚假宣传等。

(三)食品安全监管体系

《食品安全法》确立了以政府为主导的食品安全监管体系。根据法律规定,国务院设立食品安全委员会,负责研究部署、统筹指导食品安全工作。同时,国务院食品安全监督管理部门负责食品生产经营活动的监督管理,确保食品安全法律法规的执行。

各级地方人民政府也承担着食品安全监管的重要职责。县级以上地方人民政府负责本行政区域的食品安全监督管理工作,包括领导、组织、协调食品安全监督管理以及食品安全突发事件的应对工作。此外,县级以上地方人民政府食品安全监督管理部门可以在乡镇或特定区域设立派出机构,以强化基层监管力度。

食品安全监管体系还包括卫生行政部门、农业行政部门等相关部门,它们根据法律、法规和各自职责,共同承担食品安全的监管工作。例如,卫生行政部门负责组织开展食品安全风险监测和风险评估,制定食品安全国家标准。

《食品安全法》强调食品安全工作实行社会共治原则,鼓励和支持社会各界参与食品安全的监督管理。食品行业协会应加强行业自律,建立健全行业规范和奖惩机制,提供食品安全信息、技术等服务,引导和督促食品生产经营者依法生产经营。

消费者协会和其他消费者组织在食品安全监管中也扮演着重要角色。它们依法进行社会监督,对违反食品安全法规定、损害消费者合法权益的行为进行监督和揭露。

此外,法律鼓励社会组织、基层群众性自治组织、食品生产经营者开展食品安全法律、法规以及食品安全标准和知识的普及工作,提高公众的食品安全意识和自我保护能力。新闻媒体同样承担着公益宣传和舆论监督的责任,通过对食品安全法律法规和知识的宣传,以及对违法行为的曝光,促进食品安全知识的普及和食品安全社会共治的实现。

公众参与食品安全监管的途径包括举报食品安全违法行为、向有关部门了解食品安全信息、对食品安全监督管理工作提出意见和建议等。通过这些途径,公众能够积极参与到食品安全的监督和管理中,形成政府、市场和社会三方共同维护食品安全的强大合力。

案例中关口街道某幼儿园行为,违反了《食品安全法》第44条和《企业落实食品安全主体责任监管规定》第10条等相关规定,浏阳市市场监督管理局依法责令当事人改正违法行为,并处以10 000元罚款。

三、食品安全事故处理

【案例】2024年3月13日,栖霞区市场监管局接省局转发舆情,反映某大学学生在食堂菜品中发现异物。接报后,执法人员对涉事单位承包经营的学生食堂进行了现场检查,并于3月14日和4月1日对当事人进行两次调查询问。经调取相关监控记录,当事人对事件发生时初加工处、炒菜处、出餐处、打餐处等点位的监控进行确认,认定食品混入异物是由于洗菜工操作不规范、未按照"一择二洗三切"流程操作造成。①

【问题】当事人的行为需要承担什么法律责任?

(一)安全事故报告与应急响应

食品安全事故的报告是食品安全法中规定的重要环节,旨在确保食品安全问题能够迅速被识别并得到处理。根据《食品安全法》规定,食品生产经营者一旦发现其生产经营的食品不符合食品安全标准或者有证据证明可能危害人体健康的,应当立即停止生产经营活动,并向相关部门报告。

报告机制:食品生产经营者需建立食品安全事故报告制度,明确报告流程和责任人,确保在第一时间内向食品药品监督管理部门报告事故情况。

应急响应:食品药品监督管理部门在接到报告后,应迅速启动应急预案,组

---

① 《事关校园食品安全,南京曝光4起典型案例》,载"南京市场监管"微信公众号,2024年6月25日发布。

织专家评估事故风险,采取必要的控制措施,防止事故扩大。

(二)事故调查与后续处理

食品安全事故的调查是查明事故原因、追究责任、防止类似事故再次发生的关键步骤。(1)调查程序。食品药品监督管理部门负责组织事故调查,查明事故原因,评估事故影响,形成调查报告。(2)责任追究。根据调查结果,依法追究相关责任人的法律责任。对于生产经营者,可能面临罚款、吊销许可证等处罚;对于个人,可能面临行政或刑事责任。(3)后续处理。除了法律责任追究外,还需对事故中受影响的消费者进行赔偿。同时,食品药品监督管理部门应根据事故调查结果,加强对类似食品生产经营活动的监管,防止类似事故再次发生。

食品安全事故处理不仅涉及法律责任的追究,还包括对受害者的救济和社会信任的修复。通过严格的事故处理机制,可以提高食品生产经营者的安全意识,保障消费者的食品安全。

案例中学生食堂的行为违反《食品安全法》第34条第6款的规定。栖霞区市场监管局依据《食品安全法》第124条第4款、《行政处罚法》第32条第1项的规定,给予罚款人民币15 000元的行政处罚。

四、违反食品安全的法律责任

【案例】被告人宋某迎在没有查验张某(另案处理)所供"闪电瘦"减肥产品供应者许可证和出厂合格证(证明文件),且"闪电瘦"减肥产品没有生产者名称、地址、联系方式、产品标准代号、生产许可证号的情况下,将该减肥产品销售给客户。2015年11月至2016年11月期间,宋某迎向董某某(另案处理)等14人销售"闪电瘦"共计150 816.00元,董某某又通过微信卖货群和微信朋友圈销售。经检验"闪电瘦"产品含有国家食品药品监督管理局公布的《保健食品中可能非法添加的物质名单》中严禁添加的西布曲明。①

【问题】宋某迎需要承担什么法律责任?

(一)民事法律责任

《食品安全法》第147条规定:"违反本法规定,造成人身、财产或者其他损害的,依法承担赔偿责任。生产经营者财产不足以同时承担民事赔偿责任和缴纳

---

① (2021)冀0981刑初291号刑事判决书。

罚款、罚金时,先承担民事赔偿责任。"

《食品安全法》第148条规定:"消费者因不符合食品安全标准的食品受到损害的,可以向经营者要求赔偿损失,也可以向生产者要求赔偿损失。接到消费者赔偿要求的生产经营者,应当实行首负责任制,先行赔付,不得推诿;属于生产者责任的,经营者赔偿后有权向生产者追偿;属于经营者责任的,生产者赔偿后有权向经营者追偿。生产不符合食品安全标准的食品或者经营明知是不符合食品安全标准的食品,消费者除要求赔偿损失外,还可以向生产者或者经营者要求支付价款十倍或者损失三倍的赔偿金;增加赔偿的金额不足一千元的,为一千元。但是,食品的标签、说明书存在不影响食品安全且不会对消费者造成误导的瑕疵的除外。"

在食品安全领域,民事责任主要包括赔偿消费者因食用不合格食品而遭受的损失。这一责任不仅体现了对消费者权益的保护,也体现了对食品生产经营者的严格监管。首先,当消费者因食用不符合食品安全标准的食品而受到损害时,消费者有权向食品的生产者或经营者要求赔偿损失。在生产经营者的财产不足以同时承担多种法律责任时,如刑事责任、行政责任,民事赔偿责任具有优先权。这一规定充分体现了对消费者权益的倾斜保护,确保消费者在遭受损失后能够得到及时赔偿。根据相关规定,接到消费者赔偿要求的生产经营者,应当实行首负责任制,先行赔付,不得推诿。这一制度要求食品生产经营者在接到消费者赔偿要求后,应当立即承担起赔偿责任,不得拖延或推诿。同时,生产经营者还需要积极配合有关部门的调查处理,主动承担责任,以便更好地维护消费者的合法权益。

（二）行政法律责任

食品安全的行政责任主要包括以下几种:

1. **警告**

当食品安全事故发生后,事故单位未及时进行处置和报告的情况时有发生。针对这种行为,有关主管部门会按照各自职责分工责令其改正,并给予警告。同时,行政机关会对违法行为人进行谴责和告诫,促使其认识和纠正错误。这表明,加大监管力度、明确法律责任和强化信息公开对于完善食品安全事故处理与责任追究机制具有重要意义。

2. **责令停产停业**

责令停产停业是一种具有强制性的制裁措施。行政机关在发现行政违法行为人存在违法行为时,有权采取责令停产停业的方式对其进行惩罚。这种制裁措施具有明确的强制性,能够有效地迫使行政违法行为人停止违法行为,恢复食品安全市场秩序。

3. 罚款

罚款是针对违反食品安全法规定的行为人,行政机关采取的一种有效的行政处罚措施,即强制行政违法行为人承担一定的金钱给付义务,使其在经济上受到一定制裁。这种处罚措施旨在通过经济制裁的方式,对违法行为人形成压力和震慑,促使其自觉遵守食品安全法律法规,保障人民群众的饮食安全。

4. 吊销许可证

当行政机关发现行政相对人存在严重食品安全违法行为,比如生产、销售不合格食品,或者存在重大食品安全隐患等,这些行为已经对公众健康造成了严重威胁,行政机关就有权依法采取相应的行政处罚措施,通过吊销许可证的方式剥夺行政相对人的资格。

表3-7 《食品安全法》65种违法行为处罚和依据表

	违法行为	违反条款	处罚条款	备 注
1	未取得食品生产经营许可从事食品生产经营活动	第35条第1款	第122条第1款	销售食用农产品,无需许可;食品生产加工小作坊和食品摊贩等的具体管理办法由省、自治区、直辖市制定
2	未取得食品添加剂生产许可从事食品添加剂生产活动	第39条第1款	第122条第1款	食品药品监督管理部门
注:以上2种违法行为由县级以上人民政府食品药品监督管理部门没收违法所得和违法生产经营的食品、食品添加剂以及用于违法生产经营的工具、设备、原料等物品;违法生产经营的食品、食品添加剂货值金额不足一万元的,并处五万元以上十万元以下罚款;货值金额一万元以上的,并处货值金额十倍以上二十倍以下罚款。				
1	用非食品原料生产食品、在食品中添加食品添加剂以外的化学物质和其他可能危害人体健康的物质,或者用回收食品作为原料生产食品,或者经营上述食品	第34条第1项	第123条第1款第1项	

	违法行为	违反条款	处罚条款	备　注
2	生产经营营养成分不符合食品安全标准的专供婴幼儿和其他特定人群的主辅食品	第 34 条第 5 项	第 123 条第 1 款第 2 项	
3	经营病死、毒死或者死因不明的禽、畜、兽、水产动物肉类，或者生产经营其制品	第 34 条第 7 项	第 123 条第 1 款第 3 项	
4	经营未按规定进行检疫或者检疫不合格的肉类，或者生产经营未经检验或者检验不合格的肉类制品	第 34 条第 7 项	第 123 条第 1 款第 4 项	
5	生产经营国家为防病等特殊需要明令禁止生产经营的食品	第 34 条第 12 项	第 123 条第 1 款第 5 项	
6	生产经营添加药品的食品	第 38 条	第 123 条第 1 款第 6 项	

注：以上 6 种违法行为由县级以上人民政府食品药品监督管理部门没收违法所得和违法生产经营的食品，并可以没收用于违法生产经营的工具、设备、原料等物品；违法生产经营的食品货值金额不足一万元的，并处十万元以上十五万元以下罚款；货值金额一万元以上的，并处货值金额十五倍以上三十倍以下罚款；情节严重的，吊销许可证，并可以由公安机关对其直接负责的主管人员和其他直接责任人员处五日以上十五日以下拘留。

	违法行为	违反条款	处罚条款	备　注
1	生产经营致病性微生物，农药残留、兽药残留、生物毒素、重金属等污染物质以及其他危害人体健康的物质含量超过食品安全标准限量的食品、食品添加剂	第 34 条第 2 项	第 124 条第 1 款第 1 项	
2	用超过保质期的食品原料、食品添加剂生产食品、食品添加剂，或者经营上述食品、食品添加剂	第 34 条第 3 项	第 124 条第 1 款第 2 项	
3	生产经营超范围、超限量使用食品添加剂的食品	第 34 条第 4 项	第 124 条第 1 款第 3 项	

	违法行为	违反条款	处罚条款	备　注
4	生产经营腐败变质、油脂酸败、霉变生虫、污秽不洁、混有异物、掺假掺杂或者感官性状异常的食品、食品添加剂	第 34 条第 6 项	第 124 条第 1 款第 4 项	
5	生产经营标注虚假生产日期、保质期或者超过保质期的食品、食品添加剂	第 34 条第 10 项	第 124 条第 1 款第 5 项	
6	生产经营未按规定注册的保健食品、特殊医学用途配方食品、婴幼儿配方乳粉,或者未按注册的产品配方、生产工艺等技术要求组织生产	第 76 条、第 80 条、第 81 条第 4 款、第 82 条第 3 款	第 124 条第 1 款第 6 项	
7	以分装方式生产婴幼儿配方乳粉,或者同一企业以同一配方生产不同品牌的婴幼儿配方乳粉	第 81 条第 5 款	第 124 条第 1 款第 7 项	
8	利用新的食品原料生产食品,或者生产食品添加剂新品种,未通过安全性评估	第 37 条、第 40 条第 1 款	第 124 条第 1 款第 8 项	
9	食品生产经营者在食品药品监督管理部门责令其召回或者停止经营后,仍拒不召回或者停止经营	第 63 条第 5 款	第 124 条第 1 款第 9 项	
10	除第 124 条第 1 款和第 123 条、第 125 条规定的情形外,生产经营不符合法律、法规或者食品安全标准的食品、食品添加剂	第 34 条第 13 项	第 124 条第 2 款	
11	生产经营被包装材料、容器、运输工具等污染的食品、食品添加剂	第 34 条第 9 项	第 125 条第 1 款第 1 项	
12	生产经营无标签的预包装食品、食品添加剂或者标签、说明书不符合食品安全法规定的食品、食品添加剂	第34条第11项、第67条、第68条、第70条、第71条、第97条	第 125 条第 1 款第 2 项	

	违法行为	违反条款	处罚条款	备注
13	生产经营转基因食品未按规定进行标示	第69条	第125条第1款第3项	
14	食品生产经营者采购或者使用不符合食品安全标准的食品原料、食品添加剂、食品相关产品	第50条第1款、第53条、第55条、第60条	第125条第1款第4项	

注:以上14种违法行为由县级以上人民政府食品药品监督管理部门没收违法所得和违法生产经营的食品、食品添加剂,并可以没收用于违法生产经营的工具、设备、原料等物品;违法生产经营的食品、食品添加剂货值金额不足一万元的,并处五万元以上十万元以下罚款;货值金额一万元以上的,并处货值金额十倍以上二十倍以下罚款;情节严重的,吊销许可证。

1	食品、食品添加剂生产者未按规定对采购的食品原料和生产的食品、食品添加剂进行检验	第50条第1款、第52条	第126条第1款第1项	
2	食品生产经营企业未按规定建立食品安全管理制度,或者未按规定配备或者培训、考核食品安全管理人员	第44条	第126条第1款第2项	
3	食品、食品添加剂生产经营者进货时未查验许可证和相关证明文件,或者未按规定建立并遵守进货查验记录、出厂检验记录和销售记录制度	第50条、第51条、第53条	第126条第1款第3项	
4	食品生产经营企业未制定食品安全事故处置方案	第102条第4款	第126条第1款第4项	
5	餐具、饮具和盛放直接入口食品的容器,使用前未经洗净、消毒或者清洗消毒不合格,或者餐饮服务设施、设备未按规定定期维护、清洗、校验	第33条第1款第5项、第56条	第126条第1款第5项	
6	食品生产经营者安排未取得健康证明或者患有国务院卫生行政部门规定的有碍食品安全疾病的人员从事接触直接入口食品的工作	第45条	第126条第1款第6项	

续表

	违法行为	违反条款	处罚条款	备 注
7	食品经营者未按规定要求销售食品	第33条第1款第8项、第72条	第126条第1款第7项	
8	保健食品生产企业未按规定向食品药品监督管理部门备案,或者未按备案的产品配方、生产工艺等技术要求组织生产	第76条、第82条第3款	第126条第1款第8项	
9	婴幼儿配方食品生产企业未将食品原料、食品添加剂、产品配方、标签等向食品药品监督管理部门备案	第81条第3款	第126条第1款第9项	
10	特殊食品生产企业未按规定建立生产质量管理体系并有效运行,或者未定期提交自查报告	第83条	第126条第1款第10项	
11	食品生产经营者未定期对食品安全状况进行检查评价,或者生产经营条件发生变化,未按规定处理	第47条	第126条第1款第11项	
12	学校、托幼机构、养老机构、建筑工地等集中用餐单位未按规定履行食品安全管理责任	第57条	第126条第1款第12项	
13	食品生产企业、餐饮服务提供者未按规定制定、实施生产经营过程控制要求	第46条、第55条	第126条第1款第13项	
14	食用农产品销售者违反第65条规定的(食用农产品销售者应当建立食用农产品进货查验记录制度,如实记录食用农产品的名称、数量、进货日期以及供货者名称、地址、联系方式等内容,并保存相关凭证。记录和凭证保存期限不得少于六个月)	第65条	第126条第4款	

注:以上14种违法行为由县级以上人民政府食品药品监督管理部门责令改正,给予警告;拒不改正的,处五千元以上五万元以下罚款;情节严重的,责令停产停业,直至吊销许可证。

	违法行为	违反条款	处罚条款	备　注
1	提供虚假材料,进口不符合我国食品安全国家标准的食品、食品添加剂、食品相关产品	第92条	第129条第1款第1项、第124条	
2	进口尚无食品安全国家标准的食品,未提交所执行的标准并经国务院卫生行政部门审查,或者进口利用新的食品原料生产的食品或者进口食品添加剂新品种、食品相关产品新品种,未通过安全性评估	第93条	第129条第1款第2项、第124条	
3	未遵守食品安全法的规定出口食品	第99条	第129条第1款第3项、第124条	
4	进口商在有关主管部门责令其依照本法规定召回进口的食品后,仍拒不召回	第94条第3款	第129条第1款第4项、第124条	
5	违反本法规定,进口商未建立并遵守食品、食品添加剂进口和销售记录制度、境外出口商或者生产企业审核制度的	第98条、第94条第2款	第129条第2款、第124条	

注:以上5种违法行为出入境检验检疫机构依照第124条给予处罚,没收违法所得和违法生产经营的食品、食品添加剂,并可以没收用于违法生产经营的工具、设备、原料等物品;违法生产经营的食品、食品添加剂货值金额不足一万元的,并处五万元以上十万元以下罚款;货值金额一万元以上的,并处货值金额十倍以上二十倍以下罚款;情节严重的,吊销许可证。

	违法行为	违反条款	处罚条款	备　注
1	违反食品安全法规定,集中交易市场的开办者、柜台出租者、展销会的举办者允许未依法取得许可的食品经营者进入市场销售食品,或者未履行检查、报告等义务的	第61条	第130条第1款	

	违法行为	违反条款	处罚条款	备　注
2	食用农产品批发市场违反第 64 条规定的(食用农产品批发市场应当配备检验设备和检验人员或者委托符合食品安全法规定的食品检验机构,对进入该批发市场销售的食用农产品进行抽样检验;发现不符合食品安全标准的,应当要求销售者立即停止销售,并向食品药品监督管理部门报告)	第 64 条	第 130 条第 2 款	
3	违反食品安全法规定,网络食品交易第三方平台提供者未对入网食品经营者进行实名登记、审查许可证,或者未履行报告、停止提供网络交易平台服务等义务的	第 62 条	第 131 条第 1 款	
4	违反食品安全法规定,未按要求进行食品贮存、运输和装卸的	第 33 条第 1 款第 6 项、第 2 款、第 54 条	第 132 条	

注:以上 4 种违法行为由县级以上人民政府食品药品监督管理部门责令改正,没收违法所得,并处五万元以上二十万元以下罚款;造成严重后果的,责令停业,直至由原发证部门吊销许可证。

	违法行为	违反条款	处罚条款	处罚内容	备　注
1	明知未取得食品生产经营许可从事食品生产经营活动或者未取得食品添加剂生产许可从事食品添加剂生产活动的,仍为其提供生产经营场所或者其他条件		第 122 条第 2 款	由县级以上人民政府食品药品监督管理部门责令停止违法行为,没收违法所得,并处五万元以上十万元以下罚款	食品药品监督管理部门

	违法行为	违反条款	处罚条款	处罚内容	备　注
2	明知从事第 123 条第 1 款规定的违法行为,仍为其提供生产经营场所或者其他条件的		第123条第 2 款	由县级以上人民政府食品药品监督管理部门责令停止违法行为,没收违法所得,并处十万元以上二十万元以下罚款	食品药品监督管理部门
3	违法使用剧毒、高毒农药的	第49条第 1 款	第123条第 3 款	由公安机关对其直接负责的主管人员和其他直接责任人员处五日以上十五日以下拘留	另需依照有关法律、法规规定给予处罚
4	生产食品相关产品新品种,未通过安全性评估,或者生产不符合食品安全标准的食品相关产品的	第37条、第41条	第124条第 3 款	没收违法所得和违法生产经营的食品、食品添加剂,并可以没收用于违法生产经营的工具、设备、原料等物品;违法生产经营的食品、食品添加剂货值金额不足一万元的,并处五万元以上十万元以下罚款;货值金额一万元以上的,并处货值金额十倍以上二十倍以下罚款;情节严重的,吊销许可证	由县级以上人民政府质量监督部门依照第一款规定给予处罚
5	生产经营的食品、食品添加剂的标签、说明书存在瑕疵但不影响食品安全且不会对消费者造成误导的		第125条第 2 款	由县级以上人民政府食品药品监督管理部门责令改正;拒不改正的,处二千元以下罚款	食品药品监督管理部门

续表

	违法行为	违反条款	处罚条款	处罚内容	备注
6	餐具、饮具集中消毒服务单位违反食品安全法规定用水,使用洗涤剂、消毒剂,或者出厂的餐具、饮具未按规定检验合格并随附消毒合格证明,或者未按规定在独立包装上标注相关内容的	第58条	第126条第2款	责令改正,给予警告;拒不改正的,处五千元以上五万元以下罚款;情节严重的,责令停产停业,直至吊销许可证	卫生行政部门依照前款规定给予处罚
7	食品相关产品生产者未按规定对生产的食品相关产品进行检验的	第52条	第126条第3款	责令改正,给予警告;拒不改正的,处五千元以上五万元以下罚款;情节严重的,责令停产停业,直至吊销许可证	质量监督部门依照第一款规定给予处罚
8	违反食品安全法规定,事故单位在发生食品安全事故后未进行处置、报告的	第103条第1款	第128条	由有关主管部门按照各自职责分工责令改正,给予警告;造成严重后果的,吊销许可证	有关主管部门
9	隐匿、伪造、毁灭有关证据的	第103条第4款	第128条	责令停产停业,没收违法所得,并处十万元以上五十万元以下罚款	
10	造成严重后果的		第128条	吊销许可证	
11	违反食品安全法规定,拒绝、阻挠、干涉有关部门、机构及其工作人员依法开展食品安全监督检查、事故调查处理、风险监测和风险评估的	第108条	第133条	由有关主管部门按照各自职责分工责令停产停业,并处二千元以上五万元以下罚款;情节严重的,吊销许可证;构成违反治安管理行为的,由公安机关依法给予治安管理处罚	有关主管部门公安机关

	违法行为	违反条款	处罚条款	处罚内容	备注
12	食品生产经营者在一年内累计三次因违反本法规定受到责令停产停业、吊销许可证以外处罚的		第134条	由食品药品监督管理部门责令停产停业,直至吊销许可证	食品药品监督管理部门
13	食品生产经营者聘用人员违反第135条第1款、第2款规定的		第135条第3款	由县级以上人民政府食品药品监督管理部门吊销许可证	食品药品监督管理部门
14	违反食品安全法规定,承担食品安全风险监测、风险评估工作的技术机构、技术人员提供虚假监测、评估信息的		第137条	有执业资格的,由授予其资格的主管部门吊销执业证书	授予其资格的主管部门
15	违反食品安全法规定,食品检验机构、食品检验人员出具虚假检验报告的	第85条第2款	第138条第1款	由授予其资质的主管部门或者机构撤销该食品检验机构的检验资质,没收所收取的检验费用,并处检验费用五倍以上十倍以下罚款,检验费用不足一万元的,并处五万元以上十万元以下罚款	授予其资质的主管部门或者机构
16	违反食品安全法规定,认证机构出具虚假认证结论		第139条第1款	由认证认可监督管理部门没收所收取的认证费用,并处认证费用五倍以上十倍以下罚款,认证费用不足一万元的,并处五万元以上十万元以下罚款;情节严重的,责令停业,直至撤销认证机构批准文件,并向社会公布;对直接负责的主管人员和负有直接责任的认证人员,撤销其执业资格	认证认可监督管理部门

	违法行为	违反条款	处罚条款	处罚内容	备　注
17	违反食品安全法规定,食品药品监督管理等部门、食品检验机构、食品行业协会以广告或者其他形式向消费者推荐食品,消费者组织以收取费用或者其他牟取利益的方式向消费者推荐食品的	第73条第2款	第140条第4款	由有关主管部门没收违法所得	有关主管部门
18	对食品作虚假宣传且情节严重的,省级以上人民政府食品药品监督管理部门决定暂停销售该食品后仍然销售该食品的		第140条第5款	由县级以上人民政府食品药品监督管理部门没收违法所得和违法销售的食品,并处二万元以上五万元以下罚款	食品药品监督管理部门
19	违反食品安全法规定,编造、散布虚假食品安全信息,构成违反治安管理行为的	第120条	第141条第1款	由公安机关依法给予治安管理处罚	公安机关
20	媒体编造、散布虚假食品安全信息的	第120条	第141条第2款	由有关主管部门依法给予处罚	有关主管部门

注:以上20种违法行为的处罚部门和处罚内容参见表格的列举。

(三) 刑事责任

1. 生产、销售不符合安全标准的食品罪

《刑法》第143条规定:"生产、销售不符合食品安全标准的食品,足以造成严重食物中毒事故或者其他严重食源性疾病的,处三年以下有期徒刑或者拘役,并处罚金;对人体健康造成严重危害或者有其他严重情节的,处三年以上七年以下有期徒刑,并处罚金;后果特别严重的,处七年以上有期徒刑或者无期徒刑,并处罚金或者没收财产。"

第一，根据相关法律法规和国家标准，食品应当符合质量要求，无毒无害，营养适宜，且符合食品安全的强制性标准。如果食品在生产、加工、储存、运输、销售等过程中，未能达到这些标准，就可能造成食品安全问题，进而对消费者的身体健康造成危害。

第二，生产、销售不符合安全标准的食品罪的责任形式为故意，意味着相关责任主体在明知食品存在安全隐患的情况下，仍然进行生产或销售。

第三，《刑法》第143条对于生产、销售不符合安全标准的食品罪的定罪与量刑进行了明确规定。对于生产、销售不符合食品安全标准的食品，如果足以造成严重食物中毒事故或者其他严重食源性疾病的，将面临三年以下有期徒刑或者拘役，并处罚金的刑罚。当这种行为对人体健康造成严重危害或者有其他严重情节时，刑罚将升格为三年以上七年以下有期徒刑，并处罚金。而当后果特别严重，如造成大量人员伤亡或重大社会影响时，刑罚将更为严厉，可能面临七年以上有期徒刑或者无期徒刑，并处罚金或者没收财产。这意味着，任何企业或个人在生产、销售食品时，都必须严格遵守食品安全法律法规，否则将承担严重的法律责任。

2. 生产、销售有毒、有害食品罪

《刑法》第144条规定："在生产、销售的食品中掺入有毒、有害的非食品原料的，或者销售明知掺有有毒、有害的非食品原料的食品的，处五年以下有期徒刑，并处罚金；对人体健康造成严重危害或者有其他严重情节的，处五年以上十年以下有期徒刑，并处罚金；致人死亡或者有其他特别严重情节的，依照本法第141条的规定处罚。"

首先，该罪侵犯的客体是为我国刑法所保护的而为非法生产、销售有毒、有害食品行为所扰乱的食品安全管理秩序以及消费者的合法权益。自然人和单位均可成为本罪主体。

其次，表现为生产者、销售者违反食品安全管理法律法规，在生产、销售的食品中掺入有毒、有害的非食品原料的，或者销售明知是掺入有毒、有害的非食品原料的食品的行为。

最后，对于生产、销售有毒、有害食品的行为，刑法规定了明确的法律责任。这意味着，一旦商家被发现掺入有毒、有害的非食品原料，或者明知食品掺有有毒、有害成分而仍然销售，将面临法律的制裁。刑法根据犯罪情节的严重程度，规定了不同的刑罚幅度。

案例中宋某迎不履行食品安全保障义务，不依法查验相关凭证，生产、销售的食品中检出有毒、有害的非食品原料的,可以综合全案证据,推定行为人具有主观明知。宋某迎犯销售有毒、有害食品罪,被判处有期徒刑三年,并处罚金人民币 31 万元。

五、社区工作与食品安全

【案例】薛有芳是扬州市邗江区蒋王社区第 1 网格的网格长。她每天都要进行不少于 1 个小时的网格巡查,食品安全巡查与食品安全隐患排查是她的职责之一。扬州市是全国首批市域社会治理现代化试点城市。自 2021 年 9 月起,扬州市推行食品安全网格化管理,将食品安全的风险隐患排查、科普知识宣传等工作事项纳入基层网格员工作范畴,确保基层食品安全工作有人干、有人管、管到位。"社区除了网格员,还有微网格员。即使是在犄角旮旯地段从事食品生产经营,也能监测到,可以更细致、更及时地发现食品安全隐患。网格员成为社区食品安全员和包保干部的有力助手。"蒋王社区食安办工作人员赵青青说。①

【问题】如何将食品安全法律法规落实到社区层面?

社区工作者在食品安全法律体系中扮演着重要角色,他们负责将食品安全法律法规落实到社区层面,提高居民的食品安全意识,并协助监管机构开展工作。

(一)宣传教育

社区工作者负责普及食品安全知识,加强法律法规普及是确保社区食品安全的关键。依据《食品安全法》,社区应定期组织宣传教育活动,通过社区公告板、微信群、讲座等形式,让居民识别不安全食品、知晓维权途径。与学校、超市、卫生部门等合作,扩大宣传覆盖面和影响力。

(二)信息沟通

作为政府与居民之间的桥梁,社区工作者要及时传达食品安全相关信息,收集居民的反馈和建议。社区居民的参与对于食品安全至关重要。社区可以通过建立食品安全志愿者团队、开展"食品安全周"等活动,鼓励居民参与到食品安全

---

① 戴玮:《"好地方"谱下食品安全"新乐章"——扬州全力创建"国家食品安全示范城市"》,载《中国食品安全报》2023 年 10 月 21 日第 A4 版。

的监督和管理中来。此外，通过教育引导，提高居民的自我保护意识，使其在日常购物和饮食中能够自觉抵制不安全食品，选择健康、合格的食品。社区可以积极推广绿色食品和有机食品，引导居民形成健康的饮食习惯，减少对不安全食品的依赖。

（三）监督协助

在食品安全监管中，社区工作者协助监管机构发现和报告食品安全问题，参与食品安全的巡查和检查工作。包括但不限于定期的食品检查、对食品生产经营者的资质审核、食品销售点进行检查，确保其符合食品安全标准。通过建立社区食品安全档案，记录食品来源、生产日期、有效期等信息，确保食品从生产到消费的每一个环节都可追溯、可监管。

（四）应急处置

第一，做好应急响应机制。社区应制定食品安全事故应急预案，明确事故报告、应急响应、现场处置等流程。一旦发生食品安全事故，社区工作者应立即启动应急预案，迅速控制事态发展。建立清晰的事故报告流程，包括事故发现、初步评估、信息记录和报告上级部门等步骤。详细记录事故的相关信息，包括时间、地点、涉及的食品、受影响的人群等，为后续的调查和处理提供依据。确保信息能够迅速传递至相关部门和机构，如市场监管局、卫生健康部门、公安等部门，以便及时采取应对措施。第二，做好现场处置与救援。社区工作者在食品安全事故发生后，应迅速到达现场，评估事故情况，组织救援。同时，应配合专业救援队伍，进行人员疏散、伤员救治等工作。第三，做好信息发布与舆论引导。社区工作者应及时、准确地发布食品安全事故信息，避免引起公众恐慌。同时，应积极引导舆论，回应社会关切，维护社会稳定。

（五）事故的溯源与责任追究

首先要进行事故溯源调查。社区工作者应配合相关部门，对食品安全事故进行溯源调查，查明事故原因，为责任追究提供依据。其次，责任追究与法律适用。根据事故调查结果，社区工作者应协助相关部门对事故责任人进行追究，依法处理。同时，应加强对食品生产经营者的法律教育，增强其法律意识。

通过对食品安全法律责任的概述，社区工作者可以更清晰地认识到自己在食品安全法律体系中的位置和作用，从而更有效地参与到食品安全的各项工作中。

主题6　财富安全——反电信网络诈骗法律制度解读

一、电信网络诈骗的定义

【案例】单身女性宋某于7月中旬在社交平台上结识主动搭讪的王某。王某自称为部队现役军官,双方随后发展为恋人关系。王某称有稳赚不赔的内部投资平台,因工作原因让宋某代为操作平台账户。宋某按照指令操作,发现盈利可观,在王某的怂恿下也注册账号开始投资。宋某首次充值投资50万元便小有盈利,开始不断加大投资,王某又称通过购买黄金交给平台指定上门收取人员的方式可以获得更高的返利,宋某于是多次购买总价值人民币1850万余元的黄金,均直接交给上门到其家中收取的陌生男子。直到8月2日,宋某才因无法提现发现被骗,共计损失1900余万元。另一起案件中,一名退休老人被冒充"公检法"类诈骗骗走价值410万余元的黄金。①

【问题】以上诈骗有何新的特点?

近年来,利用通信工具、互联网等技术手段实施的电信网络诈骗犯罪活动持续高发,此类犯罪严重侵害人民群众财产安全和其他合法权益,严重干扰电信网络秩序,严重破坏社会诚信,严重影响人民群众安全感和社会和谐稳定,社会危害性大,人民群众反映强烈。

电信网络诈骗是诈骗类型中的一种,有着与传统诈骗的共性,但更有其自身的特点,随着技术手段和诈骗方法的变化,诈骗行为本身也在不断变化。电信网络诈骗,是指以非法占有为目的,利用电信网络技术手段,通过远程、非接触等方式,诈骗公私财物的行为。在法律中明确概念,增强实践操作性。

电信网络诈骗除具备传统诈骗的构成要件以外,必须是利用电信网络为犯罪工具,与受害人是非接触性的,犯罪对象也是网络空间中的不特定对象。与传统的诈骗罪相比,电信网络诈骗具有手段的多样性、行为的隐蔽性、成本的廉价性、传播的广域性、犯罪的连续性、后果的难以预测性和不可控性等特点。这些特点决定了电信网络诈骗的社会危害性远远大于传统诈骗。

---

①　《单身女性宋某,被骗1900多万!警方发布紧急预警!》,载"江苏警方"微信公众号,2024年8月9日发布。

《反电信网络诈骗法》不仅适用在中国境内实施的电信网络诈骗活动,而且对中国公民在境外实施的电信网络诈骗活动,境外的个人、组织针对中国境内实施的电信网络诈骗活动以及为针对境内实施的电信网络诈骗活动提供产品、服务等帮助的,都依法适用,按照该法的规定处理和追究责任。

案例中上城区反诈中心特别点明:"线上诈骗+线下取钱",这是诈骗新模式。警方介绍,案例中的套路都是诈骗团伙惯用伎俩,冒充"公检法",冒充"军人"交友,专挑老人和单身女性下手。而在最后的环节,则是从原先的银行转账变成购买黄金,邮寄或安排"车手"上门取货,是骗子的新型手段。

二、源头治理与综合治理

【案例】2023 年以来,为坚决遏制缅北涉我电信网络诈骗犯罪多发高发态势,公安部持续深化与缅甸执法部门的国际警务执法合作,联合开展了一系列打击行动,累计 5 万余名中国籍涉诈犯罪嫌疑人被移交我方,缅北涉我电信网络诈骗犯罪形势持续向好。为全面清除缅北电信网络诈骗犯罪,近日,在公安部的指挥部署下,云南省公安机关与缅甸相关地方执法部门开展边境警务执法合作,在缅北佤邦地区成功抓获 307 名实施跨境电信网络诈骗的中国籍犯罪嫌疑人,其中包括 20 名网上在逃人员,查扣一大批手机、电脑等作案工具。经查,该团伙藏匿于佤邦,通过搭建虚拟币网络投资平台,诱导受害人在平台"低买高卖"虚拟币的方式实施诈骗。①

【问题】如何有效打击电信网络诈骗犯罪境外作案?

《反电信网络诈骗法》的出台不仅是为了惩治电信网络诈骗活动,而且是为了预防和遏制电信网络诈骗活动,实现源头治理与综合治理。其第 6 条、第 7 条对电信网络诈骗治理的主体结构进行了明确规定,从国家层面依次落实到具体机构层面:(1)国务院建立反电信网络诈骗工作机制,统筹协调打击治理工作;(2)地方各级人民政府组织领导本区域内反电信网络诈骗工作,开展综合治理;(3)公安机关牵头负责反电信网络诈骗工作;(4)金融、电信、网信、市场监管等部门负责本行业反电信网络诈骗工作;(5)人民法院、检察院发挥审判、检察职能作

---

① 《打击缅北涉我电信网络诈骗犯罪专项行动再传捷报,307 名在缅北佤邦地区实施跨境电信网络诈骗的犯罪嫌疑人被移交我方》,载"公安部刑侦局"微信公众号,2024 年 8 月 21 日发布。

用；(6)电信业务经营者、银行业金融机构、非银行支付机构、互联网服务提供者承担风险防控责任，建立反电信网络诈骗内部控制机制和安全责任制度，加强新业务涉诈风险安全评估；(7)有关部门、单位在反电信网络诈骗工作中应当密切协作。

《反电信网络诈骗法》第二章、第三章、第四章分别从电信治理、金融治理、互联网治理三个维度处罚，对电信业务经营者、互联网提供者、银行业金融机构、非银行支付机构的业务行为提出了更为细致的具体的规范要求，以实现对电信网络诈骗活动的源头治理和综合治理。

打击治理跨境电信网络诈骗活动。根据最高人民法院的数据，目前电信网络诈骗犯罪境外作案占比高达80%。①电信网络诈骗团伙逐渐呈现跨国、跨境的特征，《反电信网络诈骗法》也针对跨境电信网络诈骗活动进行了规制：首先，第2条明确规定，"本法打击治理的电信网络诈骗活动兼具属人管辖和属地管辖，只要是在中国境内实施的、中国公民实施的、针对中国实施的，都适用本法"。其次，第36条明确规定，对前往电信网络诈骗活动严重地区的人员或者因从事电信网络诈骗活动受过刑事处罚的人员，采取限制出境的措施。再者，第37条明确规定，国务院公安部门等会同外交部门加强国际执法司法合作，打击遏制跨境电信网络诈骗活动。

案例中，公安部有关负责人表示，当前，缅北涉我电信网络诈骗犯罪形势得到有效遏制，但仍有部分电信网络诈骗犯罪分子心存侥幸、负隅顽抗，公安机关将进一步强化国际及边境警务执法合作，不断加大打击力度，持续组织专项打击行动，全面清剿诈骗窝点，依法缉捕涉诈人员，坚决彻底铲除缅北涉我电信网络诈骗犯罪"毒瘤"，切实维护人民群众财产安全和合法权益。

三、全方位与针对性的宣传教育和突出保护个人信息

【案例】为了让群众了解防诈骗知识，进一步提升防诈骗能力，南京市鼓楼区热河南路街道小桃园社区"有一说一"妇女议事会开展专题议事，针对如何开展社区电信诈骗防范宣传进行讨论，无论是在内容上还是形式上都求新、求变、求

---

① 《最高法相关部门负责人就人民法院依法惩治电信网络诈骗犯罪工作情况暨典型案例答记者问》，载"人民法院报"微信公众号，2022年9月6日发布。

实,将反诈意识深入人心,筑牢全民"防诈墙"。小桃园社区已开展防诈宣传广场活动、分发反诈宣传册、针对不同人群开展防诈宣传讲座,"幸福敲敲门"巾帼防诈志愿者走访独居、空巢老人,为他们注册反诈 App。小桃园社区联合鼓楼区聋人协会、鼓楼公安分局为辖区内聋人"量身定制"反诈宣传课,获得大家点赞;鼓楼区法院为居民带来自主拍摄的《漫天"药"价》《羁绊》《辗转》三部反诈宣传微电影,深受居民好评;在全民核酸检测期间,"小喇叭"循环播放防诈知识,做到人人知晓人人防范;社区民警在网格微信群里不定期分享最新诈骗手段,普及"如何正确分辨流调电话和诈骗电话"等防诈骗知识,进一步提高居民抵制电信网络诈骗的"免疫力"。①

【问题】社区如何进行有效的反诈宣传?

《反电信网络诈骗法》第 8 条规定了以各级人民政府、教育行政、市场监管、民政等有关部门和村民委员会、居民委员会、各单位为义务主体的反电信网络诈骗宣传工作,开展反电信网络诈骗宣传教育进学校、进企业、进社区、进农村、进家庭等活动。此外,要增强反电信网络诈骗宣传教育的针对性、精准性,对容易遭受电信网络诈骗的老年人、青少年群体要开展针对性宣传教育,通过普及相关法律知识,提高防骗意识和识骗能力。

电信网络诈骗的背后往往是个人信息数据泄露,非法获取、提供公民个人信息等违法犯罪作为电信网络诈骗犯罪活动的上游犯罪及周边黑灰产业,为诈骗犯罪分子实施精准诈骗提供了更加便利的条件,成为电信网络诈骗犯罪的催化剂和助推器。

《反电信网络诈骗法》第 25 条规定:"任何单位和个人不得为他人实施电信网络诈骗活动提供下列支持或帮助:(一)出售、提供个人信息;⋯⋯"第 29 条规定:"个人信息处理者应当依照《个人信息保护法》等法律规定,规范个人信息处理,加强个人信息保护,建立个人信息被用于电信网络诈骗的防范机制。"

履行个人信息保护职责的部门、单位对可能被电信网络诈骗利用的物流信息、交易信息、贷款信息、医疗信息、婚介信息等实施重点保护。公安机关办理电信网络诈骗案件,应当同时查证犯罪所利用的个人信息来源,依法追究相关人员和单位责任。

可见,《反电信网络诈骗法》在《民法典》《个人信息保护法》之外,结合电信网

---

① 《南京这个案例,入选省"十大妇女议事优秀案例"》,载"南京妇联"微信公众号,2023 年 1 月 29 日发布。

络诈骗的特点,对个人信息保护作出了新的补充规定,对反电信网络诈骗机关的工作提出了相关的要求。这些规定也进一步完善了我国公民的个人信息保护制度。

案例中,妇女议事会成员入户了解信息后,与社区民警讨论归纳出辖区常见诈骗事件,包括刷单诈骗、针对老年人的投资理财等诈骗、男性裸聊和杀猪盘诈骗、冒充公检法诈骗,居民多因麻痹大意等原因被骗。随后,妇女议事会以"如何开展社区电信诈骗防范宣传"为议题。在全社区努力下,居民反诈意识提高。辖区一对八旬老夫妻接到冒充公检法诈骗电话时,冷静应对,成功避免大额诈骗。妇女议事活动激发社区妇女参与治理热情,实现反诈宣传"全覆盖",有效提升居民反诈骗意识,避免大额诈骗案件发生,成为巾帼力量参与基层治理的典型案例。它不仅展现了妇女在社区治理中的重要作用,也为防范电信诈骗提供了成功经验。

四、多层次的法律责任

【案例】近日,大学生小杨在某短视频平台刷到招募"手机口"的广告。虽然,小杨明白"手机口"就是给诈骗分子提供通信便利,涉嫌违法犯罪,但为了上家开出的"高薪"决定与好友小樊铤而走险。经警方查证,由于小杨二人提供"手机口",诈骗分子拨打诈骗电话数十个,导致受害人被骗11万余元,而两人获得的报酬仅仅200元。目前,小杨二人已被公安机关依法采取刑事强制措施,案件正进一步侦办中。与此类似的9名涉世未深的学生在所谓"高薪兼职"的诱惑下以身试法,以为提供电话卡、银行卡就能轻松赚钱,殊不知却沦为诈骗团伙的工具人!①

【问题】小杨和小樊的行为涉嫌何种违法行为?

(一) 组织、策划、实施、参与电信网络诈骗活动以及为其提供帮助的法律责任

《反电信网络诈骗法》第六章对电信网络诈骗行为规定了多层次法律责任。"组织"是纠集行为,手段多样;"策划"是谋划实施电信网络诈骗活动;"实施"是

---

① 《104人到案!南充警方提醒:这真的是场恶梦》,载"南充政法"微信公众号,2024年8月26日发布。

实际着手以信息网络虚构事实或隐瞒真相进行诈骗;"参与"是参与实施诈骗活动;"提供帮助"是为诈骗活动提供一般帮助,通常作为共同犯罪中的帮助犯。

组织、策划、实施、参与电信网络诈骗活动可能触犯诈骗罪等多个罪名。根据刑法规定,诈骗公私财物数额较大的处三年以下有期徒刑等刑罚。利用互联网等发布虚假信息对不特定多数人实施诈骗可酌情从严惩处。电信网络诈骗犯罪作案手段变化快、危害严重,在司法裁量和刑事政策上需调整。实施电信网络诈骗犯罪,具有特定情形的酌情从重处罚。对实施电信网络诈骗犯罪的被告人裁量刑罚应就高选择,严格控制适用缓刑范围,注重适用财产刑。

从事电信网络诈骗活动还可能涉及关联犯罪,如在实施电信网络诈骗活动中非法使用"伪基站""黑广播"等,符合刑法规定的以相应罪名追究刑事责任,同时构成诈骗罪的依照处罚较重的规定定罪处罚等。

对组织、策划、实施、参与实施电信网络诈骗活动及为其提供帮助但尚不构成犯罪的,由公安机关处十日以上十五日以下拘留,没收违法所得,处违法所得一倍以上十倍以下罚款,没有违法所得或违法所得不足一万元的,处十万元以下罚款。

(二)从事涉诈"黑灰产"的法律责任

《反电信网络诈骗法》规定任何单位和个人不得非法制造、买卖、提供或者使用用于电信网络诈骗的设备、软件,不得为他人实施电信网络诈骗活动提供支持或者帮助。

法律责任分为三个层次:有违法所得且达五万元以上的,没收违法所得,由公安机关或者有关主管部门处以违法所得一倍以上十倍以下罚款;没有违法所得或者违法所得不足五万元的,面临五十万元以下罚款;情节严重但尚不构成犯罪的,在没收违法所得、罚款的同时,还将面临公安机关作出的十五日以下拘留的行政处罚。

实践中应注意区分与刑法规定的帮助信息网络犯罪活动罪,具体处罚标准需有关部门依据实际情况进一步明确和细化。

(三)非法转让"两卡"的法律责任

《反电信网络诈骗法》规定任何单位和个人不得非法买卖、出租、出借电话卡等,不得提供实名核验帮助,不得假冒他人身份或者虚构代理关系开立上述卡、账户、账号等。

法律责任分为三个层次:有违法所得且达二万元以上的,没收违法所得,由公安机关处以违法所得一倍以上十倍以下罚款;没有违法所得或者违法所得不足二万元的,面临二十万元以下罚款;情节严重但尚不构成犯罪的,在没收违法所得、罚款的同时,还将面临公安机关作出的十五日以下拘留的行政处罚。

"断卡"行动有力打击和遏制了电信网络诈骗犯罪,但在行动和日常风险监测中要注意保护公民通信自由和银行客户权益,平衡公民通信自由、正常金融交易需求和反电信网络诈骗工作需要。①

小杨和小樊的行为涉嫌"两卡"犯罪,即非法出租、出售、买卖"两卡"的违法犯罪活动。"两卡"犯罪涉及的罪名包括帮助信息网络犯罪活动罪,妨害信用卡管理罪,窃取、收买、非法提供信用卡信息罪,侵犯公民个人信息罪,掩饰隐瞒犯罪所得、犯罪所得收益罪等。

五、社区要建立反电信网络诈骗的长效机制

【案例】2024 年 8 月 21 日,2024 年北京市顺义区"全民反诈在行动"集中宣传月暨走进社区主题宣传活动在后沙峪镇举办。顺义区双丰街道联合马坡派出所在北京中医医院顺义医院开展防范电信网络诈骗宣传活动。工作人员通过发放宣传手册、折页及宣传品等方式,面对面向候诊群众介绍近期高发的百万医疗、演唱会购票、机票退改签等诈骗案例及反诈常识,指导群众安装全民反诈App。各社区以日日见面叮嘱、周周微信转发、月月线下宣传的形式开展反诈宣传系列活动,针对近期高发案件、"出售两卡""冒充租客诈骗""高利网络投资"等常见诈骗手法进行宣传教育,全力拓宽反诈宣传覆盖面。②

【问题】如何在社区建立反诈的长效机制?

社区作为社会治理的基本单元,在反电信网络诈骗工作中至关重要。社区工作者在其中扮演着重要角色。他们是连接政府、警方与社区居民的桥梁,负责将反电诈知识普及到每一个家庭,提高居民的防范意识和能力。

1. 反电诈能力提高至关重要

定期组织社区工作者参加电信网络诈骗的专业知识培训,包括最新诈骗手段的识别、防范策略的制定等。培训社区工作者如何更有效地与居民沟通,尤其

---

① 王爱立等主编,全国人大法工委、公安部、工业和信息化部、中国人民银行联合编写:《〈中华人民共和国反电信网络诈骗法〉释义与适用》,中国民主法制出版社 2022 年版,第 379 页。

② 《织密反诈"防护网" 守好群众"钱袋子"——顺义区双丰街道开展反诈宣传系列活动》,载"顺义普法"微信公众号,2024 年 8 月 23 日发布。

是如何与老年人和青少年等特殊群体进行有效沟通。教授社区工作者在发现诈骗行为时的应急处置流程,包括如何快速报告、如何协助受害者进行初步应对等。针对诈骗受害者可能会出现的心理问题,培训社区工作者基本的心理辅导技能,帮助受害者缓解心理压力。随着科技的发展,许多反诈工具和平台被开发出来。社区工作者需要掌握这些工具的使用方法,如国家反诈中心 App 等,以便更好地服务于居民。

2. 宣传教育是基础

加强对居民的法律教育,提高他们的法治意识,使他们能够在遇到诈骗时,知道如何运用法律武器保护自己的权益。随着网络技术的发展,诈骗手法也在不断更新,新型诈骗手法层出不穷。社区工作者在进行反诈骗工作时,需要关注网络诈骗的最新动态,提高居民的网络安全意识,教育他们如何识别和防范各种网络诈骗。社区工作者应持续开展多形式、多渠道的反电诈宣传教育活动,提高居民的防骗意识和能力。通过各种渠道和方式,如悬挂标语横幅、宣传册、社交媒体等,定期举办反电诈知识讲座和培训,确保每位居民都能了解到最新的诈骗手段和防范方法。通过分析电信网络诈骗的典型案例,让居民了解诈骗的常见手法和防范方法,提高识别和应对能力。例如,新学期将至,返校学子务必保管好"两卡"。一要保护个人信息,妥善保管银行卡、电话卡等,不登录陌生网站、不点击陌生链接、不轻易添加陌生网友,更不能透露身份证号、银行卡号等个人信息。二要警惕"高薪"陷阱,不相信"轻松挣钱""高薪兼职"等噱头。三要切莫以身试法,出租、出借、出售银行卡、电话卡及微信、支付宝、物联网卡等涉嫌违法犯罪。四要提高防范意识,对陌生人及亲朋好友提出的出租、出借、出售"两卡"请求严词拒绝。五要及时报警求助,若不慎掉入陷阱,第一时间向公安机关报警,不要抱侥幸心理,以免越陷越深。保护好"两卡",远离违法犯罪。

3. 创新方式是关键

传统的宣传方式可能效果有限,社区工作者需要创新宣传方式,如利用短视频、社交媒体等年轻人更易接受的形式。老年人是电信诈骗的高风险群体,他们通常对新技术的适应能力较弱,对诈骗手段的识别能力不足。社区工作者应通过举办讲座、发放宣传册、上门讲解等方式,用通俗易懂的语言教育老年人识别常见的诈骗手段,如冒充亲友、虚假医疗广告等,并强调不轻信、不透露个人信息、不随意转账的原则。

4. 技术应用是支撑

利用大数据、人工智能等科技手段,提高对电信网络诈骗的预警和拦截能力,及时推送预警信息,劝阻群众免于被骗。随着科技的不断进步,社区工作者可以利用多种科技手段来预防电信网络诈骗。这些手段包括但不限于:数据分析技术,通过收集和分析社区内的电信网络诈骗案例,识别出常见的诈骗模式和高风险群体,从而有针对性地开展预防工作;人工智能预警系统,利用 AI 技术对诈骗电话、短信进行识别和拦截,减少诈骗信息的传播;社交媒体监控,通过监控社交媒体上的诈骗信息和行为,及时发现并采取措施阻止诈骗行为的蔓延;移动应用,开发专门的反电诈移动应用,提供诈骗识别、风险评估、紧急求助等功能,方便社区居民随时获取反诈信息和帮助。

5. 跨部门合作是趋势

社区工作者应与公安、金融、通信等部门建立合作机制,形成打击电信网络诈骗的合力。(1)社区与警方的合作机制是反电信网络诈骗工作的重要一环。社区工作者需要与警方建立紧密的联系和信息共享渠道,以便及时获取最新的诈骗信息和防范策略。社区工作者应定期与警方举行会议,交流最新的诈骗案例和防范措施,确保社区居民能够获得第一手的安全信息。通过联合举办反诈宣传活动,如讲座、研讨会等,提高居民的防范意识。建立快速响应机制,一旦发现诈骗行为,社区工作者能够立即通知警方,警方也能迅速介入处理。(2)除了警方,社区工作者还应与银行、学校、非政府组织等建立合作,形成全社会共同参与的反诈网络。与银行建立预警机制,当发现可疑交易时,银行能够及时通知社区工作者,共同提醒居民注意防范。学校作为社区的一部分,可以通过教育课程和活动,向学生传授反诈知识,培养学生的安全意识。

6. 群防群治是方向

构建全民反诈防骗新格局,鼓励居民参与到反电诈工作中来,形成上下联动、相互支撑的社区反诈网络。要把每名物业管家都发动起来,着力培养一批懂反诈、能讲解、会宣传的高质量反诈宣传队伍,为后续反诈工作开展奠定坚实基础;物业服务企业要主动作为,在加强自身反诈知识培训学习的同时,以点带面,深入辖区开展反诈宣传。

7. 关注特殊群体是重点

特别关注老年人、未成年人等易受诈骗侵害的群体,提供更加精准的防范指导和服务。外来务工人员可能因为信息渠道有限,更容易成为诈骗的目标。社区工作者需要通过多语言宣传材料、社区服务中心咨询等方式,帮助他们了解常见的诈骗手段,并提供必要的法律援助。

建立和完善社区反电诈工作的长效机制,包括制度建设、人员培训、资源配置等,确保社区反电诈工作能够长期有效地进行。反诈宣传永远在路上,社区要继续探索新机制、拓展新思路、实施新举措,努力做到"人人知晓、人人普及、人人警惕",全面提升反诈宣传覆盖率和实效性,织密辖区反诈"防护网",守好群众"钱袋子"。

参 考 文 献

[1]《列宁全集》(第 12 卷),人民出版社 1987 年版。

[2]《毛泽东著作选读》(下册),人民出版社 1986 年版。

[3] 习近平:《习近平关于全面依法治国论述摘编》,中央文献出版社 2015 年版。

[4] 习近平:《论坚持全面深化改革》,中央文献出版社 2018 年版。

[5] 习近平:《论坚持全面依法治国》,中央文献出版社 2020 年版。

[6]《习近平谈治国理政》(第一卷),外文出版社 2014 年版。

[7]《习近平谈治国理政》(第二卷),外文出版社 2017 年版。

[8]《习近平谈治国理政》(第四卷),外文出版社 2022 年版。

[9]《习近平法治思想概论》,高等教育出版社 2021 年版。

[10] 中共中央宣传部编:《习近平新时代中国特色社会主义思想学习问答》,学习出版社、人民出版社 2021 年版。

[11]《法治社会建设实施纲要(2020—2025 年)》,人民出版社 2020 年版。

[12] 全国干部培训教材编审指导委员会编:《建设社会主义法治国家》,人民出版社、党建读物出版社 2019 年版。

[13]《习近平关于协调推进"四个全面"战略布局论述摘编》,中央文献出版社 2015 年版。

[14]《思想道德与法治》编写组:《思想道德与法治》,高等教育出版社 2023 年版。

[15]《宪法学》编写组:《宪法学》,高等教育出版社 2020 年版。

[16] 周叶中主编:《宪法》,高等教育出版社 2020 年版。

[17] 许崇德主编:《宪法》,中国人民大学出版社 2021 年版。

[18] 李昌庚:《社会转型与制度变迁》,中国政法大学出版社 2014 年版。

[19]《法理学》编写组:《法理学》,人民出版社、高等教育出版社 2020 年版。

[20] 佟柔主编:《中国民法》,法律出版社 1990 年版。

[21] 佟柔主编:《民法原理》,法律出版社 1983 年版。

[22] 杨立新:《中国民法总则研究》,中国人民大学出版社 2017 年版。

[23] 王利明:《民法总则研究》,中国人民大学出版社 2018 年版。

[24] 梁慧星:《民法总论》,法律出版社 2017 年版。

[25] 王利明:《中华人民共和国民法总则详解》,中国法制出版社 2017 年版。

[26] 朱庆育:《民法总论》,北京大学出版社 2016 年版。

[27] 陈华彬:《民法总则》,中国政法大学出版社 2017 年版。

[28] 最高人民法院民法典贯彻实施工作领导小组主编:《中华人民共和国民法典总则编理解与适用》,人民法院出版社 2020 年版。

[29] 杨立新主编:《民法总则重大疑难问题研究》,中国法制出版社 2011 年版。

[30] 魏振瀛主编:《民法》,北京大学出版社 2021 年版。

[31] 王利明主编:《民法》(上册),中国人民大学出版社 2020 年版。

[32] 王利明主编:《民法》(下册),中国人民大学出版社 2020 年版。

[33] 魏振瀛主编:《民法》,北京大学出版社 2021 年版。

[34] 李永军主编:《民法学教程》,中国政法大学出版社 2021 年版。

[35] 马俊驹、余延满:《民法原论》,法律出版社 2010 年版。

[36] 石宏主编:《中华人民共和国民法典释解与适用·人格权编侵权责任编》,人民法院出版社 2020 年版。

[37] 最高人民法院民法典贯彻实施工作领导小组主编:《中华人民共和国民法典人格权编理解与适用》,人民法院出版社 2020 年版。

[38] 王利明:《人格权法研究》,中国人民大学出版社 2005 年版。

[39] 张新宝:《隐私权的法律保护》,群众出版社 2004 年版。

[40] 宋纪连:《人格权与生活》,上海人民出版社 2022 年版。

[41] 黄薇主编:《中华人民共和国民法典释义及适用指南(上)》,中国民主法制出版社 2020 年版。

[42] 黄薇主编:《中华人民共和国民法典释义(下)》,法律出版社 2020 年版。

[43] 宋纪连:《民法典人生导图》,上海人民出版社 2022 年版。

[44] 最高人民法院民法典贯彻实施工作领导小组主编:《中华人民共和国民法典侵权责任编理解与适用》,人民法院出版社 2020 年版。

［45］杨立新：《侵权责任法》，法律出版社 2021 年版。

［46］王胜明主编：《中华人民共和国侵权责任法释义》，法律出版社 2010 年版。

［47］杨立新：《侵权责任法》，法律出版社 2021 年版。

［48］最高人民法院民事审判第一庭编：《最高人民法院利用网络侵害人身权益司法解释理解与适用》，人民法院出版社 2014 年版。

［49］陈华彬：《物权法论》，中国政法大学出版社 2018 年版。

［50］孙宪忠：《论物权法》，法律出版社 2001 年版。

［51］李昌庚：《国有财产法原理研究》，中国社会科学出版社 2015 年版。

［52］李昊、常鹏翱等：《不动产登记程序的制度建构》，北京大学出版社 2005 年版。

［53］王泽鉴：《民法物权》，北京大学出版社 2009 年版。

［54］宋纪连、金富平、吴翠玲：《法治阳光，伴我成长——初中阶段的法治教育锦囊》，上海人民出版社 2023 年版。

［55］《刑法学》编写组：《刑法学（上册）》，高等教育出版社 2019 年版。

［56］高铭暄、马克昌主编：《刑法学》，北京大学出版社、高等教育出版社 2022 年版。

［57］任康磊：《人力资源法律风险防控从入门到精通》，人民邮电出版社 2022 年版。

［58］吴彬：《劳动人事争议裁判规则和实操指引》，中国法制出版社 2022 年版。

［59］周开畅、洪桂彬：《劳动人事合规管理指南》，法律出版社 2023 年版。

［60］洪桂彬：《HR 必备法律工具书：企业用工风险防范实务操作与案例精解》，中国法制出版社 2021 年版。

［61］蔡飞主编：《一本书读懂你不知道的劳动用工风险》，中国法制出版社 2020 年版。

［62］李昌庚：《国有企业法研究：深化国有企业改革若干法律问题透视》，中国政法大学出版社 2021 年版。

［63］宋英辉、范宁宁：《中华人民共和国未成年人保护法释义》，中国法制出版社 2020 年版。

［64］李红勃主编：《未成年人法学》，中国政法大学出版社 2022 年版。

［65］王爱立等主编，全国人大法工委、公安部、工业和信息化部、中国人民银行联合编写：《〈中华人民共和国反电信网络诈骗法〉释义与适用》，中国民主法制出版社 2022 年版。

后　　记

　　当书稿画上最后一个句号时,笔者的心中感慨万千。回顾整个创作过程,有艰辛,有喜悦,更有满满的收获。

　　在当今时代,法治的作用日益显著,其重要性不断被强调。我们深刻认识到,强化社区工作者队伍的建设,提升他们的法治素养,对于推动国家治理体系和治理能力现代化至关重要。对于社区工作者而言,拥有扎实的法治素养是他们工作中不可或缺的一环。因此,本书的出版不仅是必要的,而且具有深远的现实意义。

　　本书从社会工作者的职业视角出发,将法律知识与社区工作紧密结合。我们深知,社区工作者在日常工作中会遇到形形色色的问题和挑战,只有掌握坚实的法律基础,才能更有效地服务居民。本书深入解读宪法、《民法典》以及与民生安全相关的各类法律制度,旨在为社区工作者提供一本实用的法律指南。

　　全书分为三个专题,覆盖"中国之治"的制度基础、美好生活的法律保障以及民生安全与社会治理等关键领域。在每个专题中,我们都精选了与社区工作紧密相关的主题,例如宪法在社区的实践、邻里纠纷的预防与解决、社区协商议事机制的建立以及反电信网络诈骗的长效机制等。为了使内容更加生动、易于理解,我们还引入130个典型案例,采用案例分析法,帮助读者在具体情境中领会法律知识,掌握运用法律解决问题的技巧。

　　本书是江苏省中小学生法治教育中心推出法治进社区的成果之一,也是江苏省教育厅重大哲社项目《党的二十大对习近平法治思想的丰富和发展研究》(2023SJZD003)、《人工智能与思想政治教育融合创新研究》(2024DJKT23)、《课程思政在社工专业法治素养课程中的建设与推广研究》以及通识课程《教育者的法律风险防范指南》、智慧课程《民法典人生导图》的共同建设成果,也是南京城市基层治理学院和陶行知基层治理学院的重要建设成果。本书编写过程中引用和参考了诸多专家学者的相关著作及其他研究成果,在此真诚致谢!

　　本书最终得以付梓出版,要感谢上海人民出版社史尚华编辑给予的指导和关心,感谢中共南京市委社会工作部、南京市民政局、南京晓庄学院及其南京城市基层治理学院领导和同仁们的关心支持。

　　路虽远,行则将至;事虽难,做则必成。与读者诸君共勉!

图书在版编目(CIP)数据

做社区工作的"法律明白人"：社区工作者法治素
养基础 / 宋纪连，李昌庚著. -- 上海 ：上海人民出版
社，2024. -- ISBN 978-7-208-19307-9

Ⅰ. D922.182.04

中国国家版本馆 CIP 数据核字第 2024EM5406 号

责任编辑　史尚华
封面设计　一本好书

做社区工作的"法律明白人"
——社区工作者法治素养基础
宋纪连　李昌庚　著

出　　版　上海人民出版社
　　　　　(201101　上海市闵行区号景路 159 弄 C 座)
发　　行　上海人民出版社发行中心
印　　刷　上海商务联西印刷有限公司
开　　本　720×1000　1/16
印　　张　16
插　　页　4
字　　数　265,000
版　　次　2024 年 12 月第 1 版
印　　次　2024 年 12 月第 1 次印刷
ISBN 978 - 7 - 208 - 19307 - 9/D • 4443
定　　价　75.00 元